독자의 1초를 아껴주는 정성!

세상이 아무리 바쁘게 돌아가더라도
책까지 아무렇게나 빨리 만들 수는 없습니다.
인스턴트 식품 같은 책보다는
오래 익힌 술이나 장맛이 밴 책을 만들고 싶습니다.

땀 흘리며 일하는 당신을 위해
한 권 한 권 마음을 다해 만들겠습니다.
마지막 페이지에서 만날 새로운 당신을 위해
더 나은 길을 준비하겠습니다.

독자의 1초를 아껴주는
정성을 만나보십시오.

미리 책을 읽고 따라해 본 베타테스터 여러분과
무따기 체험단, 길벗스쿨 엄마 기획단,
시나공 평가단, 토익 배틀, 대학생 기자단까지!

믿을 수 있는 책을 함께 만들어주신 독자 여러분께 감사드립니다.

(주)도서출판 길벗 www.gilbut.co.kr
길벗이지톡 www.eztok.co.kr
길벗스쿨 www.gilbutschool.co.kr

인도
상식
사전

인도 상식사전

초판 1쇄 발행 · 2020년 12월 21일

지은이 · 권기철
발행인 · 이종원
발행처 · (주)도서출판 길벗
출판사 등록일 · 1990년 12월 24일
주소 · 서울시 마포구 월드컵로 10길 56(서교동)
대표 전화 · 02)332-0931 | **팩스** · 02)323-0586
홈페이지 · www.gilbut.co.kr | **이메일** · gilbut@gilbut.co.kr

기획 및 책임 편집 · 최한솔(sol@gilbut.co.kr) | **영업마케팅** · 정경원, 최명주, 전예진 | **디지인** · 장기춘
웹마케팅 · 이정, 김진영 | **제작** · 이준호, 손일순, 이진혁 | **영업관리** · 김명자 | **독자지원** · 송혜란, 윤정아

편집 진행 및 교정교열 · 김혜영 | **일러스트** · 김태은 | **전산편집** · 예다움
CTP 출력 및 인쇄 · 북토리 | **제본** · 신정제본

ISBN 979-11-6521-403-6 13320
(길벗도서번호 070391)

정가 17,000원

인도
상식
사전

권기철 지음

인도는 다양한 인종, 종교, 언어와 문화가 복잡하게 어우러져 이해하기 어렵다 보니 선뜻 다가가기가 쉽지 않은 나라다. 하지만 저자는 마케터 출신답게 풍부한 데이터와 현실에서 쌓은 경험을 바탕으로 인도가 지닌 다양하고 복잡한 모습을 비교적 쉽고 명료하게 정리했다. 특히, 다양한 정관계 및 언론·교육계 인사들 그리고 발리우드 배우부터 일상에서 부딪치는 인심 좋은 동네 가게 주인까지, 스스럼없이 교류하며 얻은 경험과 정보를 하나하나 그냥 지나치지 않고 세세하게 관찰하여 기록으로 남기고 검증을 거쳐 이 역작을 완성했다.

인도와 처음 교류하는 기업이나 개인들은 인도인 특유의 다양하고 이질적인 생각과 행동에 적지 않게 당황하게 된다. 그런 면에서 인도 현지에 진출하는 초심자의 관점에서 핵심만 담아 이해하기 쉽게 잘 정리한 이 책을 꼼꼼히 정독한다면 인도를 이해하는 데 큰 문제가 없을 것으로 보인다. 또한, 그들이 어떻게 생각하고, 그 생각을 현실에서 어떤 방식으로 행동에 옮기는지 쉽게 이해할 수 있을 것으로 확신한다.

백성기

현 사단법인 선진통일건국연합 상임고문, 현 사단법인 한국아세안친선협회 상임이사
전 포항공대 총장 및 명예교수, 전 교육부 대학구조개혁위원회 위원장,
전 교육부 PRIME 사업 평가관리위원장, 전 국가교육과학기술자문회의 분과위원장

글로벌 기업에서 수십 년간 경험을 쌓고 대학에서 기업의 해외 진출을 돕거나 학생들을 가르치면서, 글로벌 마인드를 심는다는 것이 생각만큼 쉽지 않다는 것을 뼈저리게 느끼게 된다. 글로벌 마인드는 영어로 말할 수 있다는 의미가 아니라 현지인들처럼 생각하고 사고하게끔 하는 것을 가리킨다.

시중에 나온 많은 해외 진출 관련 서적들은 나름의 방식으로 독자들에게 글로벌 마인드를 심어준다. 하지만 이 책은 그런 책들과는 다르다. 대기업 마케터로서 해외 경험이 풍부한 저자는 인도 시장을 단순히 그려내는 데 그치지 않고 마케터로서 현지인들과 함께 치열하게 일한 경험과 시장을 넓혀가기 위한 고민과 더불어, 심지어 정치인들 및 기자들과 어울리면서 본 그들의 뒷모습까지도 이 책에 섬세히 담아냈다.

이 책에는 인도인들 속에 있지만 이방인으로서 그들을 객관적이고 치밀하게 연구한 저자의 노력이 녹아 있다. 특히, 저자가 현지에서 직접 비즈니스를 하면서 겪은 사소한 것 하나까지 조사 및 검증하고 실행하며 얻은 성공과 실패의 노하우를 여기에 모조리 쏟아 넣었다.

4차 산업혁명의 시대를 맞아 중국을 대신할, 우리 미래 먹거리가 있는 인도에 관심이 있는 그 누구라도 이 책을 손에 들게 된다면 쉽고 정확하고 친절한 멘토를 곁에 두는 행운을 얻게 될 것이다.

김학수 현 호서대 기술경영전문대학원 교수
현 중앙노동위원회 공익위원, 현 한국공항공사 비상임이사, 전 SK하이닉스 총무실장
세계 인명사전 Marquis Who's Who 2018년판 등재

수백 가지 문화가 공존하는
인도 제대로 바라보기

낯선 인도, 어떻게 다가가야 할까?

서점이나 도서관에 가보면 인도에 대해 이야기하는 책들이 많다. 현재의 인도를 이야기하는 비즈니스 실무 서적을 비롯해, 요가와 명상, 여행, 역사와 종교, 철학 등 인도의 다양한 문화를 다룬 책들이 낯선 인도에 대한 이해를 높여준다. 하지만 책으로 익힌 인도와 실제 현장에서 만나는 인도 사이에서 느끼는 괴리감은 상당히 크다.

그간 대기업 마케팅 책임자와 중소기업 경영자로서 인도인들과 일하면서 내 마음 한구석에는 '이들은 왜 이렇게 생각하고 행동하는 것일까?'라는 의문이 항상 남아있었다. '내가 만나는 인도인들만 이럴까? 아니면 내가 일하는 지역 특성이 이런 일하는 방식과 문화를 만드는 것일까?' 하는 의문이 매번 꼬리에 꼬리를 물었고 그럴 때마다 의문을 해소할 길이 없어 답답함만 쌓여 갔다. 인도에서 살면서 인도인과 함께 일하는 동안 쌓아온 경험치로 지금은 인도인의 방식과 문화를 어느 정도 이해하지만, 초기에는 정말 많이 힘들었다.

나처럼 인도에서 일하고 살아가는 사람들은 공통적으로 느끼는 것이겠지만, 각자가 경험한 인도와 진짜 인도의 모습 사이에는 큰 간격이 있다. 그래서 그 경험을 벗어난 인도를 이해하기란 쉽지 않다. 작은 반도국가인 한국과 달리 거대한 대륙인 인도의 사회와 문화 그리고 생활 전부를 이해하는 것은 상당히 어렵다. 인도의 인구는 13억 8,000만 명에 육박하고, 나라에서 인정한 공용어는 22개지만 실제 사용하는 언어는 500여 개가 넘는 것으로 알려져 있다. 여기에 다양한 종교와 인종이 빚어내는 어마어마한 문화는 외국인에게 마치 홍수처럼 다가온다.

그래서 언어 장벽도 장벽이지만, 인도를 처음 만나는 외국인들은 이러한 다양한 문화로 인해 그들의 생활 속으로 들어가 함께 호흡하기가 현실적으로 어렵다. 그렇다 보니 인도에 대해 정확하게 이해하기보다는 오해만 남는 경우가 빈번하다. 우리에겐 상당히 낯선 힌두교라는 종교와 카스트 기반의 사회 구조는 인도에 오래 살아도 여전히 난해하다.

인도를 이해하고 싶은 당신을 위한 대표 지식만 담았다

이 책은 우리와 모든 것이 다른 인도의 전반적인 내용을 초심자의 호기심과 비즈니스맨의 실용주의 그리고 외국인으로서 바라본 객관적 시각으로 담은 책이다.

대기업에서 글로벌 국가들과 인도 마케팅을 비교하면서 느꼈던 인도 사회에 대한 구조적인 궁금증, 인도를 상대로 한 중소기업을 경영하면서 매일매일 현실에서 벌어지는 현상 하나하나에 대한 의문을 기록하고, 그 기록을 매일 숙제하듯 해결하는 마음으로 자료 수집과 인터뷰를 통해 답을 채워 나갔다.

인도 관련 책을 벌써 세 권째 세상에 내놓는다. 특히, 이 책에서 문장 하나하나를 완성해 가면서 가장 많이 했던 고민은 내가 정리한 이 내용이 '그 많은 인도 관련 정보 안에서 인도를 이해할 수 있는 대표적인 지식이라고 할 수 있을까?'라는 문제의식과 정보의 정확성에 대한 검증이었다. 인도가 워낙 넓은 국토와 많은 인구, 다양한 인종과 문화 그리고 언어를 가진 나라다 보니, 내가 보고 경험한 인도를 개인의 좁은 시각으로 한정하여 전달하지 않도록 객관성을 확보하기 위해 많은 시간과 노력을 기울였다.

현실의 인도를 만나고 싶은 당신을 위한 가이드북

책 한 권에 거대한 국가 인도를 모두 다루는 데는 한계가 있을 것이다. 하지만 이 책 한 권 정도만 다 읽어도 최소한 인도에서 현지인들을 이해하며 일하는 데 필요한 기본적인 지식은 충분히 얻을 수 있으리라 믿는다. 또, 인도를 직간접적으로 경험해 보지 않은 독자라도 이 책을 접하고 난 뒤 인도 뉴스가 나오면 '정말 이해하기 어려운 나라네.'라는 시각에서 '그래, 저들은 그런 문화에서 성장했기에 그럴 수 있어.'라는 시각으로 바뀌길 기대해 본다.

이 책을 쓰는 동안 씩씩하게 잘 자라준 우리 두 아들(휘, 호)과 사랑하는 가족들에게 감사의 마음을 전한다. 책을 만들기 위해 많이 애써 주신 최한솔 대리님과 길벗출판사 모든 분들에게도 감사를 표한다.

마지막으로 인도의 미래를 밝게 바라보며 같은 곳을 향해 걸어가는 모든 분들에게, 이 책이 그들의 결정이 틀리지 않았음을 증명해 주는 조그만 가이드가 되길 기원한다.

권기철

✦ 차례 ✦

PART 1   우리가 몰랐던 인도 이야기

첫째마당 인도의 지리적 특성과 역사

둘째마당 종교의 나라 인도

PART 3   인도에서 사업을 꿈꾸는 당신에게, 인도와 일하는 법

일곱째마당 인도의 시장과 소비자

여덟째마당 인도의 4차 산업혁명, 세계의 미래가 되다

아홉째마당 인도의 독특한 주가드 생각법

열째마당 인도인과 일하는 법

PART
1

우리가 몰랐던
인도 이야기

첫째
마당

인도의
지리적
특성과 역사

인도의 탄생과 분리

지형으로 보는 인도의 문명

인도 북쪽을 지붕처럼 둘러싼 티베트 고원과 히말라야산맥은 5,000만 년 전 호주와 붙어 있던 인도 대륙이 유라시아판과 충돌하면서 만들어진 지대로 세계에서 가장 높다. 지금도 인도 대륙은 북동쪽으로 1년에 5cm씩 움직이는 반면에 유라시아판은 북쪽으로 1년에 2cm밖에 움직이지 않는다. 이러한 차이로 인해 네팔 및 북인도에서는 지진이 자주 발생한다.

▲ 네팔 주변 지각판 현황

대륙이 형성된 세월만큼 인도에서는 남쪽 세력과 북쪽 세력이 역사를 만들어왔다. 인류 전체 역사를 돌아볼 때 인도는 전 세계에서 역사가 가장 오래된 나라다. 찬란한 문명을 꽃피웠던 그리스나 로마도 인도만큼 오래 지속되진 못했다.

인류 최초 문명의 발상지이자 종교의 탄생지인 인도는 셀 수 없이 많은 정복과 침략을 겪어왔고, 인도의 역사는 민족과 종교 그리고 지역적 특징이 복잡하게 얽혀 있는 현재 모습 그대로 이어져 내려왔다. 우리가 볼 때는 복잡하고 어렵게 느껴지지만, 인도가 지역별로 다양한 문화를 품고 있으며 남한 면적보다 무려 31배 이상 큰 대륙이라는 것을 고려하면 그리 복잡한 것도 아니다. 인도 문명의 흐름을 살펴보면 현재의 인도가 만들어진 과정을 알 수 있다. 인도의 현재를 만든 대표적인 문명들을 시간의 흐름에 따라 간략하게 알아보자.

인더스 문명

인더스 문명은 기원전 2600년 무렵 인더스강 유역을 중심으로 황하, 나일, 메소포타미아 문명과 함께 세계 4대 문명 중 하나로 번성했다가 기원전 2000년 무렵부터 쇠퇴했다.

격자 모양의 계획도시와 구운 벽돌을 이용한 상하수도 시설, 목욕탕 등을 갖췄으며 그들만의 문자도 사용했다. 인더스

▲ 깔리(Kali) 여신

유적에서 발굴된 시바신과 난디(시바신의 시종으로, 소의 얼굴을 한 난쟁이) 그리고 깔리 여신의 모습을 한 점토들을 보면 이들이 섬긴 신들이 훗날 힌두교 형성에 기여했음을 알 수 있다.

당시 사용된 상형문자인 인더스 문자로 만들어진 인장과 도장류의 내용은 아직까지 완전히 해독되지 않고 있으며, 대표적인 유적지는 계획도시로 세워진 하라파와 모헨조다로다.

베다 시대

기원전 2000년부터 기원전 600년까지를 베다(Vedas) 시대라고 한다. 베다 문화는 고향을 떠난 아리아인이 인도 서북 지역에 들어와 선주민의 인더스 문명을 대신하면서 탄생했다.

베다 시대는 아리아인이 인도에 이주하기 시작한 전기 베다 시대(기원전 2000년~기원전 1000년)와 그들이 정착하면서 선주민의 사상과 풍습에 융화된 후기 베다 시대(기원전 1000년~기원전 600년)로 구별된다.

철기 문화를 가지고 있던 아리아인은 원래 중앙아시아에서 러시아 남부에 이르는 광대한 지역에서 살다가 대략 세 갈래로 나뉘어 이동을 시작했다. 그중 일부는 유럽으로 이동해 유럽 아리아인이 되었고, 일부는 페르시아 지방으로 진출해 페르시아 아리아인이 되었다. 나머지는 인도로 들어와 인도 아리아인이 되었다.

유목생활을 하던 아리아인들은 밀림지역을 농경지로 개간하며 인도에 정착했고, 이 과정에서 선주민(드라비다인)들과 끊임없이 전쟁을 치러야 했다. 이때 아리아인들은 농경지를 개간해 정착하면서 부를 쌓았는데 이는 상업의 발달과 함께 상인계급이 성장하는 계기가 되었다.

농업을 중시했던 이 시기에 소를 신성시하는 경향이 강해지면서 소고기를 먹지 않는 관습이 나타났고, 코끼리를 길들여 전쟁이나 물건 운반 등과 같은 여러 가지 일에 본격적으로 활용했다.

다른 곳에서 이주해 온 아리아인들과 원래 이 땅에 살던 드라비다인들은 철기문화와 청동기문화, 유목과 농경이라는 이질적 문화를 가진 민족이었다. 아리아인들의 인도 이동은 문화와 문화가 충돌하는 단순함을 넘어 현대 인도를 상징하는 다양성을 만들어냈다. 즉, 오늘날 인도 문화를 세계에서 가장 독특한 문화로 발전시킨 계기가 된 것은 바로 두 민족의 투쟁과 상호조화 과정에서 만들어진 다양성이었다.

오늘날 우리가 사용하는 인디아(India)라는 말은 그리스인들이 처음 사용한 용어로, 페르시아인들이 사용한 힌두(Hindu)라는 말과 일치한다. 힌두 또는 인디아라는 말은 인도인들이 원래 신두라고 부르는 인더스강을 가리킨다. 이 신두라는 단어가 페르시아를 거쳐 그리스로 흘러들어가는 과정에서 힌두로 그리고 인도로 바뀌었다. 그러므로 오늘날 우리가 인도의 종교를 가리키는 말로 쓰고 있는 힌두이즘(Hinduism)이라는 말은 원래 인더스강 유역에 살던 사람들의 생활풍습을 가리킨다.

고대뿐만 아니라 심지어 오늘날에도 자신들의 나라를 인디아 대신 원래 선주민이었던 바라타족(Bharatas)의 나라라고 부르는 인도인들도 있다. 힌디어로 인도의 정식 명칭은 바라트 가느라지아(Bhārat Gaṇarājya)라고 하며, 통상적으로 현지에서는 인도를 표현할 때 인디아(India) 그리고 바라트(Bharat)라는 두 단어를 혼용한다. 바라트는 바라타족(Bharatas)에서 기원했고 오늘날 편자브 지방의 라비강 부근에 거주하던 고대 인도 아리아 민족에서 기원한다.

주로 자연현상을 신격화한 베다의 종교는 온갖 형태의 신앙이 모두 들어있는 다신교다. 아리아인들의 신들은 대부분 남성적이며, 몇몇 여신들이 등장하기도 하지만 존재감이 미미하다. 하지만 인더스 문명 선주민들의 신앙은 대지의 여신을 중심으로 한 여성적인 신앙이 주를 이룬다. 카스트 제도 개념이 형성되고 가부장제가 확립된 것도 이 시기다.

비베다 시대

기원전 6세기 전후로 후기 베다 시대에 속한다. 이 시기에는 통일국가를 지향하는 세력이 크고 작은 전쟁을 일으켜 혼란스러웠으며, 특히 6세기 초에는 페르시아 황제 다리우스 1세가 인도 북서부에 침입해 펀자브와 신드 지방을 차지했다. 이처럼 어지러운 사회 속에서 생존 위기에 몰린 민초들은 빨리 전쟁이 끝나기를 바라는 현실적인 바람과 함께 종교를 통한 내적 평화를 얻으려는 움직임을 보였다.

이 시기에 불교와 자이나교가 등장했다. 이 두 종교는 사람의 고귀함은 적극적인 자기 노력에 의한 깨달음에 달렸지, 절대로 신분의 고하에 달려있지 않다고 주장하며 불살생을 강조했다. 이 불살생의 덕목은 농사를 짓는 데 필요한 가축의 수를 충분히 확보해 주었으며 다른 나라와의 전쟁을 그치게 했다.

자이나교는 불살생의 계율을 가장 강조했다. 그 영향으로 지금도 자이나교도들은 땅속의 벌레들을 해칠까 봐 농사를 짓지 않고 오직 상업에만 종사하며 철저하게 채식 위주로 생활한다.

불교는 특히 당시 정복과 살상을 일삼던 아소카(Ashoka Maurya) 왕이 불교에 귀의하며 인도 전역으로 전파되었고 세계 종교로까지 발전했다. 하지만 종교와 온정주의적인 법의 교화로 지나치게 기울어지면서 군사와 경제력 및 지방의 통제력이 약해졌다.

이후 명맥을 유지하던 불교는 서기 475년 서로마 제국이 멸망하고 인도와 서방의 무역이 두절되면서 불교를 지탱하던 상업 기반이 몰락했고, 이와 반대로 농촌에 기반을 둔 힌두교는 그 세력을 키우게 되었다.

오늘날 인도를 상징하는 아소카 왕의 석주는 당시 그가 자신의 가르침과 불교 장려 정책을 알리기 위해 제국 안 여러 곳에 세우도록 지시한 것이다. 특히, 현재 인도 국기 중앙에 들어가 있는 '아소카 차크라'는 법륜(法輪)에서 유래한 것으로, 비록 힌두교 기반으로 건국되었으나 아소카 왕의 법(진리)에 의한 정치를 실현하고자 하는 인도만의 포용성을 드러낸다.

▲ 아소카 석주
▶ 인도 국기 중앙의 '아소카 차크라'

마우리아 왕조

기원전 321년 찬드라굽타 마우리아가 인도 최초의 통일국가 마우리아 왕조를 세웠다. 마우리아 왕조는 현재 인도 북부 파트나(Patna)에서부터 현재 방갈로르가 있는 카르나타카주(Karnataka)까지 세력을 뻗쳤다. 비슷한 시기에 중국에서는 춘추전국 시대(기원전 8세기~기원전 3세기)의 혼란을 극복하고 진나라가 통일제국을 세웠다.

페르시아 제국은 기원전 518년 인도에 침입해 인도 북서부 지역을 점령하고 100여 년 동안 다스렸다. 마케도니아의 알렉산더 대왕은 페르시아가 약해진 틈을 타 힌두쿠시(Hindu Kush)산맥을 넘어 페르시아가 점령한 인도 북부지역에 침입했다가 여러 가지 난관에 봉착해 기원전 326년 회군을 결정했다. 알렉산더 대왕은 인도에서 회군한 지 불과 1년 만에 서거했다.

이 틈을 타서 찬드라굽타(Chandragupta Maurya, 찬드라굽타 마우리아)는 남아있던 그리스 군대를 격파하고 통일의 기초를 닦았다. 그는 24년간 왕으로 군림했지만, 노년에 왕위를 아들 빈두사라(Bindusara)에게 넘긴 후 종교적인 수행자의 길을 걸었다.

이후 찬드라굽타의 손자인 아소카 왕은 인도를 통일해 전성기를 일궜다. 그는 강력히 저항했던 칼링가(Kalinga) 왕국을 정복할 때 전쟁의 참혹함을 목격하고, 그 뒤로 불교에 귀의하여 아시아와 멀리 유럽까지 불교 포교에 힘썼다. 그 덕택에 불교는 세계의 종교로 자리 잡을 수 있었다.

북인도 굽타 왕조

마우리아 왕조 이후 400여 년간 크고 작은 소수부족과 왕국들뿐이었던 인도를 다시 통일한 것은 320년에 세워진 굽타(Gupta) 왕조였다. 굽타 왕조는

5세기 초 찬드라굽타 2세에 이르러 최전성기를 맞이했다.

이 시기에는 불교를 대신하는 힌두이즘이 인도 종교 및 사상의 중심으로 자리 잡았다. 불교의 쇠퇴를 가져온 힌두이즘은 다양성 속의 통일이라는 인도 사상의 특성을 지니는데, 오늘날 우리가 알고 있는 인도 종교 및 사상의 대부분이 이때 형성되었다.

또한, 과학과 천문학 분야에서도 엄청난 성과를 거두었다. 이 시기에 인도에서는 천문학을 기초로 수학에서 십진법을 사용하면서 최초로 0의 개념을 발견했다. 불교에서 공(空)으로 표현되는 0의 개념은 아라비아로 넘어간 뒤, 아라비아 숫자와 함께 유럽에 전해져 수학 발전에 큰 전기를 마련하는 발판이 되었다.

북인도를 통일할 만큼 번성했던 굽타 왕조는 훈족에 의해 멸망했다.

남인도 촐라 왕조

인도는 데칸(Deccan) 지역을 중심으로 해서 남과 북으로 구분한다. 남인도 지역은 상당히 오랫동안 북인도의 지배를 받지 않아 현재까지도 독자적인 문화를 간직하고 있다. 드라비다인의 문화로 불리는 남인도 문명은 기원전 1200년경에 이미 바다를 통해 메소포타미아, 이집트와 로마를 포함한 다른 문명과 교역하며 번영을 누렸다.

남인도를 통일한 거대하고 강력한 힌두 왕조였던 팔라바(Pallava)는 바로크 양식과 흡사한 드라비디안 건축을 선도했다. 9세기에 급부상한 촐라 왕조는 해상무역을 활발히 펼치며 해외로 세력을 뻗쳤는데, 라자라자 촐라(Rajaraja Cholan) 1세 때는 인도 남부의 대부분을 지배했다.

이슬람 세력의 인도 침략기

이슬람 세력은 7세기부터 페르시아를 거쳐 중앙아시아로 진출했고, 그 후 8세기부터 인도에 본격적으로 진입했다. 특히, 아라비아 반도의 아랍 민족들은 이슬람교의 창시자 마호메트의 인도 아래 하나의 왕국(아랍)으로 결집했다. 이들은 그 후 점차 동서 지역으로 진출하면서 결국 중국을 제외한 대부분 지역에 막대한 영향력을 끼치는 세력으로 등장했다.

이때 동부 이슬람사회에서 가장 거대했던 도시인 델리를 비롯해 여러 도시를 중심으로 상업도 크게 번성했다. 당시 무역을 주름잡았던 인도 무역상들과 아랍 상인들은 치열한 경쟁을 벌여야 했다.

이슬람이 지배한 이 시대에도 인도의 중심 종교인 힌두교는 굳건했으며, 인도 사회에서는 브라만을 중심으로 한 카스트 제도가 강력하게 유지되고 있었다. 영토 확장을 지하드*로 여긴 이슬람 지배자들이 인도를 정복한 후 가장 먼저 한 일은 힌두사원들을 파괴하고 이슬람사원인 모스크를 짓는 것이었다. 하지만 이런 파괴 속에서도 민중의 깊은 신앙심은 결코 바뀌지 않았고, 이슬람 지배자들은 무력으로는 힌두교도의 강한 믿음을 없앨 수 없다는 사실을 인식하게 되었다.

간혹 일부 힌두교도 가운데 스스로 필요에 의해 이슬람으로 개종하는 경우도 나타났는데, 이는 정치·경제적 목적이나 사회적 지위를 개선할 필요가 있을 때 이루어졌다.

---

* **지하드(jihād)**: '성전(聖戰)', 즉 '성스러운 전쟁'이라는 뜻이다. 이슬람교의 신앙을 전파하거나 방어하기 위해 벌이는 이교도와의 투쟁을 가리킨다.

남인도로 진출한 이슬람

13~14세기를 거치는 동안 남인도 대부분 지역에 이슬람 정권이 들어서게 되었다. 원래 인도 남부 지역은 역사적으로 이민족 침입이 많지 않아 힌두이즘이 오랫동안 발전하기에 좋은 조건을 갖춘 곳이었다. 하지만 힌두이즘으로 무장한 남부를 주름잡았던 호이샬라(Hoysala) 왕조가 1342년 델리 술탄국 투글라크 왕조의 침입으로 멸망하자 바마니(Bahmani) 왕조와 비자야나가르(Vijayanagar) 왕조가 등장했다. 두 왕조는 다이아몬드 생산지를 두고 매년 전쟁을 벌였다. 총리의 암살로 바마니 왕조가 분열되면서 비자야나가르 왕조가 남인도를 지배하게 되었지만 주변을 둘러싼 이슬람 왕조의 침입으로 무너져버렸고, 결국 남인도의 힌두 왕국은 역사의 뒤안길로 사라지게 되었다.

포르투갈 식민지 시대

유럽인들이 인도에 처음 온 것은 1498년 포르투갈의 바스코 다 가마(Vasco da Gama)가 두 척의 배를 이끌고 캘리컷(Calicut, 현재 이름은 케랄라주 코지코드_Kozhikode)에 도착한 때였다. 바스코 다 가마의 인도 진출은 유럽인들의 해상 진출과 이에 따른 식민지 건설로 이어졌으며, 이는 서유럽 세력이 세계 패권을 손에 쥐게 된 사건으로 역사에 기록되었다. 이 사건을 계기로 그동안 해상무역을 주름잡았던 인도와 아랍은 유럽에 그 권한을 내주고, 인도를 비롯한 아시아 지역에 유럽인들의 식민지가 건설되기 시작했다.

1487년 포르투갈의 바르톨로메우 디아스(Bartolomeu Dias)가 아프리카 희망봉을 점령하면서 유럽과 인도를 잇는 베이스캠프를 마련했고, 1498년 바스코 다 가마가 인도 캘리컷까지 항해에 성공하면서 유럽과 인도 사이에 직접 무역할 수 있는 길을 열었다.

포르투갈의 영토 확장에 불만을 품은 이집트 술탄은 전쟁을 선택했지만 오히려 크게 패해 페르시아만과 홍해를 잇는 해상 무역권마저 포르투갈에 내주었다. 이렇게 힘을 키운 포르투갈은 1580년 스페인에 패배해 물러나기 전까지 70여 년 이상 인도를 비롯한 아시아 전역에서 강력한 세력으로 자리 잡았다.

무굴 제국

무굴 제국을 설립한 칭기즈 칸의 후손인 바부르는 지금의 우즈베크공화국에서 태어났다. 1526년 북인도의 로디 왕조를 격파하고 라자스탄(Rajasthan)의 메와르(Marwar) 왕조, 벵갈의 술탄 등을 차례로 꺾으며 무굴 제국을 세웠다.

무굴 제국은 3대 왕인 악바르 대제(Akbar the Great) 때 전성기를 맞이했는데, 당시 무굴 제국의 영토는 인도 전역에 이를 정도로 확장되었다. 악바르가 벌인 수많은 전쟁들은 영화로도 수차례 제작되었다. 악바르는 정치, 경제, 사회, 문화, 과학, 교육 등 전 분야에 걸쳐 제국의 토대를 마련하고, 특히 종교적으로 이슬람 이외의 종교를 포용하는 정책을 취했다. 그 이유는 소수의 무굴인만으로는 제국을 통치할 수 없었기 때문이었다.

악바르의 손자이자 건축광으로 잘 알려진 샤 자한(Shah Jahan)은 라호르(Lahore)의 샬리마르(Shalamar) 정원, 델리의 자마 마스지드(Jama Masjid)와 레드 포트(Red Fort) 그리고 타지마할(Taj Mahal) 등 무굴 제국을 상징하는 수많은 건축물을 세웠으며 무굴 제국의 황금기를 일궜다.

인도를 대표하는 세계 최고의 건축물로 꼽히는 타지마할은 샤 자한이 가장 사랑했던 왕비 뭄타즈 마할(Mumtaz Mahal)을 못 잊어 만든 흰 대리석 무덤이다. 샤 자한은 뭄타즈 마할을 극진히 사랑했고, 그녀 역시 남편의 친구요 조언자였으며 샤 자한이 어느 곳에 가더라도 늘 함께했다. 아이를 낳다가 한창 나이인 39세에 세상을 등진 그녀를 위해 샤 자한이 야무나강변에 만든 뭄타즈 마할의 묘소, 즉 타지마할에는 지금도 많은 방문객들의 발길이 끊이지 않는다.

유럽은 무역을 통해 기원전부터 인도를 풍요한 부의 상징으로 여겼다. 앞서도 언급했듯이 인도에 들어온 최초의 유럽 국가는 포르투갈이었다. 스페인에 패하기 전까지 포르투갈은 약 1세기 동안 인도의 일부를 차지했고, 이후 스페인이 지배한 이래 유럽의 정세 변화에 따라 네덜란드, 프랑스 그리고 마지막으로 영국이 인도를 식민지로 차지했다. 영국은 플라시 전투(Battle of Plassey)를 통해 프랑스를 물리치고 인도 패권을 가져갔으며, 19세기 중엽에는 인도 세포이*들의 반란을 성공적으로 진압하는 등 인도의 지배력을 굳건히 했다. 세포이 반란 이후 그때까지 명목만을 유지하던 무굴 제국의 황제는 강제로 폐위되었고 무굴이라는 이름마저 역사의 뒤안길로 사라졌다.

영국 식민지 시대

1611년 동인도회사를 설립한 영국은 1757년 플라시 전투를 통해 프랑스

---

*__세포이__(sepoy): 병사라는 뜻의 페르시아어로 영국 지배 시기에 인도에서 채용된 현지 용병을 불렀던 명칭.

세력을 몰아내고 뭄바이(Mumbai, 구 봄베이), 콜카타(Kolkata, 구 캘커타), 첸나이(Chennai, 구 마드라스) 등의 주요 도시를 점령하면서 동인도회사가 주도하는 식민지화를 진행했으며 전쟁을 통해 영토를 확장했다.

동인도회사는 원래 상업을 목적으로 설립됐지만, 실질적인 인도 통치를 겸하면서 경제적 수탈을 일삼았고 이 때문에 인도 전역에서 반영항쟁이 일어났다. 그러나 세계 초강대국 영국에 맞서기는 쉽지 않았다. 19세기 영국 동인도회사는 차와 아편 재배를 확대하고 이를 원활히 수송하기 위해 인도 전역에 철도를 건설했다.

이 와중에 1857년 일어난 세포이 저항운동이 반영항쟁으로 발전했다. 세포이 항쟁은 세포이 용병을 해외로 파병하는 문제 때문에 발생했다. 인도 내에서 신분상 비교적 높은 계급이었고 경제적으로도 안정된 세포이들은 미얀마나 아프가니스탄 등으로 파견 나가는 것에 반대했다. 이에 영국이 해외 파병에 반대하는 용병을 고용하지 않기로 하자 세포이들의 불만은 높아졌다.

해외로 파병되면 카스트가 낮아질 것이라는 오해와 영국 장교와의 차별적인 대우가 세포이 항쟁의 빌미가 되었다. 이와 동시에 영국의 경제적 수탈, 과도한 토지세로 인해 땅을 빼앗기는 농민이 다수 발생한 것과 행정부 공무원을 비롯해 사법부 공무원들의 이루 말할 수 없는 부정부패도 한 원인이 되었다. 뿐만 아니라 영국이 인도인들을 기독교로 개종시키기 위해 제정한 상속법*을 비롯해 사원과 모스크에 속한 토지에 매긴 세금 등도 큰 영향을 미쳤다.

---

*상속법: 기독교로 개종한 사람만이 조상의 재산을 상속받을 수 있다는 법.

이런 와중에 벌어진 세포이 항쟁에는 농민과 일부 상인들도 동참했지만, 강하고 통일된 지도조직이 없던 탓에 민중이 하나로 결집하지 못했다. 이후 세포이 항쟁은 1년여간 지속되다가 완전히 진압되었고, 영국은 인도의 실질적 지배를 공고히 하기 위해 동인도회사를 폐지하고 직접 인도를 지배하게 되었다.

이 항쟁이 낳은 결과는 단순히 영국이 인도를 직접 지배했다는 것으로 끝나지 않았다. 영국은 겉으로는 인도인의 종교와 권익을 존중하는 유화책을 취했지만, 내부적으로는 인도인들의 응집을 막기 위해 지배계급과 피지배계급, 힌두교와 이슬람교의 상호대립을 야기하려는 정책을 시도했다. 이는 현재와 같은 사회적 잔재로 남게 되었다.

세포이들의 구심점으로 추앙받던 무굴 제국의 마지막 황제 바하두르 샤(Bahadur Shah)는 버마로 유배당했고 그의 아들들도 모두 처형되면서 무굴 제국은 역사에서 완전히 모습을 감추었다.

민족주의 운동의 대두

20세기에 들어서면서 더욱 가혹해진 영국의 식민통치는 인도 민중의 반발을 불러일으켰고, 국민회의파의 지도자인 마하트마 간디(Mahatma Gandhi)를 주축으로 본격적인 독립운동이 시작되었다.

영국이 주도한 서구식 교육과 사상은 인도인들에게 종교적 전통과 관습에 대한 무조건적인 믿음 대신 이성과 합리적 비판 정신을 불어넣었다. 특히, 아이러니하게도 영어는 지역과 종교, 민족, 언어 등으로 복잡하게 나뉘었던 사람들의 생각을 하나로 모으는 데 크게 기여했다. 뿐만 아니라 영국의 통치목적에 의해 건설된 철도와 우편은 오히려 인도를 묶는 매개체가 되었다.

1914년 영국은 제1차 세계대전이 발발하자 인도에 협력과 출병을 강요했다. 당시 연합국은 전 세계 모든 국가의 민족자결권*을 약속했다. 하지만 전쟁이 연합국의 승리로 끝나자 그들은 아프리카, 아시아 등 식민지들을 나눠 갖기에 급급했고 협력의 대가로 독립을 염원했던 인도인들의 기대는 산산조각 나고 말았다.

제1차 세계대전 이후 인도를 더욱더 강압적으로 지배하던 영국은 제2차 세계대전이 일어나자 인도인들의 뜻과는 상관없이 참전을 결정했다. 국민회의파는 영국이 독립을 보장한다면 참전하겠다는 조건을 제시했으나, 영국은 이러한 요구를 거절하고 오히려 인도 국민의 분열을 획책했다.

이에 저항하는 인도인들을 대상으로 영국은 모든 신문을 폐간하고 군중집회에는 무차별 사격을 자행했으며 체포된 자들에게는 무자비한 고문을 가했다. 그러나 이를 피해 해외로 나간 많은 인도인들은 독립의 끈을 놓지 않았다.

1946년 인도를 더 이상 지배할 여건이 되지 않자 영국은 고위급 관료를 인도로 보내 모든 권력 이양을 협의했고, 인도는 1947년 8월 15일 마침내 독립을 쟁취했다.

인도 독립 이후

인도의 독립은 인도인이 전혀 예상하지 못했던 또 다른 슬픔을 안겨주

---

*민족자결권: 각 민족이 자신의 의사에 따라 운명을 결정할 수 있다고 믿는 권리.

었다. 영국 정부가 조장한 상호대립 정책의 여파로 힌두교와 이슬람교의 대립과 반목을 끝내 해결하지 못한 채 인도는 일부가 파키스탄으로 분리되는 비극적 상황을 맞았다. 마지막까지 힌두인과 이슬람인의 융합을 외쳤던 간디의 노력이 수포로 돌아간 뒤 인도는 결국 두 개의 나라로 갈라지고 말았다.

더욱더 슬픈 일은 인도 독립의 위대한 영웅 간디가 이슬람과 하나됨을 반대하던 급진적 힌두교도의 총탄에 숨을 거둔 사건이었다. 평생 진리를 추구하며 인간에 대한 신뢰를 기초로 비폭력 운동을 펼치면서 인도의 독립을 위해 헌신한 간디는 1948년 1월 30일 79세의 나이로 비참한 최후를 맞았다.

한편, 파키스탄이 이슬람교를 근간으로 분리된 상태에서 힌두교 중심의 인도는 인도국민회의당(INC)에서 수상으로 선출된 자와할랄 네루(Jawaharlal Nehru)를 중심으로 공업화정책에 박차를 가했다. 네루는 전근대적인 인도가 잘살 수 있는 유일한 길은 오직 과학과 기술의 발전, 그로 인한 산업의 발달뿐이라고 주장하면서 다소 급진적이고 사회주의적인 경제정책을 추진했다.

독립 이후 인도는 중국, 파키스탄과 몇 차례 국경분쟁을 겪으면서도 비동맹 중립이라는 정치노선을 꾸준히 유지하며, 소련이 붕괴되기 전까지 제3세계 비동맹회의의 주재국으로 위상을 드높였다. 그 후 네루의 딸 인디라 간디(Indira Gandhi)와 외손자 라지브 간디(Rajiv Gandhi)가 뒤를 이어 수상이 되었다. 그러나 두 모자가 모두 테러에 의해 비극적인 종말을 맞이하면서 네루 가문의 통치시대는 막을 내렸다.

1991년 나라시마 라오(Narasimha Rao) 수상이 집권하면서 연립정권을 성립한 인도는 자립경제정책을 수정하여 국영자본을 민영화하는 한편, 외국 자본을 유입해 산업화를 추진하면서 세계경제의 새로운 주역으로 부상했다. 하지만 네루 가문의 쇠퇴 이후 군소정당이 난립한 가운데 1996년 인도국민당(BJP)을 제1당으로 한 연립정부가 구성되었으나, 많은 혼란을 겪으면서 2004년 인도국민회의당이 다시 정권을 차지했다. 그러던 차에 구자라트주를 획기적으로 발전시킨 나렌드라 모디(Narendra Modi) 수상이 정권을 잡았고 현재까지 이어지고 있다. 이 가운데 특기할 만한 일은 모디 수상 집권 이래 인도 역사상 두 번째로 천민 출신 대통령이 선출되었다는 사실이다. 1997년 코첼릴 라만 나라야난(Kocheril Raman Narayanan)에 이어, 2017년 람 나트 코빈드(Ram Nath Kovind)가 대통령에 당선되었다. 인도 정치에 대한 자세한 사항은 12장에서 살펴보자.

하지만 인도에는 불안정한 정국만큼 지역 간의 빈부격차와 전통관습에 얽매인 계급 차별적 성향, 다양한 인종 및 언어 문제 등이 여전히 풀어야 할 과제로 남아있다.

002

다양성의 국가 인도

국가가 아닌 하나의 대륙

인도는 우리가 생각하는 '국가'가 아닌 대륙이다. 5,500여 개의 민족과 문화와 관습이 뒤섞인 그야말로 다양성의 용광로이자 한국보다 훨씬 다양한 문화와 언어를 가진 곳, 그곳이 바로 인도다.

인도 최북단에서 최남단까지 거리는 약 3,200km에 달하고 국토 면적은 남한 면적의 약 31배에 달하는 거대한 국가로 세계에서 일곱 번째로 넓다. 북쪽으로는 중국, 네팔, 부탄, 서쪽으로는 파키스탄, 동쪽으로는 미얀마 및 방글라데시와 접하고, 남동쪽으로는 벵골만, 남서쪽으로는 아라비아해, 남쪽으로는 인도양과 접한다. 인도양과 이웃한 나라는 스리랑카, 몰디브가 있고, 동쪽의 인도차이나반도 쪽으로 가다 보면 안다만 니코바르 제도가 인도 땅으로 태국, 인도네시아와 접해 있다.

인구는 13억 8,000만 명으로 중국에 이어 세계에서 두 번째로 많다. 29개 주와 7개 연방직할지로 구성되어 있으며 22개 공용어와 500여 개의 언어를 사용하고 있다.

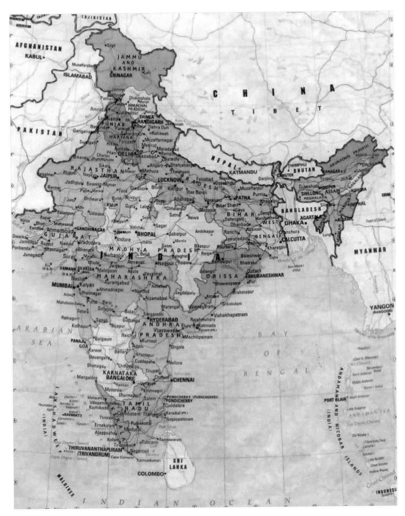

▲ 인도 지도

인도 정부의 수도는 뉴델리에 있고 모든 주에는 자율적인 통치권을 가진 주정부가 있다. 그리고 연방직할지는 대통령이 직접 장관을 임명해 통치한다. 크고 작은 주들과 연방직할지는 각각 독특한 특성과 역사, 문화, 복장,

요리(음식), 축제, 언어 등을 가지고 있다.

한국은 반만년 역사를 지닌 동일한 민족이 단일어를 사용하는 나라다. 그러다 보니 인도처럼 완전히 다른 문화와 민족, 문자와 종교로 구성된 나라를 이해하는 것 자체가 우리에게는 큰 도전이다. 다시 말해 우리가 교과서로만 배웠던 인도를 직접 느껴보면 그 다양함 속에 펼쳐지는 인도인들의 삶과 그 속의 보이지 않는 질서에 경외감마저 표하게 된다.

우리는 차를 몰고 경기도를 지나 충청도 그리고 전라도와 경상도를 넘나들어도 같은 언어, 같은 경치 그리고 같은 삶을 경험한다. 그러니 주 경계선만 넘어가도 다른 나라처럼 느껴지는, 한 나라지만 한 나라가 아닌 인도의 매력에 정신을 차릴 수가 없다. 이렇듯 인도는 다양한 인종으로 구성된 13억 8,000만 명이 함께 살아가는 작은 세계라고 말할 수 있다.

평생 인도에서 살면서 그 진수를 경험한 이방인들에게도 오히려 알면 알수록 더 어려운 것이 인도라는 나라이고, 인도인은 이해하면 이해할수록 더 난해한 존재다. 인도의 자연과 문화, 풍속의 다양성을 경험한 사람들에게 인도를 한마디로 표현하라고 한다면 "진정으로 인도는 나라가 아닌 대륙"이라고 말하기를 주저하지 않을 것이다.

무한한 가능성과 개발기회를 지닌 인도

인도를 처음으로 방문하는 이가 가장 먼저 가져야 할 것은 인도에 대한 편견 없는 자세다. 한국과 비교해서 이런저런 것들이 불편하다고 생각하면 한도 끝도 없고, 그런 사소한 비교에 힘쓰느라 인도의 진짜 모습을 놓치게 된다. 특히, 인도 첫 방문 시 만나는 열악한 인프라는 표면적인 비교를 통해 우리 스스로를 우월한 자리에 올려놓음으로써 인도의 참모습을 놓치게 만드는 독약이다.

한국은 도로, 전기, 수도, 통신 등 생활과 관련된 인프라 구축이 모범적으로 잘된 국가다. 그러다 보니 우리는 인도처럼 인프라가 제대로 구축되지 않은 국가를 여행할 때면 불편함을 넘어 긴 한숨을 내쉬기 일쑤다. 외국인이 인도에 도착해서 처음 만나는 곳은 공항인데 뉴델리, 뭄바이, 방갈로르, 하이데라바드 등 인도의 여러 주요 공항은 전 세계 어디에 내놔도 손색없는 시설을 자랑한다. 하지만 공항 밖으로 나오면 들리는 시끄러운 경적 소리와 뒤엉킨 자동차들, 무질서한 모습으로 서 있는 사람들 그리고 지금은 많이 나아졌지만 차를 타고 달릴 때마다 접하는 울퉁불퉁한 도로 사정은 보는 이를 충분히 불편하게 만든다. 그야말로 온갖 불편함이 호텔 방에 들어서기 전까지 우리를 휘감는다.

이렇게 불편한 인도를 며칠간 방문한 사람들 대부분이 "인도는 어렵다", "인도에서 무언가를 한다는 것은 시기상조다"라고 결론을 내리는 것을 주변에서 자주 보게 된다. 인도가 한국이나 일본, 미국이나 유럽 등 선진국 수준의 인프라와 시스템을 갖추지 못한 것은 사실이다. 하지만 인도가 세계 수준의 시스템과 인프라를 구축하는 것은 시간문제라는 사실 또한 알아야만 한다.

일례로 통신서비스에서도 인도는 선진국들에 비해 한참 늦은 시간적 간격을 두고 3G 서비스를 제공했지만, 4G 서비스에서 그 격차를 크게 줄였고, 5G 서비스는 선진국들과 동시에 시작했다. 세계적 IT 기업 인포시스(Infosys)나 위프로(Wipro) 등 몇몇 민간 기업개발센터를 방문해 보면 전 세계 어디에서도 볼 수 없는 규모와 시설에 또 다른 충격을 받게 된다.

또한, 인도 수도를 거미줄처럼 연결하는 지하철 노선은 8호선까지 건립되었고 총 거리도 317km에 달한다. 서울 지하철 1~9호선의 총 거리가 331.9km인 것과 비교해 결코 뒤지지 않고, 런던과 뉴욕 등 선진국과도 맞먹는 규모다.

최근 방문한 사람들에게서 지금의 인도는 지난 몇 년 전에 방문했을 때 경험한 인도와는 전혀 다르다는 이야기를 자주 듣는다. 향후 10년 뒤 인도의 모습을 그려보면 우리가 빈약한 경험으로 내린 판단이 얼마나 섣부른 것이었는지 깨닫게 될 것이다. 인도를 처음 방문해서 보는 모습은 차차 알게 될 인도의 0.1%도 되지 않는다는 사실을 알고 섣부른 판단은 뒤로 미룰 필요가 있다.

인도를 있는 그대로 만나자

자, 한번 뒤집어서 생각해 보자. 방문자들을 질리게 만들었던 인도의 '인프라'는 건설회사 관련자의 눈으로 살펴보면 그야말로 '기회' 그 자체다. 매년 7~8% 넘게 경제성장을 하는 나라라면 반드시 인프라에 투자한다는 사실을 알기 때문이다. 인도를 오랜 기간 눈여겨본 전문가들은 인도가 만들어내는 기회에 대해 긍정적인 시각을 담아 대중에게 자신감 있게 전달한다.

하지만 인도에 대한 일반인들의 반응은 '좋다'와 '싫다'로 극명히 갈린다. 중간지대는 거의 찾아보기 어렵다. '싫다'로 반응하는 사람은 여행자로서 인도를 바라보는 사람이다. 여행자는 평소와 다른 것을 보기 위해 색다른 장소를 방문하면서 그 다름에 대해 불평하는 사람들이다. 즉, 그들은 인도가 가진 다름에 초점을 맞춰 불만을 쏟아낸다. 인도를 있는 그대로 받아들이지 않는 사람들은 마치 불편을 쏟아내는 여행자와 같다. 그러나 인도를 자신의 비즈니스 혹은 자신이 속한 회사의 비즈니스를 위해 방문했다면 '여행자'가 돼서는 안 된다.

그렇다면 있는 그대로 인도를 받아들인다는 의미는 무엇일까? 평소 일할 때 같이 일하고 싶은 거래처나 사람도 있고 같이 일하기 싫은 거래처나 사람도 있을 것이다. 우리는 자신과 자신의 일에 이익이 된다면 좋고 싫음을 따지지 않고 상대방과 일한다. 다시 말해 일하기로 결정했기 때문에 그 상대가 어떤가에 관계없이 상대를 있는 그대로 받아들인다.

이와 마찬가지로 인도와 일하기로 했다면 인도를 그냥 있는 그대로 받아들이고 일하면 된다. 다시 말해 '인도를 애정 있게 바라보는 사람'이 돼야 비즈니스를 잘하는 것이 아니다. 비즈니스 관점의 '애정'은 인도와 만나 성과를 냈을 때나 가능하다. 우선 인도를 있는 그대로 받아들이면 끝내 인도와 사랑에 빠지고, 그로 인해 만들어지는 다양한 인연과 관계 덕분에 사업 기회 또한 자연스럽게 늘어나게 된다.

인도에 애정을 느끼기 전 인도는 '혼돈' 그 자체다. 벤츠가 달리는 도로를 수많은 사람이 메우는 것도 모자라, 소도 어슬렁거리고 개들도 떼를 지어 이리저리 돌아다닌다. 고층빌딩 사이사이에 오두막을 겨우 면한 누더기 건물이 들어선 모습이 혼돈을 더한다. 거리에 가득한 소음과 소음 사이를 채우는 먼지 속에 정신이 무너져 내린다. 여기에 한여름 50도를 육박하는 더위까지 만나게 되면 그야말로 '혼'이 빠질 정도가 된다.

그러나 이러한 혼돈 속을 살아가는 인도인들은 절대 불평하지 않는다. 어딜 가도 우리가 흔히 생각하는 '평균적으로'와는 거리가 먼 불협화음이 존재하지만 그것을 인정하고 해결책을 찾아가는 것이 인도의 참모습이다.

미국의 유명 방송인인 오프라 윈프리(Oprah Gail Winfrey)가 2012년 1월 인도를 처음 방문했을 때를 상기하며 한 매체와 인터뷰를 했다. 그녀는 "인도의 첫인상은 혼돈 그 자체였어요. 저는 점차 그 혼돈을 기반으로 만들어지는 질서와 평온을 발견했지요. 정말 놀랍고 기적과 같은 경험이었답니다"라고 말한 바 있다.

인도를 향해 첫걸음을 내딛는 비즈니스맨들은 알 것이다. 이 혼돈이 기회라는 것을 그리고 인도에 유럽이나 미국처럼 잘 정비되고 명확한 규칙이 작용할 때면 우리에게는 더 이상 기회가 없을 것이라는 사실을 말이다.

자, 이제부터 인도를 있는 그대로 받아들이자. 그리고 우리의 미래를 만드는 자양분으로 그 혼돈을 활용해보자.

003

몬순이
만들어내는 경제

농산물 수확과 직결되는 몬순

몬순(monsoon)은 여름의 남서풍이 가져오는 우기로, 인도 경제를 말할 때 빠뜨릴 수 없는 키워드다. 아라비아해의 습기를 머금은 계절풍이 불어 한국의 장마처럼 많은 비가 내리는 것을 몬순이라고 한다.

인도에서는 6~10월에 걸쳐 부는 남서풍의 영향으로 연간 내릴 강우량의 대부분인 약 70% 이상이 이 시기에 내린다. 이때 제대로 비가 내려줘야만 농사에 지장이 없다. 지난 50년간 인도의 6~9월 강수량 평균은 890mm 정도인데, 인도 기상청에서는 이 평균값을 기준으로 ±10%보다 더 많거나 적을 때를 기준으로 '과잉, 정상, 부족' 등으로 나눠 관리하고 있다.

인도에서는 몬순이 왜 중요할까? 그 이유는 인도 총인구의 약 69%가 농촌에서 생활하기 때문이다. 농작물의 수확은 농촌 경제에서 매우 중요하다. 전 세계 농림수산업 평균 GDP(국내총생산) 비중은 3.9%(2013~2015년 기준) 정도인데 반해 인도의 농림수산업이 차지하는 GDP 규모는 약 15%다. OECD 회원국 기준으로는 터키가 8.4%로 가장 높고, 그다음으로 아이슬란드, 뉴질랜드, 헝가리 순이다. 전 세계 주요국에서 중국을 제외한 대다수 국가의 농림어업 GDP 비중은 3% 미만이고, 한국의 농림수산업 GDP 비중은 2.3%에 그친다.

그러나 이렇듯 높은 농업 의존도에도 불구하고 인도에서 관개시설을 이용해 활용할 수 있는 농지는 51.9%(2013년 기준)에 불과하며, 전체 농지의 절반이 여전히 천수답*에 의지하는 형편이다. 이는 비의 양에 따라 농작물 수확이 달라질 수 있음을 의미한다. 구체적인 사례를 살펴보면 지난 50년간 몬순 평균 강수량에 비해 '부족'으로 기록되었던 2009년 4월에서 2010년 3월까지 실제 농업 생산량은 예년에 비해 무려 7% 하락했다.

인도는 다른 나라와 달리 3차산업 비율이 가장 높고 1차산업이 그다음인 기형적 경제구조를 가지고 있음에도 불구하고, 인구의 반 이상이 농업에 종사하며 밀과 쌀의 생산규모도 전 세계에서 약 2위를 차지하고 있다. 농촌 인구가 많기 때문에 농산물의 생산을 좌우하는 몬순의 강우량이 경제활동과 물가에 큰 영향을 미친다. 그런 만큼 금융시장에서는 몬순의 강우예보와 실제 강우량에 주목한다. 다시 말해 '적절한 몬순 → 작물 생산 증가 → 농가 소득 증대 → 가처분 소득 증가 → 농촌 시장의 공산품 및 서비스 판매 증대 → 일반 기업의 높은 수익성 창출 → 기업의 높은 배당금 지급 / 높은 주가 → 더 나은 경제성과'를 만들어 내는 구조다.

몬순을 이용하면 사업 기회를 잡을 수 있다

몬순은 인도의 지독한 더위도 몰아내준다. 40도를 오르내리는 더위를

---

*천수답: 벼농사에 사용하는 물을 빗물에만 의지하는 논.

30도 내외로 떨어뜨리기 때문에 사람들은 몬순을 고마워한다. 몬순은 가뭄 우려를 없애주는 희망적인 소식이기도 하다. 인도에서는 6개월 동안 비를 한 방울도 구경하지 못하는 경우도 있다.

인도인의 60% 이상이 하늘만 믿고 농사를 짓기 때문에 몬순이 내려줘야 물을 충분히 가둬 농업에도 활용할 수 있다. 또한, 몬순에 따라 농산물과 면화 등의 가격도 바뀐다. 이런 것들은 물가 압박의 또 다른 요인이 되어 실물 경기에도 적지 않은 영향을 미친다. 이런저런 이유로 인도에서는 첫 몬순이 오면 거리에서 하염없이 비를 맞는 사람들의 모습을 심심치 않게 볼 수 있다.

다음은 인도 기상청이 발표한 지난 50년 대비 2012~2016년의 평균 강우량이다.

50년 평균 대비 강수량 현황과 농업 경제 성장의 관계

연도	50년(장기) 대비 평균 강우량	평가	농업 성장률*
2012	93%	부족	1.50%
2013	106%	평년 이상	5.60%
2014	88%	부족	−0.20%
2015	86%	부족	0.70%
2016	97%	평년	4.90%

*실질총부가가치(GDP−부가세+간접세) 기준
출처: 인도 기상청.

위의 표에 따르면 강우량이 평균보다 부족할 때 농업 성장률도 낮은 수치를 보인다는 것을 알 수 있다. 실제로 자동차뿐만 아니라 자전거·오토바이·트랙터 등 농사기구들도 비가 충분히 내려 농산물 생산량이 많아질 때 잘 팔린다. 즉, 농작물의 풍작이나 흉작이 제조업의 생산 활동에 직간접적으로 영향을 미친다. 인도의 몬순이 경제에 영향을 미치는 바가 이렇듯 지대하기 때문에 인도 정부는 관련 모바일 앱을 만들어서 농부들에게 제공하기도 한다.

몬순은 인도의 정치·경제 등 전 분야에서 관심을 기울이는 대상이다. 몬순으로 인해 발생하는 농산물의 가격변동은 물가에 큰 영향을 미친다. 이렇게 변화하는 물가는 금리변동의 요인이 되기도 하므로 다른 산업에도 상당한 영향을 미친다. 다시 말해 농사가 잘되지 않아 은행에서 빌리는 돈이 많아져 금리가 높아지면 자동차 등 내구재 판매가 줄어든다.

인도의 가장 큰 물가압력 요인으로는 크게 유가와 농산물 가격을 들 수 있다. 이들 요인으로 인해 제품 구매패턴이 달라지기도 한다. 또한 물부족 국가인 인도에서 물을 많이 사용하는 섬유, 유제품, 화학 비료, 설탕, 음료 등 관련 제조업도 강우와 상관관계가 무척 높다.

인도의 유력 은행 중 하나인 ICICI 은행이 2018년 조사한 바에 따르면 비가 예년에 비해 10% 이하로 적게 내리면 경제성장이 7.8%에서 7.3%로 0.5% 하락(2018년 기준)한다고 한다. 이와 반대로 비가 지나치게 많이 내리면 도로 등 인프라에 치명적인 악영향을 미친다. 2014년에 인도 IT의 중심 벵갈루루에 내린 엄청난 비로 인해 블랙아웃이 발생하여 인터넷망이 끊긴 것처럼 큰 타격을 입는 경우도 있다. 2018년에는 남부 케랄라주에 발생한 홍수로 무려 1,200명 이상이 사망했다. 이 밖에도 너무 많은 비는 지하수에 침투해 수인성 전염병도 일으키기도 한다.

마케터 입장에서도 몬순은 하나의 기회로 작용한다. 덥고 습하고 짜증나지만, 이 기회를 활용해 인도 전체가 몬순 세일로 판매에 열을 올린다.

정치적인 의미에서도 몬순이 미치는 영향은 지대하다. 몬순 기간을 전

후해 주요 미디어에서는 전문가들의 몬순 전망을 자주 보게 된다. 우리나라에서는 쉽게 이해가 되지 않지만 이렇듯 몬순 전망에 열심인 전문가들의 배경을 살펴보면, 정치적인 지향과 목적에 따라 자의적으로 몬순을 활용함을 알 수 있다. 특히, 선거를 앞두면 이러한 전문가들의 전망은 절정에 이른다. 이 메커니즘을 살펴보면 다음과 같다.

인도 정부는 농가 소득증대와 안정을 위해 몇몇 작물에 대해 정부매입 최저보장가격(MSP)을 정해서 매입에 나서고 있다. MSP는 일종의 안전망으로, 작물의 시장가격이 급락하면 정부가 농작물을 매입하는 구제책으로도 사용된다. MSP는 작물별로 결정되는데 이 제도 덕분에 농가는 생산한 작물을 시장가격으로 자유롭게 판매할 수 있고, 시장가격이 MSP를 밑돌더라도 정부가 최저보상 가격으로 매입해 주니 근심이 덜하다. MSP는 매년 파종작업 시작 시기에 농업비용가격위원(CACP)의 권고에 따라 결정된다.

MSP 인상폭이 높아지면 이론상 물가를 끌어올려 재정을 압박하는 요인이 된다. 하지만 실제로는 인상폭이 영향을 미치는 것이 아니라 '실효매입(Effective Procurement)'이라는 메커니즘이 작용한다. 구체적으로 MSP는 20개 이상의 작물을 대상으로 하지만 실상은 쌀, 밀, 면화 등 세 종류로 한정된다.

인도 집권당은 이런 것을 적절히 이용해 MSP를 결정함으로써 농민들의 환심을 사기도 한다. 특히 선거전에서 이러한 움직임이 활발하고, MSP 인상의 근거로 몬순을 활용하는 모습을 볼 수 있다. 참고로 인도에서는 일부 지방정부의 경우이긴 하지만, 화학비료 보조금제도를 비롯해 채무감면조치 등을 도입해서 운영하고 있다.

004

세계 인구 1위 중국 VS 2위 인도, 코끼리와 용의 싸움

　최근 경제대국으로 떠오르는 나라로 중국과 더불어 인도를 떠올리는 사람이 많아지고 있다. 이 두 나라는 지난 수십 년 동안 급속한 경제성장을 이루어, 이제는 국제사회에서 무시할 수 없는 존재로 국제정세에 큰 영향을 미치고 있다. 그러므로 인도와 중국 양국을 이해하고, 양국 간 관계를 염두하여 세계의 흐름을 이해하는 것은 무척 중요하다.

민주주의를 발판으로 성장하는 인도

　중국처럼 국가를 완벽히 제어하는 공산당이 존재하지 않는 인도는 현재 세계 최대의 민주국가로 성장하고 있다. 아이러니하게도 세계 최대 인구를 가진 민주국가 인도에는 1947년 영국으로부터 독립한 이후 수십 년간 사회주의 성향의 정권이 들어섰고, 정치인들의 부패도 일상다반사였다. 그간 제3세계 리더로서 고립정책을 취해 왔으나, 1980년대를 맞아 서서히 개방을 시작했고 1991년부터는 본격적인 경제개방에 나섰다. 반면에 그간 무서운 기세로 성장해 온 중국은 2010년대 후반부터는 성장률에서 인도를 따라가지 못하고 있다. 국제통화기금(IMF)의 예측자료에 의하면 향후 중국과 인도의 경제성장 격차는 계속해서 커질 것으로 전망된다.

이런 전망이 나오는 배경 중 하나가 정치적인 측면이다. 전 세계는 느리지만 민주주의를 밑바탕으로 서서히 성장 중인 인도의 정치 체계를 전 세계가 안정적인 미래 성장의 견인차로 보고 있기 때문이다.

인도의 GDP 성장률

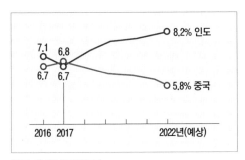

출처: 국제통화기금(IMF).

최근 중국은 압도적인 경제력을 바탕으로 아시아는 물론 세계에서 그 영향력을 확대하려고 하고 있다. 공식적으로는 평화적인 개발만을 추진한다고 말하지만 이를 그대로 받아들이는 사람은 드물다. 실제로 무력 행사도 마다하지 않고 있고, 특히 영토와 안보 문제에 대해서는 더욱 강경한 자세를 취하고 있다.

최근 중국의 부상을 견제하면서 민주주의 국가인 인도와 관계를 다지는 미국과 아세안, 일본 등의 움직임을 살펴보면 세계가 어느 나라를 더 신뢰하는지 간접적으로 알 수 있다.

우리도 최근 사드(THAAD)로 인한 갈등을 겪으며 중국의 민낯을 보게 되었다. 중국은 그들의 이익과 안보에 위협이 된다고 여기면 주변국들에 정치경제적 압박과 더불어 때론 무력 사용까지 언급하는 것을 주저하지 않는다.

중국 관영 매체 〈환구시보〉는 사설에서 "미국의 비위는 맞추기 힘들다: 인도는 한국을 교훈으로 삼아야 한다"라는 자극적 내용으로 미중 간에 전략적 균형을 지키라고 인도에 경고하기도 했다.

인도는 이에 굴하지 않고 국경에 중국을 겨냥한 순항미사일을 대거 배치했을 뿐만 아니라, 심지어 중국 전역을 대상으로 핵 탑재 대륙간탄도미사일(ICBM)을 배치했다. 그리고 이를 비난하는 중국을 향해 "우리 영토에 우리 자산을 어떻게 배치하느냐는 우리 마음이고 중국은 자신의 일에나 신경 쓰길 바란다"라고 일축했다. 이렇듯 최근 인도는 중국을 견제할 유일한 나라로 주목받고 있다.

인도와 중국의 적대적 관계

인도와 중국은 황하 문명과 인더스 문명의 발상지이자 수천 년 동안 문화를 교류했던 이웃이지만 지금은 적대적 관계다. 중국과 인도는 많은 인구, 거대한 농촌과 도시, 떠오르는 경제성장 그리고 이웃국가들과의 갈등을 포함해 몇 가지 유사한 특성과 문제점을 가지고 있다.

중국과 인도의 관계는 참으로 복잡하다. 히말라야를 끼고 국경을 맞대고 있는 두 나라는 20세기 중반부터 영토분쟁을 거듭해 왔다. 최근에는 양국 모두 경제를 우선시하는 터라 관계가 비교적 평온하지만 인도와 국경을 맞대고 있는 파키스탄, 네팔, 심지어 몰디브까지 영토분쟁으로 중국과 평소 사사건건 맞서고 있는 형국이다.

인도는 다른 국가들과는 달리 1950년 대만과 일찌감치 국교를 끊고 중국을 합법적인 정부로 인정했다. 그때도 국경분쟁의 기미를 내포하고 있었지만 당시만 해도 양국 간의 분위기는 좋았다. 하지만 1962년과 1967년 두 차례에 걸쳐 중·인도 국경전쟁이 일어났다. 이후 시간이 흐르면서 어느 정도 진정 단계에 접어들었고, 정치적 상황과는 별개로 1980년대 후반 이후 양국은 외교적·경제적 관계를 구축하려는 노력을 지속해 왔다. 2008년 중국은 인도 최대의 무역상대국으로 성장했고, 2012년 양국은 서로를 '금세기 가장 중요한 파트너'로 발표하는 관계까지 이르렀다.

하지만 최근 중국과 인도 군인들 간에 촉발된 폭력 사태가 그간 화해를 모색해 온 두 나라의 관계를 파국으로 이끌고 있다. 티베트 고원에서 벌어진 양국의 충돌로 20여 명의 인도 병사가 사망했고, 이는 중국발 코로나로 인해 피폐해진 인도 국민들의 마음에 분노의 불을 댕겼다.

이 사태는 곧 중국 제품 불매 운동으로 이어졌다. 하지만 사태 초기 인도 언론 매체들은 2차산업이 빈약한 인도에서 중국 제품 불매 운동은 현실적으로 어렵기 때문에 오래가지 않을 것으로 전망했다. 특히 2017년 벌어진 불매 운동 이후 오히려 중국산 제품의 시장 점유율이 올라간 것을 예로 들면서 이번에도 오래가지 못할 것으로 전망했다. 가성비 높은 중국 소비재에 대한 수요로 인해 인도의 중국 불매 운동은 잠깐 수그러들었지만, 2020년 발생한 수차례의 국경분쟁으로 중국에 대한 불매 운동이 다시 타올라 역대 최고치를 기록하고 있다.

중국과 인도는 인도 독립 이후 수차례에 걸쳐 국경분쟁을 벌였으며 두 번의 큰 전쟁을 치렀다. 2017년 6월에는 중·인도 국경 사이의 도크람(Doklam)에서 양국 군인들의 몸싸움이 거의 두 달간 지속되었다. 다행히 큰 유혈 사태는 벌어지지 않았고 양국은 서로 조금씩 양보하는 선에서 문제를 해결했다. 이때 일어난 중국 제품 불매 운동도 언제나 그렇듯 금방 잠잠해졌다. 양국 정부 차원에서도 이러한 긴장관계가 지속되는 것이 서로에게 좋지 않다는 데 인식을 같이하고 외교적인 선에서 잘 마무리했다.

하지만 가장 최근인 2020년 6월에 일어난 중·인도 국경분쟁에서 20여 명의 인도 병사가 참혹하게 살해된 만큼 인도 정부도 이번에는 그냥 유야무야 지나칠 수 없는 처지가 되었다. 그럼에도 불구하고 인도 정부가 취할 수 있는 행동은 제한적 군사 행동과 중국 상품에 대한 보이콧 정도가 전부다.

우선 군사적 행동을 살펴보면, 인도는 핵무기 보유국으로 세계에서 세 번째로 많은 710억 달러의 국방비를 지출하고 있지만, 군대의 비효율적인 운영으로 인해 물자와 장비가 부족하고 군수 물자 획득 전반에 만연한 부패로 실질적인 군사력은 형편없이 낮은 편이다.

이런 인도의 군 사정과 더불어 군사 행동을 통해 실질적으로 얻을 수 있는 이익이 없다는 것도 인도 정부의 고민이다. 2019년 초에 있었던 인도-파키스탄의 국경분쟁에서는 파키스탄과 경제적인 연결 고리도 약하고, 인도 총선에 호재로 작용할 수 있었기에 전투기를 동원한 군사 행동이 가능했다.

하지만 중국과의 분쟁은 파키스탄과의 국경분쟁과는 질적으로 다르다. 중국의 상대적인 군사적 우월성과 히말라야라는 극한의 환경에서 전쟁을 치른다는 것은 인도 입장에서 불가능에 가깝기 때문이다. 따라서 군사적 옵션이 거의 없는 상황에서 인도가 택할 수 있는 경제적 행동은 중국 제품에 대한 보이콧을 제외하고는 거의 없다.

최근 인도 텔레비전이나 유튜브 등에서는 중국산 텔레비전을 때려 부수는 소비자와 중국 물건을 쌓아놓고 불태우는 상인들의 화난 모습 등 자극적인 내용으로 중국을 성토하는 목소리가 가득하다. 심지어 북한 지도자 김정은을 시진핑으로 오해해서 김정은 사진을 태우는 웃지 못할 광경도 연출되고 있다.

인도 정부의 고민은 중국 제품에 대한 보이콧이 장기적인 측면에서 인도에 전혀 도움이 되지 않는다는 데 있다. 글로벌 신용평가사 피치(Fitch)의 최근 발표에 따르면 인도의 2020년 성장률은 당초 예상보다 훨씬 낮은 5% 이하로 전망된다. 국가 신용 전망도 정크 수준(투자 부적격 등급)의 바로 위 단계로 크게 낮아졌다. 여기에 하반기 본격적으로 인도를 휩쓸 코로나 사태로 인해 이마저도 훨씬 낮아질 거라는 전망이 지배적이다.

분쟁의 불씨는 많지만 잠잠한 이유는? 경제 협력

중국과 인도의 무역은 한일 간 무역 불균형과는 비교가 되지 않을 정도로 엄청난 불균형 관계를 유지하고 있다. 지난 2019년 인도의 대중국 무역적자 규모는 570억 달러에 달했다. 양국 간 무역 총액이 940억 달러에 이르는 상황에서 인도의 일방적인 무역적자는 꽤 오랜 기간 동안 지속되고 있다. 무역적자의 가장 큰 요인은 이 중에서도 전기, 기계 및 장비 수입이며 여기에는 스마트폰도 포함된다. 인도 수입 총량의 12%를 차지하고 있다. 2019년 인도는 무역 적자 해소를 위해 추가 관세 부과와 세이프가드 발동 등을 조치했고 이에 전체적인 대중국 수입은 15% 감소했으나, 절대적인 중국 의존도는 피할 수 없는 상황이다.

중국에 일방적으로 의존하는 무역에서 벗어나는 것은 인도 입장에서는 추가 안보를 위해 매우 중대한 과제다. 인도의 주요 수출품이자 전략 물자인 의약품을 살펴보면, 중국에서 공급하는 의약품 원료물질에 대해 중국이 갑자기 금수조치를 내리면 현재로는 이를 대신할 곳을 찾기 어렵다. 따라서 코로나 19 등 비상사태에서 이런 조치가 내려지면 곧장 국가적 안보위기로 내몰릴 수밖에 없는 구조다.

또한, 인도 국민들의 소비 특성은 저가를 선호하기 때문에 당분간은 중국 제품을 보이콧할 수 있겠지만, 가성비 높은 중국 제품은 장기적으로 인도 시장에서 다시금 인기를 끌 수밖에 없는 구조다. 이에 대해 영구적인 경제 종속으로 이어질 수 있다는 인도 내부의 우려가 상당히 높다.

2017년 중·인도 국경분쟁 때도 인도에서 벌어진 불매 운동으로 중국 소비재 판매가 일시적으로 약 40% 감소했으나 곧바로 회복되었고, 오히려 불매 운동 이전보다 판매량이 더욱더 늘어났다. 이는 한 마디로 중국을 대신할 저렴한 제품 공급처가 없기 때문이라고 볼 수 있다.

인도의 최후 대응은?

인도 정보기술부는 2020년 6월 29일 기존에 해왔던 방식대로 불매 운동의 효과가 지속되기 힘들다고 보고, 회심의 카드를 꺼내 들었다. 바로 위챗(WeChat)과 틱톡(TikTok)을 포함한 59개의 중국 앱 사용을 금지하는 조치였다. 이와 더불어 중국의 투자를 받아 개발된 200여 개의 앱들에 대해서도 사용을 금지했다. 여기에는 최근 인기를 끌고 있는 샤오미 휴대폰에 기본적으로 탑재된 화상 통화 앱(Mi Video Call), 웨이보, QQ메일과 메신저를 비롯해 게임 및 다양한 앱 유틸리티가 포함된다.

인도 주요 언론 분석에 따르면 이번 조치는 현재까지 인도가 취한 가장 강력한 보복조치로 평가되고 있다. 대안이 존재한다는 점에서 중국 앱 사용 금지 조치는 물리적인 제품을 보이콧하는 것보다 부가가치 측면에서 효과적이다. 인도 정부는 사용 금지된 중국산 앱들이 사용자 데이터를 무단으로 해외로 전송하여 '인도의 국가 안보와 공공질서에 위협이 되며 궁극적으로 인도의 주권에도 영향을 미치는', 즉 인도를 위협하는 활동에 관여하기 때문에 이번 조치를 취했다고 발표했다.

하지만 인도의 이러한 조치에도 아랑곳없이 중국 기업은 최근 인도 IT 기술 기반 스타트업에 활발히 투자하고 있다. 2013년 이래 중국 기업들은 인도 기술 스타트업을 대상으로 약 80억 달러 이상을 투자했다.

중국 기업 알리바바(Alibaba)와 텐센트(Tencent)는 인도 IT기술 기업에 집중적으로 투자해 상당한 지분을 보유하고 있다. 예를 들어 알리바바는 인도 최대 온라인 식품 유통 기업 빅바스켓(BigBasket)의 지분 30%를 보유하고 있고, 인도 최대 모바일 결제 기업 페이티엠(Paytm) 지분도 7% 보유하고 있다.

지난 5년간 중국 기업들은 90개 이상의 인도 스타트업에 투자했다. 또한, 인도의 30개 유니콘 기업(10억 달러 이상의 기업가치를 가진 회사) 중 18개가 중국기업의 투자를 유치한 바 있다. 인도 정부는 이 부분도 자국의 안보에 영향을 미친다고 보고 있다. 중국이 기술 탈취와 더불어 인도의 미래 성장 동력까지 가져갈 수 있다는 우려가 크다. 하지만 국내 투자 여력이 크지 않은 인도가 중국 자금을 받아들이지 않으면 인도 스타트업들은 자금 조달에 큰 어려움을 겪을 수 있어서 문제다.

이러한 인도의 움직임에 대해 중국은 격앙된 반응을 보이고 있다. 특히, 중국 정부 대변인은 중국산 59개 모바일 앱 차단에 대해 즉각 논평을 내고 인도 정부에 '개방적이고 공정한 비즈니스 환경을 조성할 것'을 촉구하며 '인도의 조치는 국가 안보 위협이라는 모호하고 불분명한 근거에 기반한다'고 주장했다. 이와 더불어 인도 진출 중국 기업들은 한 목소리로 이번 조치가 인도의 일자리와 더 나아가 해외 기업들의 인도 투자에도 영향을 미칠 수 있다며 큰 우려를 표했다.

2020년 6월 15일 중·인도 국경분쟁이 일어난 이래, 인도 내부의 여러 대처를 보면 뭔가 잘 짜인 각본이 있는 것이 아니냐 할 정도로 민첩하게 대처하고 있다는 인상을 지울 수 없다. 인도 정부의 한 관계자는 중국 역할을 대신할 나라는 찾기 힘들지만, 장기적 관점에서 중국 대신 기술적 협력이 가능한 제한된 국가에 한국 등이 포함된다고 밝혔다. 그러면서 미국이 추진하는 G11에 인도와 한국이 같이 들어간다면, 이것이 인도 국민들이 한국을 충분히 협력할 만한 국가로 인식하는 계기가 될 것이라고 말했다.

중국과 인도의 갈등, 한국의 대처는?

이번 중국 앱 59개 사용 금지는 인도 진출을 준비 중인 한국 기업들에게 희소식이 될 것으로 보인다. 현재 인도 시장을 대상으로 숏폼 콘텐츠와 커머셜 플랫폼을 론칭한 위시 모바일의 김석용 대표는 "인도 시장 진출 시 가장 큰 경쟁 상대로 생각했던 중국 온라인 기업들이 일시에 사라지면서 그야말로 큰 기회가 왔다."라고 말하며 "한국인 직원들뿐만 아니라 인도인 직원들도 이 기회를 살리자는 분위기"라고 전했다.

김 대표는 "인도인들은 분야별 상위권 앱 소비에 집중하는 성향을 보이는데, 그동안 막대한 자금으로 시장을 석권한 중국 기업 제품과 서비스가 사라진 자리에 갑자기 빈 공간이 생겨 우리 입장에서는 인도 진출과 시장 확대의 호기"라며 전사적 역량을 총동원해 인도 시장을 공략할 계획을 밝혔다. 실제로 광고계의 큰손인 중국 기업들이 사라지며 온라인 광고 비용도 30~40% 급락했다.

　인도의 불매 운동은 민족주의의 한 부분이었다. 과거 역사를 살펴보면 영국으로부터 독립운동을 벌일 때, 인도 독립 투쟁의 가장 큰 캠페인 중 하나가 마하트마 간디에 의한 스와데시(Swadeshi, 국산품 애용) 운동이었다. 이 캠페인의 핵심은 외세의 착취와 통제에서 벗어나기 위해 정치·경제적 의존을 절대적으로 거부하는 것이었다. 21세기에 만난 인도의 새로운 스와데시 운동을 진심으로 응원한다.

005

공용어인 영어를 하느냐, 못 하느냐가 미래를 결정한다

800여 개 언어, 2,000여 개 방언의 나라

인도의 대외적인 공식 언어는 무엇일까? 흔히 영어 혹은 힌디어라고 생각하는데, 인도에는 수많은 언어가 존재한다. 연구자에 따라 다르지만 적어도 800여 개의 언어와 2,000여 개 이상의 방언이 존재한다.

인도에는 "15마일마다 방언이 바뀌고, 25마일마다 카레 맛이 달라진다. 100마일을 가면 말(言)이 바뀐다."라는 속담이 있다. 그만큼 인도에서는 여러 언어를 구사하는 것이 그리 낯선 장면이 아니다.

사정이 이렇다 보니, 아이들에게 어떤 언어를 언제 학습시킬 것인가 하는 문제가 교육정책의 과제이기도 하다. 인도 초·중등교육에서는 자신이 거주하는 지역 언어, 영어 그리고 힌디어(힌디어를 사용하는 곳에서는 다른 주의 언어)의 3개 언어 교육이 필수다. 고등교육기관에서는 영어를 교육언어로 사용한다.

인도는 세계에서 언어적 다양성을 가장 많이 가진 나라 중 하나다. 언어적인 갈래를 살펴보면 아리안(Aryan)어족, 드라비다(Dravida)어족, 티베트-버마(Tibet-Burman)어족, 오스트로-아시안(Austro-Asian)어족이 있는데, 인도인들이 현재 사용하는 언어는 이 네 가지 언어에서 파생되었다.

2001년 인도 인구센서스에 따르면 인도에는 대체로 122개 언어(문자가 존재하는 언어), 234개의 모어(母語, 말만 있고 문자가 없는 언어)가 존재한다. 그러나 1만 명 이하가 사용하는 소수언어에 대해서는 조사하지 않았기 때문에 이 숫자가 최종 숫자는 아닐 것이다. 1961년 조사에 따르면 약 1,652개의 모어가 있는 것으로 밝혀졌다.

인도의 4개 어족

사용어족	상세 설명	사용인구 (2019년 인구 조사 기준)
아리안(Aryan)어족	인도 북부 및 중부 지방에서 사용하는 언어 예 힌디어, 펀잡어, 뱅갈어 등	인구의 77%가 사용
드라비다(Dravida)어족	주로 남부 지역에서 사용하는 언어 예 말라얌어, 타밀어, 칸나다어, 텔루구어 등	인구의 약 20%가 사용
오스트로-아시안(Austro-Asian)어족	서부 벵골에서 사용하는 언어	인구의 약 1.11%가 사용
티베트-버마(Tibet-Burman)어족	잠무카슈미르, 아삼지역 등 히말라야를 중심으로 사용하는 언어	인구의 약 1%가 사용

인도의 대표 언어와 사용자 수

언어	사용자 수(단위: 백만 명)	언어	사용자 수(단위: 백만 명)
힌디어	615	뱅갈어	265
우르두어	170	펀자브어	126
마라티어	95	텔루구어	93
타밀어	81	구자라트어	61
칸나다어	56	오디아어	38
말라얌어	38	산탈리어	7
산스크리트어	5		

출처: Ethnologue(2019).

지역 간 인구이동을 통해 다양한 민족과 인종이 서로 접촉해 온 고대부터 인도는 다양한 언어가 숨 쉬던 땅이었다. 정치적인 강제와 사회적 변동에 따라 언어를 사용하는 데 변화도 있었지만, 인도의 4대 어족이 서로 밀접하게 접촉하면서 생긴 변화가 가장 크다.

힌디어는 인도의 국어일까? 험난한 인도의 국어 선정

최근 인도 연방정부가 힌디어를 사용하는 정책을 적극적으로 실시하고 있지만, 타밀나두주를 비롯한 남부 지역에서는 반발이 무척 심하다.

그렇다면 인도에서 힌디어의 지위는 어떨까? 인도의 국어일까? 우리나라에서는 외국어 대학의 '인도어과'라고 하면 대부분이 힌디어를 배우는 것으로 알고 있으므로, 힌디어가 인도의 국어일 것이라고 생각한다. 물론 외국인들도 예외는 아니다.

2009년 인도에서 힌두주의를 가장 엄격히 지키는 주로 잘 알려진 구자라트주에서 한 남성이 인도 고등법원에 공익소송(PIL)을 제기했다. 시중에 파는 제품의 가격, 성분, 제조일 등의 정보를 모두 힌디어로 기재하도록 제조사에 의무화해야 한다며 중앙정부 및 주정부를 대상으로 제기한 소송이었다.

그는 힌디어는 국어이고 많은 인도인들이 이해하는 언어이기 때문에 제품에 당연히 사용해야 한다고 주장했고, 원고측 변호인은 제헌의회의 심의를 그 논거로 제시했다. 정부측 변호인은「포장된 제품의 무게 및 크기 기준에 관한 규정」에 의거해 제품의 내용을 영어 혹은 힌디어로 표시해야 한다고 말했다.

이에 인도 법정은 "헌법에 정부기관 내에서 공식적인 의사소통 시 힌디어와 영어만 허용하도록 규정되어 있다"라고 언급하며, 힌디어는 인도의 '공용어'이긴 하지만 '국어'로 볼 수는 없다고 판시했다. 즉, 제헌의회를 비롯해 그 누구도 힌디어를 '공용어'라고 정의했지 '국어'로 정의해서 발표한 적이 없다는 것을 확인한 것이다. 따라서 제품에 표기하는 언어를 꼭 힌디어로만 해야 하는 의무는 없으며 영어를 사용하는 것은 제조자의 권리라고 결론을 내렸다. 다시 말해서 굳이 힌디어를 사용하지 않아도 된다는 결론이었다.

여기서 원고측 변호사가 제헌의회의 심의와 관련해 제기한 것을 한번 살펴보자. 1947년 인도가 영국으로부터 독립을 쟁취한 일은 국가 지도자들에게 하나의 공통언어를 기초로 국가를 통일할 수 있는 좋은 기회였다. 마하트마 간디는 인도가 '진짜 국가'가 되려면 공통된 언어(국어)가 중요하고, 그것이 영어를 대체해야 진정한 독립을 얻을 수 있을 것이라고 생각했다. 따라서 어떤 언어가 인도의 국어가 되기 위해서는 다음과 같은 다섯 가지 조건이 맞아야 한다고 말했다.

① 국가 공무원이 습득하기 쉬운 언어
② 인도 어디서나 종교적·경제적·정치적 커뮤니케이션의 매개가 될 수 있는 언어
③ 인도에 사는 대부분의 사람들이 말하는 언어
④ 전 국민이 배우기 쉬운 언어
⑤ 국어로 최종 선택될 때, 잠정적이거나 일시적 이점도 고려해야 하는 언어

그러나 다음과 같은 이유로 초기 인도 정부의 국어 선택은 그리 간단한 일이 아니었다.

① 풍부한 역사와 문화적 배경을 가진 언어 및 그 방언이 여럿 존재한다.
② 어떤 언어도 명확한 다수가 될 수 없다. 이것은 다시 말해 정부가 인도의 여러 언어 중 하나를 선택해 거기에 특별한 지위를 부여해야 한다는 것을 의미한다.
③ 옛부터 조상이 사용해 온 자기 지역 언어에 저마다 자부심을 가지고 있기 때문에 어떤 언어를 선택하든 모든 국민이 받아들이기는 어렵다.

이에 의견이 크게 두 그룹으로 나뉘었다. 한 그룹은 영어를 사용하는 것은 인도의 독립정신과 상반되므로 힌디어를 국어로 삼아야 한다는 그룹이었다. 다른 한 그룹은 인도 초대수상 네루가 중심이 된 그룹으로, 주로 남부 지역 주들이 중심이었다. 이들은 국민에게 힌디어를 국어로 강요하기보다는 다른 언어와 힌디어를 동등하게 대접해야 한다고 주장하며 전 국민의 소통을 위한 언어는 영어밖에 없다는 생각을 가진 그룹이었다.

이들은 6주간 치열하게 토론한 끝에 투표를 진행했는데 77 대 77로 두 개의 안이 동률을 기록했다. 그 결과 이들은 힌디어가 인도연방의 공식어일 뿐 국어는 아니라고 규정하고 영어를 향후 15년간 준공용어로 사용하겠다고 결정했다. 제헌의회는 의사소통의 수단으로 힌디어와 영어 이외에 1개의 지역언어를 주마다 자유롭게 선택하도록 했다.

따라서 현재 중앙정부의 공용어는 힌디어와 영어이며, 각 주에서는 현지 지역 언어 이외에 힌두어 혹은 영어를 국가의 행정 및 교육에 사용한다. 예를 들어 남부 타밀나두주에서는 타밀어와 영어가 공용어다. 현재 인도 헌법에는 공식적인 공용어가 22개로 정해져 있다.

인도의 주요 언어 지도

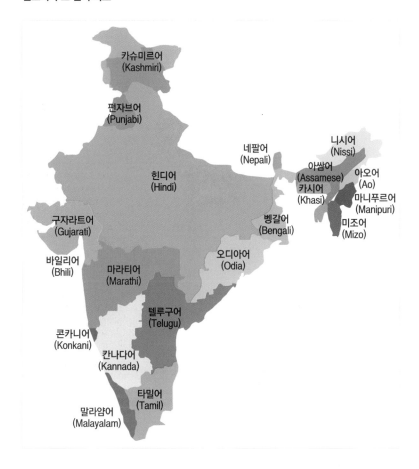

지폐 액면금액이 몇 가지 언어로 나오는 거야?

　재밌는 것은 인도 지폐를 살펴보면 힌디어와 영어를 기본으로 구자라트어, 칸나다어 등 15개 언어로 그 지폐의 액면금액이 나열되어 있다는 점이다. 언어는 알파벳순으로 아쌈어(Assamese), 벵갈어(Bengali), 구자라트어(Gujarati), 칸나다어(Kannada), 카슈미르어(Kashmiri), 콘카니어(Konkani), 말라얌어(Malayalam), 마라티어(Marathi), 네팔어(Nepali), 오디아어(Odia), 펀자브어(Punjabi), 산스크리트어(Sanskrit), 타밀어(Tamil), 텔루구어(Telugu), 우르두어(Urdu)로 나열되어 있다.

▲ 100루피 지폐 옆면에 15개 언어로 나열된 액면금액

인도가 언어에 상당한 자부심을 갖고 있다는 것을 우리는 꼭 명심해야 한다. 특히, 인도에서 본격적으로 비즈니스를 하려고 하면 언어에 대한 고민이 이만저만 아니다. 제품 브로슈어를 만들 때 어떤 언어로 만들 것인가부터 고민이다. 영어로만 만들면 좋으련만, 아쉽게도 영어를 제대로 이해하는 사람들은 대도시에 사는 사람들뿐이다. 그렇다고 브로슈어를 22개 언어로 각각 만들면 비용이 어마어마하게 많이 드니 고민이 될 수밖에 없다.

일상적 바이링구얼 인도인

인도에서 일상적으로 여러 언어를 사용하는 것은 매우 일반적이다. 인도 사람들은 많은 언어에 둘러싸여 성장하고 학교에서는 3~4개 언어를 배운다. 집에서 말하는 언어와 직장에서 말하는 언어가 다를 수 있고, 또 다른 곳에서는 다른 언어로 이야기하는 곳이 인도다. 인도에서 흥미로운 사실은 대부분이 문맹인 행상인들조차 적어도 두세 가지 이상 언어로 대화할 수 있다는 사실이다.

최근 인도에 모디 정부가 들어선 이후 가장 큰 변화 중 하나는 힌두교 극우행동가집단(RSS) 출신인 모디 수상의 영향을 받아, 힌디어 사용과 힌두교 수행을 위한 수단인 요가에 대한 정부 지원이 직간접적으로 크게 늘었다는 사실이다. 모디 정부는 힌디어 사용 확대를 위해 적극적으로 노력하고 있다. 인도에는 힌디어를 포함한 22개의 지역 언어와 국제어인 영어가 존재한다. 하지만 정부 차원에서 힌디어를 사용하라고 강요하기 때문에 인도 국민의 약 70%는 힌디어를 대략 이해하고 있다. 지역 언어가 강한 남부 지역의 경우 주정부 차원에서 힌디어 사용을 강요하고 있지만 역부족인 것이 현실이다.

헷갈리는 인도식 영어, I-G 잉글리시

인도에서 비즈니스를 하기 위해 한 가지 더 알아야 할 것이 있는데 미국 영어, 영국 영어, 호주 영어 등과 구분되는 인도 영어가 있다는 사실이다. 이것은 세계적으로 인정되는 영문학적인 구분이다. 영문학적으로는 인도 영어를 I-G 잉글리시(Indian General English)라고 한다.

인도 영어를 흔히 힝글리시라고 하는데 이것은 힌디와 영어가 합쳐져 있다는 뜻이다. 다시 말해 기본적으로 영국식 영어지만 문장을 구성할 때 영어식 표현보다 힌디식 표현을 따라 발음과 문장이 조금씩 다른 것을 말한다.

인도 영어는 우리가 듣기에 분명히 틀린 문장구조나 발음이 많다. 특히,

한국 비즈니스맨들은 발음을 많이 헷갈려 하는데 인도 영어에서는 모든 격음(ㅍ, ㅊ, ㅌ, ㅋ)을 거의 경음(ㄲ, ㄸ, ㅃ, ㅆ, ㅉ)으로 발음한다. 가령 T는 트가 아니라 뜨로, P는 프가 아니라 쁘로, K는 크가 아니라 끄로 발음한다. 예를 들어 남자 이름 중 하나인 Kumar는 쿠마르가 아닌 꾸마르로, Taj Mahal은 타지마할이 아니라 따지마할로 발음한다. 인도 현지어만 그런 것이 아니다. 예를 들어 Factory는 우리가 흔히 아는 팩토리가 아닌 빽또리로 들린다.

인도인들은 영어로 대화할 때도 자신의 생각을 거침없이 이야기한다. 재밌는 것은 미국인, 영국인, 캐나다인 등이 이러한 인도인의 말을 잘 이해하고 공감한다는 것이고 의사소통에 전혀 문제가 없다는 사실이다.

인도인도 미국인이나 영국인과 의사소통할 때 본인 특유의 액센트나 어순에 문제가 없다는 것을 잘 안다. 그래서 자신 있게 발언한다. 전 세계 직원들이 모여 컨퍼런스를 할 때 가장 부정확한 영어로 가장 자신 있고 적극적으로 이야기하는 사람은 인도인이 유일하다.

인도에서 영어로 정보를 얻을 때 팁을 하나 전달하자면, 인도에서는 신문의 영향이 지대하다. TV보다 더 영향력이 강하다. 특히, 인도의 주요 일간지 〈타임스 오브 인디아(The Times of India)〉나 〈힌두스탄 타임스(The Hindustan Times)〉는 쉬운 영어로 기사를 쓴다. 반면에 〈더 힌두(The Hindu)〉나 시사지 〈프론트라인(Frontline)〉은 상당히 높은 수준의 영어를 사용한다.

한국의 영어교육을 살펴보면 발음에 너무 연연한다. 필자가 글로벌 비즈니스를 하면서 쌓은 경험에 비춰볼 때 영어 발음이 좋아서 진행이 잘되기보다는, 많은 정보를 담은 영어를 얼마나 논리적으로 구사할 수 있는지가 더 중요했다.

현재 인도에서 영어의 역할은 자신과 세계를 연결하고 국가를 통일하는 도구로 인식되고 있다. 특히, 개인에게 영어는 선택이 아닌 생존의 문제로 인식되며 진학, 취업 등에 절대적 영향을 미친다. 영어가능자 평균 급여는 비가능자에 비해 25% 높고, 대졸 미취업자의 80%는 영어를 제대로 하지 못해 취업을 못 하는 상황이다.

대학입시 5과목 500점 중 100점이 영어에 배점되고, 나머지 4과목 문제도 영어로 출제된다. 이런 상황은 영어산업의 호황으로 이어져, 인도에서 영어는 상당히 중요한 산업으로 간주되고 있다.

종교의 나라
인도

006

인도에서 종교는 사회와 생활에 얼마나 영향을 미칠까?

기도를 위해 휴가를 쓰는 나라

인도인 직원들을 관리할 때 보면, 정기휴가를 제외하고 개인 사정으로 휴가를 내려고 찾아오는 직원들은 보통 세 가지 이유를 들고 온다.

첫 번째는 가족과 관련된 일이다. 즉, 친척이 병원에 입원했다거나 집안에 행사 등이 있다는 이유다. 두 번째는 가족이나 종교를 이유로 대긴 하지만 다른 회사에 면접을 보러 가려는 이유다. 세 번째는 기도하기 위해 수백 km 떨어진 곳에 가야 하기 때문이라는 이유를 댄다.

대부분의 외국인들은 세 번째 이유를 이해하지 못한다. 특히, 한국인들의 경우 종교 활동은 특정일에 하는 행동이라는 생각이 지배적이다. 따라서 자기 생활을 뒤로하고 활동할 정도라면 그 사람은 무척 신실한 사람일 거라고 이야기한다. 그런데 인도에서 종교는 우리가 생각하는 것과 다르다. 그들에게는 삶이 종교이고 종교가 곧 삶이다.

인도인의 삶 속에 깊숙이 침투한 종교

인도인들의 삶 속으로 들어가 주위를 돌아보면 종교와 삶이 곧 하나라는 것을 쉽게 알 수 있다. 인도인들의 손에 들려 있는 휴대폰 벨소리에서 흘러나오는 종교적 선율, 이마의 빈디*, 신을 상징하는 목걸이와 반지를 낀 사람들, 터번을 두른 남자, 거리 혹은 집집마다 걸려 있는 여러 가지 신을 그린 그림들 그리고 거리를 걸어 다니는 수도승들.

우리는 인도에 첫발을 딛는 순간부터 종교적 색채를 느낄 수 있다. 일상의 모든 일, 생로병사, 교육, 정치, 비즈니스에 이르는 모든 것들에 종교가 스며들어 있어서 아무리 분리하려고 해도 분리할 수 없다.

인도 가정에서는 기도와 함께 아침을 시작한다. 힌두교의 전통 주거공간에는 정과 부정 그리고 중간영역이 존재한다. 가장 신성하고 깨끗한 공간으로 여겨지는 곳은 제사(Puja, 뿌자)가 거행되는 제단이 있는 곳이다. 거기에는 시바와 비슈누 등 힌두교의 신들과 성인의 상이 모셔져 있다. 반면 더러운 것이 모이는 부엌과 화장실 등은 부정한 곳에 속한다. 따라서 이 부정한 곳을 만지지 않도록 따로 청소하는 사람을 고용하기도 한다.

이는 먹는 것에도 예외가 없는데, 생활에 대해 꼼꼼하게 규제하는 힌두교 전통에 따라 '입에 넣는 재료', '음식 먹는 방법(누구와 먹는지)', '음식을 먹는 시기와 시간' 등에 대해 무척 신경을 쓴다. 또한, 육식과 채식의 경계가 매우 강하고 더러움(부정)에 대한 의식이 특히 더 강하다.

음식을 포함해 타인의 더러움과 직접 접촉하는 것도 엄격히 금기시된

---

* **빈디(Bindi)**: 인도의 종교의식에서 유래한 것으로 이마 가운데, 혹은 미간의 한 점에 칠을 하거나 보석 등을 붙이는 행위. 산스크리트어 빈두에서 유래했으며 원뜻은 물방울이다.

다. 이러한 부정을 피하기 위해 다른 카스트 계급과 식사하는 것도 기피하며, 식기 또한 일회용이 가장 깨끗하다고 생각한다. 하지만 부정의 대상은 계급이나 지역에 따라 다르고 절대적인 기준은 존재하지 않는다.

인도인들은 부정을 정화하기 위해 채식과 금식, 목욕이나 요가를 하기도 한다. 계급이나 사회적 지위가 높은 사람일수록 육식을 피하는 경향이 많다. 일반적으로 남성보다 여성이 입에 넣는 재료에 대해 엄격하다. 여성이 가정을 지킨다는 의식이 강하기 때문이다. 일상적인 식사 패턴을 살펴보면 자신의 가정에서 안심하고 먹는 것을 선택하는 사람이 다수다. 힌두교도들은 부정한 것을 섭취할 수 있다 보니 일반적으로 외식을 잘하지 않는다.

또한, 특정 종교의 축일이나 특정 날짜에 금식을 하는 경우가 많다. 인도인들과 같이 직장생활을 하다 보면 금식하는 직원들을 심심치 않게 목격하곤 한다. 이러한 종교에 의해 만들어져 일상이 된 것 중 하나가 인도의 도시락 문화다.

인구의 82%가 힌두교도

인도에서 발생한 종교 중 유력한 종교는 단연 힌두교다. 약 5,000년 전부터 생성되어 발전한 힌두교는 세계 고대종교 중 하나이며 수많은 수의 신이 존재하는 종교로 유명하다. 현재 인도 국민의 약 82%가 힌두교도다.

힌두교와 비슷한 시기에 탄생한 불교(인구의 약 0.7%)와 자이나교(인구의 약 0.42%)도 있다. 자이나교는 불교와 비슷한 시기에 탄생했다. 전 세계 약 600만 명의 자이나교도 중 대략 400만 명이 인도에 거주한다. 자이나교는 일관되게 금욕, 불살생, 불소득, 고행, 불음을 하는 것으로 알려져 있다.

이 종교의 많은 신자들은 전통적으로 상업이나 귀금속을 취급하는 일에 종사한다. 따라서 인도 경제에 큰 영향을 미치며 "인구 0.42%의 자이나교도가 인도 부의 50%를 소유하고 있다."라는 일부 연구도 있고 "자이나교도 0.5%가 인도 세금의 24%를 납부하고 있다."라는 정부 통계도 있다.

현대에 이르러서도 인도 내 대기업, 부자, 무수한 상권의 상당수가 이들 자이나교도의 차지다. 심지어 영국이 막강한 군사력과 자본력으로 인도를 식민 지배하던 시기에도 인도 경제의 절반은 자이나교도들이 장악하고 있었다.

특히, 2000년대에 들어서 전 세계 다이아몬드 사업에 뛰어든 자이나교도의 투자 규모는 수백여 년 동안 유럽 다이아몬드 산업을 독점해 온 유대인을 몰아낼 정도로 크게 늘어났다. 벨기에의 안트베르펜 다이아몬드 상거래 시장은 오랫동안 유대인이 독점해 왔지만, 지금은 인도인(자이나교인)들이 들어와 그 영향력을 강화하고 있다. 우리나라 쌍용자동차를 인수한 마힌드라 그룹 등 인도 대기업들도 자이나교인들이 차지하고 있다.

비교적 최근인 15세기경 탄생한 종교인 시크교도 있다. 인도 인구의 약 2%를 차지한다. 시크교에 대해서는 8장에서 자세히 살펴보자.

종교의 박물관으로 알려진 인도에는 인도 이외 장소에서 발생해서 소개된 종교도 있다. 외래 종교 중 가장 신도가 많은 것은 이슬람교이며 인도 인구의 약 13~14%를 차지한다. 기독교는 약 2.5%, 전설적인 가수 프레디 머큐리(Freddie Mercury)와 인도 최대기업 타타그룹(Tata Group) 회장 가문이 믿는 조로아스터교는 인도 인구의 약 0.01%를 차지한다.

이 밖에 유대교도 존재하고, 19세기 페르시아에서 유래된 바하이교도 수천 명의 신자를 거느리고 있다. 특히, 뉴델리에는 바하이교 신자들을 위한 성전 '로터스 템플(Lotus Temple)'이 있는데, 무척 아름다워 1억 명이 넘는 누적 방문객을 기록했다. 참고로 이곳은 2001년 기네스북에 '세계에서 가장 많은 방문객이 찾는 장소'로 공인된 바 있다.

그럼 이제부터 인도의 주요 종교인 힌두교에 대해 본격적으로 이야기해 보자.

007

힌두교의 나라
인도

인도인을 알려면 힌두교를 알아야 한다

힌두교는 인도에서 가장 대중적인 신앙이며, 고대부터 현대까지 몰락이나 큰 침체 없이 번성 중인 거의 유일한 다신교 신앙이다.

거의 모든 종교가 그렇듯이 힌두교 역시 범신론적 인본주의 사상에서 출발한다. 많은 사상이 혼합된 힌두교는 교리나 의식 등의 표현이 너무 다양하여 신앙의 체계를 한가지로 요약하기 어렵다. 이처럼 뚜렷한 신관이나 구원관 등이 없음에도 불구하고 힌두교가 기독교를 포함해서 다른 종교에 미친 영향은 막대하다. 예를 들면, 19~20세기 초 서구 기독교와 문화에 반발하여 나온 자유주의적 신학 운동인 종교다원주의 운동과 초월적 명상, 요가 등이 대표적이다.

법적으로 정교분리가 엄격한 인도에서 힌두교가 정치 및 경제, 사회, 문화 등 분야에 미치는 영향력은 막강하다. 따라서 힌두교가 어떤 것인지 아는 것은 인도에서 비즈니스를 하려는 사람들에게는 기본 중의 기본이다.

힌두교의 어원과 정의

힌두교(Hinduism)는 인도에서 발생한 모든 종교를 통틀어서 일컫는 말로서 '힌두(Hindu)'와 '이즘(ism)'의 합성어다. '힌두(Hindu)'라는 이름은 거대한 물을 일컫는 산크리트어 '신두(Sindhu)'의 페르시아 발음이며 인도를 가리킨다. 현재는 데칸고원과 히말라야산맥 사이에 흐르는 인더스강 및 갠지스강 유역 일대와 그 지역에 사는 사람들을 가리키는 말로, '힌두교'는 '힌두' 지역에 사는 사람들이 믿는 종교라는 뜻이다.

힌두교는 세계에서 가장 오래된 종교의 하나로 특정한 교조나 교리, 중앙집권적 권위나 위계 조직이 없으며, 오랜 시간에 걸쳐 다양한 신앙 형태가 융합된 종교여서 간단히 정의 내리기가 어렵다. 힌두교는 모든 사람에게 모두 다르게 보인다고 할 정도로 신앙의 실천과 의식이 다양하다. 때문에 인도 초대 수상 네루도 힌두교를 '모든 사람에게 모든 것으로 나타나는 종교'로 정의하였다.

힌두교의 경전

힌두교의 경전은 산스크리트어로 지식을 의미하는 '베다'를 중심으로 '우파니샤드(Upanishad)', '바가바드 기타(Bhagavad Gītā)' 등으로 구성되어 있다. 우파니샤드는 기원전 800~600년경에 완성된 종교에 대한 사변적 글을 모은 것으로, 석가모니(釋迦牟尼)는 불교의 원리를 이것에서 배웠다고 하며 쇼펜하우어(Arthur Schopenhauer)도 이 경전의 영향을 받았다고 한다. 우주의 궁극적 실재인 브라만과 인간이 합일되는 과정을 묘사하며, 종말론과 윤회사상의 교리와 더불어 힌두교와 불교의 원천이 되는 중요한 교리들이 기록되어 있다.

'바가바드 기타'는 지금도 인도의 힌두교도들이 아침저녁으로 낭송하는 경전이다. 비폭력 무저항주의로 유명한 간디는 영국에서 유학하던 시절 우연히 '바가바드 기타'를 읽은 이후 평생 몸에 지니고 다니며 읽었다고 한다.

바가바드 기타는 초월적 절대자의 노래라는 뜻이다. 힌두교의 경전이나 문학 중에 가장 대중화된 것으로, 비슈누 신의 여덟 번째 화신인 크리슈나와 자신의 사촌 형제들과 전쟁하려고 준비 중인 전사 아류나의 대화 내용을 기록한 것이다.

힌두교의 특징

힌두교는 오랜 세월에 걸쳐 다양한 외부 종교의 영향을 받아 형성되었기 때문에 창설자도, 선지자도, 교리체계도 없다. 신학이라기보다는 생활양식에 훨씬 더 가까우며, 종교라기보다는 하나의 철학이라고 할 수 있다. 따라서 다양한 신화와 전설, 의례, 제도, 관습을 가지게 되었다.

힌두교도 대다수는 최상의 존재를 믿는다. 어떤 힌두교도들은 모든 생명을 존중하며 채소만을 먹는다. 반면 다른 힌두교도들은 신전에 제사 드린 고기를 아무 구애 없이 먹는다. 어떤 힌두교도들에게는 그들의 종교가 매우 개인적인 것이지만, 다른 힌두교도들에게는 비개인적이다. 기독교로 대표되는 서양의 일반적인 신앙과는 달리, 힌두교는 고대의 것도 아니고 쉽게 설명할 수 있을 만큼 고정된 신앙 체계를 갖고 있지도 않다. 오히려 개괄적으로 설명하기도 어렵고 수백 년마다 주요한 변화들을 겪어온 관습, 의식과 신앙의 통일체라고 볼 수 있다.

인도 대륙은 불교, 이슬람교, 기독교 등 세계 3대 종교 세력의 지배를

2,000년 이상 받았다. 하지만 이 3대 종교의 영향을 받고도 토착종교(힌두교)가 온전한 나라는 인도가 거의 유일하다. 힌두교도는 2010년 기준 약 10억 3,300만 명(전 세계 인구의 약 15%)으로 대부분이 인도에 있고 방글라데시, 발리, 스리랑카, 네팔 등에도 힌두교 인구가 대단히 많다.

서기 600년경 무렵 동남아시아에 힌두교가 진출하기 시작했다. 600년에서 1400년 사이의 기간 동안 버마, 태국, 캄보디아, 라오스, 말레이시아, 인도네시아의 많은 지역은 힌두교 소왕국으로 채워졌다. 말레이시아인과 인도네시아인의 세계관은 아직도 힌두교적이며, 비록 그들이 대외적으로는 무슬림이라 하더라도 아랍의 무슬림과는 다른 세계관을 갖게 된 배경에는 힌두교가 차지하는 비중이 크다.

힌두교에는 매우 광범위한 신앙과 생활(사회계층, 직업, 가족, 정치, 음식 등)이 포함되기 때문에 힌두교의 각 종파에는 기독교처럼 일치하는 공통점이 많지 않다. 각 종파들은 서로 '가족적 유사성', 즉 모든 구성원에게 공통되는 본질은 존재하지 않지만 다양한 유사성이 서로 겹쳐 외부에서 인식하기에는 혈연관계로 묶인 것과 같은 특징을 보인다.

힌두교는 다신교적 일신교로 기본 교리는 우주의 법칙과 인간의 윤회를 근간으로 한다. 힌두교에 의하면, 동정심에서 나온 힌두 신의 하나인 비슈누 신은 아홉 번이나 다시 태어났고, 이러한 윤회 중 하나가 '부처'다.

힌두교의 핵심인 윤회(Samsara)와 업(業: Karma)은 모든 결과에는 반드시 원인이 있으며, 현재의 삶은 반드시 과거 행위(Karma)의 결과라는 것으로 생사의 반복적 순환, 즉 윤회사상(輪廻思想)을 뜻한다. 업으로 인해 만들어져 시작도 끝도 없이 반복되는 윤회의 속박에서 벗어나는 것, 즉 해탈이 힌두교의 궁극적 목표다. 이러한 윤회사상은 인도인들의 도덕관념을 키워 온 한편으로 그들의 마음속에 숙명론을 심어줌으로써 사회 발전을 가로막는 한 요인이 되기도 한다.

힌두교의 다양성 때문에 오늘날 외부인이 힌두교를 제대로 이해하기란 어렵다. 그러나 인도인이 가장 소중히 여기는 가족의 개념도 모두 힌두교에서 시작됐고, 높은 학구열도 바로 힌두교로부터 시작되었다는 것만 알아두자.

힌두교가 현재 젊은이들에게 미치는 영향

대부분의 힌두교도는 집에 제단을 두고 거기서 예배를 드린다. 힌두교 사원은 종교생활의 중심이지만, 기독교처럼 공동으로 모여 예배하는 전통은 없다. 대신 대부분의 신도들은 매일 사원이나 아니면 자신에 집에 마련된 제단에서 여러 신들에게 축복을 얻기 위해 기도를 드린다.

사원에 가는 것은 의무는 아니지만 중요한 명절에는 사원에 가서 기도를 드린다. 재밌는 사실은 인도인들의 삶을 살펴보면 매일, 혹은 매주 사원에 가는 것이 나이 든 사람들만의 전유물이 아니라는 사실이다. 교회나 사원에서 젊은 사람을 찾아보기 힘든 서구와는 달리, 인도에서는 사원에 가보면 젊은 층도 많이 와서 기도나 예배를 드린다. 2015년 인도의 주요 일간지 〈힌두스탄 타임스(The Hindustan Times)〉가 실시한 조사에 따르면 인도 젊은이의 68%는 신을 믿으며, 그중 43%는 매일 집 주변 사원을 찾아 기도를 드린다고 답했고, 약 60%가 사원에 가는 것에서 정신적인 만족과 안정을 느낀다고 답했다.

이 조사는 힌두교를 믿는 가정에 깊게 뿌리내린 전통적인 교육이 젊은 세대에게 자연스럽게 영향을 미치고 있음을 보여준다. 인도에 방문해 힌두사원을 경험해 보면 우리와 다른 문화와 종교에 대한 그들의 열정을 이해할 수 있다. 참고로 인도에서는 외국인들도 힌두사원을 방문할 수 있는데, 사원 안에 들어갈 때 신발을 벗고 발을 깨끗이 씻는 등 간단한 예절만 지키면 된다.

힌두교에 대한 이해와 오해

지금까지 힌두교에 대한 이야기를 다뤘다. 이 이야기를 특히 길게 다룬 이유는 힌두교를 이해하지 않고서는 인도인들의 생각을 읽을 수 없고 비즈니스에서 우위를 점할 수 없기 때문이다.

지금부터 인도의 힌두교와 관련된 여러 가지 궁금증 중에 가장 많은 질문을 받는 몇 가지에 대해 이야기해 보자.

① 힌두교도는 왜 소를 안 먹을까?

처음부터 힌두교인들이 소고기를 먹지 않은 것은 아니다. 인구가 증가하고 농경이 점차 확대되면서 농업 생산력을 높이기 위해 쟁기를 끄는 소의 중요성이 커졌다. 심지어 소똥까지도 연료로 쓰였다. 이런 상황에서 브라만이 소는 힌두교의 신 중 시바 신이 타고 다니는 운송 수단이라고 말하자, 신이 타고 다니는 신성한 가축을 사람이 먹을 수 없다고 하여 소고기를 먹지 않는 교리가 생겨났다.

힌두교는 대외적으로 소를 신성시해 먹지 않는 종교로 유명하다. 정확히는 암소, 하얀 소, 다리가 5개 달린 기형 소인 오족우 같은 특이한 소가 신성시되고 대우를 받는다. 이것만 너무 부각되어서 그런지 그 외의 특성에 대해서는 제대로 인지하는 사람은 극히 드물다. 그러나 중세와 근대를 거치면서 잊혔을 뿐, 소에 대한 숭배는 전 세계적으로 그렇게 드물거나 특이한 종류의 신앙은 아니다.

그렇다면 힌두교인들은 정말 소를 먹지 않을까? 인도네시아 발리섬에는 오히려 종교적 명절에 소고기를 먹는 힌두교인들도 많이 있다. 그들은 신의 사자인 소를 먹음으로써 신성함을 되새기게 된다고 믿는다.

힌두교도 이외에 이슬람교도들이나 다른 종교 신자들은 소를 먹는다. 소를 먹는 특정 카스트도 있다. 이들은 소 시체를 처리하던 계급으로 신성한 소를 잡아먹기 때문에 천민에 속한다. 이들은 소를 먹어도 되는 카스트인데 아이러니하게도 소를 잡아먹는다고 구타당하거나 살해당하는 경우가 간혹 있다. 이런 어처구니없는 현상이 일어나는 이유는 극단주의 소 숭배자들이 이들이 살아있는 소를 도축해서 소고기를 먹거나 비힌두교도들에게 공급한다고 믿기 때문이다. 그러나 사실 이들은 도축하지 않고 자연사한 소만 먹을 수 있다.

최근 통계자료에 의하면 인도에서는 매년 소고기 소비량이 평균 14%씩 증가하고 있으며, 이슬람교도들이 주로 소를 도축하고 유통한다. 인도는 전 세계에서 물소(버펄로)의 고기와 가죽 수출 세계 2위 국가이기도 하다.

② 카스트 제도와 힌두교의 관계는 어떨까?

힌두교에서는 자신의 카스트에 따른 의무를 충실히 지켜야만 종교적으로 구원을 얻을 수 있다고 믿는다. 또한, 카스트는 이민족의 침략과 이동으로 어수선해진 사회 분위기를 일신하기 위해 신분을 엄격히 구별하는 수단으로 시작되었다. 여기에 전통적인 신분 관념과 직업적인 구분까지 더해 수많은 사람을 카스트라는 틀 속에 넣고 그에 따르도록 했다. 이에 따라 카스트 제도는 더욱 복잡하고 다양하면서도, 더 강력하게 사람들의 삶을 결정하는 신분의 벽이 되었다. 힌두교와 카스트 제도는 힌두 사회를 지탱하는 중심축이다.

③ 외국인들은 인도에 가면 불가촉천민일까?

힌두교의 카스트 제도는 무척 엄격하다. 카스트에 들지 않은 외국인이나 이교도는 일단 모두 불가촉천민으로 분류된다. 일부 힌두교 신자들은 외국에 나갔다 돌아오면 정화의식을 받기도 한다. 힌두교인들은 심지어 이교도 자체를 매우 더럽고 부정한 대상으로 대하며 자신들에 대해서는 특권의식을 부여해 제도 자체를 견고하게 유지한다.

여기서 알아야 할 것은 힌두교의 특성 중 하나인 *깨끗함과 더러움*이라는 관념이다. 이 개념이 확장되어 깨끗함을 상징하는 하얀 소는 대접받고 검은 소는 일만 하기도 한다.

인도의 날씨가 매우 덥다 보니 질병 예방을 위해 위생을 중시하면서 이런 관념이 종교적인 수준으로 승화된 측면도 있다. 힌두교에서는 피, 땀, 침, 눈물 등 인체의 체액 일체를 더러운 것으로 보는 경향이 있다. 인도인들이 손으로 음식을 먹는 것도 혹시 모를 타인의 침이 섞이지 않을까 하는 염려에서다. 길거리에서 파는 차(짜이)조차 일회용 질그릇에 담아서 주며, 다 마신 뒤에는 그릇을 깨버려 다시 쓰지 못하도록 한다.

인도의 힌두교에서는 이교도가 힌두교 신자가 되기도 어렵지만, 신자가 되고 나면 일반적으로 카스트 제도의 최하위인 수드라로 등급으로 떨어진다. 반대로 인도를 방문하는 외국인들은 대략 제2계급인 크샤트리아 대접을 해주기도 하고, 힌두교로 개종하는 대가로 크샤트리아에 해당하는 새 카스트를 부여하기도 한다. 서구권에 대한 포교에 초점을 맞춘 힌두 종파들은 카스트에 의한 신분이나 민족, 인종적 차별을 배격하고 평등주의에 입각하여 선교 활동을 벌인다. 서구에서는 불교와 더불어 종교적이라기보다 학문적 내지 문화적으로 접근하려는 시도 역시 활발한 편이다.

008

이슬람교와 시크교

인도의 두 번째 종교 이슬람교

이슬람교는 인도에서 두 번째로 신도 수가 많은 종교이며 인도네시아와 파키스탄에 이어 세계 제3위의 신자 수를 가지고 있다. 뿐만 아니라 정치, 경제, 문화 등 거의 모든 영역에서는 매우 강한 영향력을 가지고 있고 인도 문명과 문화에서 주요한 뼈대 역할을 한다.

이슬람교는 예언자 마호메트(Mahomet)가 살아있을 때 인도에 전해졌다. 그들은 7세기에 이슬람사원을 건설한 뒤 조직적이고 열정적으로 포교를 실시했다. 이러한 포교 노력이 결실을 맺어 이슬람교는 인도인들의 생활에 확실히 뿌리내렸다. 이슬람교는 특히 상업 및 교역활동과 포교활동을 적절히 연계한 종교다. 마호메트의 탄생 이전에도 인도에는 아라비아인들이 존재했고 이들은 포교활동에 적극적이었다.

이슬람교와 기독교는 같은 하나님을 섬기는 종교로 마호메트는 이슬람교를 집대성해서 잘 정리한 사람이다. 이슬람교에서는 이슬람이 우주가 창조될 때부터 있었으나, 잘못된 방법으로 인류에게 전달되었고, 이를 정리하기 위해 신이 예수 그리스도를 내려보냈으나 이후 종교가 기존의 순수함을 상실하자 바로잡기 위한 최후의 예언자로 마호메트를 내려보냈다고 가르친다.

이슬람교가 본격적으로 인도에 전파된 것은 이슬람교도가 인도를 침략하기 시작한 10세기 말부터였다. 14세기에는 인도 중부 데칸 지방에 이슬람 왕국이 설립되었고, 16세기부터 18세기 중엽까지 강력한 이슬람 무굴 제국이 인도 전역을 지배했다. 이 시기에 이슬람교도들은 많은 힌두교와 불교의 유적을 파괴하고 힌두인의 이슬람 개종을 적극 추진했다.

힌두교와 달리 이슬람교는 유일신 알라를 숭배하고, 알라를 믿지 않는 사람은 모두 이교도로 여긴다. 그 이교도와 싸우는 것이 코란의 계시이며 성전(聖戰)이다. 오늘날 힌두교와 이슬람교의 뿌리 깊은 종교분쟁은 바로 다신과 유일신의 종교 싸움이기도 하다. 그리고 인도의 하층민들을 개종시키려는 이슬람교에 대한 힌두교의 싸움이라고 말할 수 있다.

힌두교는 인도 정부는 물론 주정부, 관료기구를 지배하고 있으며, 중앙정부의 지원금은 대부분 힌두교도 중심으로 쓰인다. 이러한 차별은 힌두교와 이슬람교 분쟁의 원인이 되곤 한다. 이슬람교도는 돼지고기를 불결한 것으로 간주하고 금하는 한편, 힌두교도가 어머니로 부르는 소를 식용으로 삼는 것도 분쟁 원인 중 하나다.

인도에서 이슬람교는 다른 종교와 평화로운 공존이라는 독특한 선택을 하며 발전해 왔다. 하지만 영국은 이슬람교와 힌두교의 분열을 조장하며 식민지 인도를 통치했고, 1947년 영국에서 독립한 인도는 종교 간 평화를 위해 역설적으로 국가를 둘로 나누게 된다. 그 결과 1947년에는 파키스탄이 인도로부터 분리되었고, 1971년에는 파키스탄이 다시 방글라데시와 파키스탄으로 분리되었다.

인도 독립 때 파키스탄으로 이주하지 않고 인도에 남은 이슬람교도들과 이슬람 커뮤니티는 다양한 인도의 종교 및 문화적 환경 속에서 협조하며 성공적으로 공존하게 되었다.

이슬람교도의 수는 힌두교도보다 적다. 하지만 과거에 오랜 기간 인도의 다양한 지역을 통치한 지배자 중 이슬람교도가 많이 존재했기 때문에 이슬람교가 인도 사회에 미치는 영향력은 훨씬 크다. 전 인도 대통령 압둘 칼람(Abdul Kalam), 인도 대표적 IT기업 위프로(Wipro)의 설립자 아짐 프렘지(Azim Premji), 발리우드 3대 스타 샤룩 칸(Shahrukh Khan), 살만 칸(Salman Khan), 아미르 칸(Amir Hussain Khan) 등 다양한 분야에 걸쳐 많은 이슬람교도가 전문가, 정치가, 기업가 및 예술가로서 성공했다.

신흥 종교인 시크교

시크교는 세계 5대 종교인 기독교, 이슬람교, 불교, 힌두교에 이은 다섯 번째 종교로서 인도 펀자브 지방에서 발원한 비교적 신흥종교다. 15세기에 생겼으며 이슬람교와 힌두교의 특징을 받아들였고, 중세 인도부터 내려오던 많은 악습과 폐습을 거부하는 개혁을 주장하며 생겨났다.

시크교도 남성들은 머리 위에 둥그렇게 터번을 두른다. 흔히 무슬림들이 터번을 많이 하는 줄 아는데, 이슬람권에서는 시아파의 일부만이 의무적으로 터번을 착용한다.

기본적으로 일신교인 시크교는 신분 제도를 없애서 카스트 제도를 인정하지 않으며, 고기를 즐겨 먹고 운동을 장려하는 특징을 보인다. 또한, 이슬람교와 힌두교는 여성을 차별하는 나쁜 공통점을 가지고 있지만 시크교는 여성 차별조차 철폐했다. 이들은 지참금 문제로 아내를 학대하거나 명예살인을 하는 행위가 종교적으로 어긋난다며 금지했다.

힌두교에 비해 상대적으로 무장이나 무력을 중시하기 때문에 인도군이나 경찰에 시크교도 출신이 많다. 인도 수상의 경호원도 전원 시크교도들이다. 해외에 진출한 시크교도들도 직업이 군인이나 경찰인 경우가 상당히 많다. 실질과 상업을 중시하기 때문에 인도에서 중요한 기업이 시크교도 소유인 경우도 많다.

시크교도들은 역사적으로 힌두교도들에게는 차별을, 이슬람교도들에게는 박해를 받아온 비운의 집단이다. 이슬람교도와 힌두교도가 각각 파키스탄과 인도로 독립하는 와중에 시크교는 힌두교 중심인 인도에 편입되었다. 이들은 남인도의 드라비다인들과 마찬가지로 북인도 힌두인들 중심의 인도공화국에 편입되는 것에 거부감을 갖고 있었고, 이것은 독립운동으로 이어졌다. 이에 인도 정부는 무자비한 탄압을 가했고 수많은 사람들이 목숨을 잃었다. 이 탄압을 피해 많은 시크교 신자들이 국내 다른 지역과 해외로 이주했다. 이 과정에서 남자들은 목숨을 부지하기 위해 자신들의 상징과 같은 터번을 벗고 생활해야만 했다.

비즈니스를 하다 보면 내 파트너가 시크교도인지 아닌지 이름을 보고 쉽게 알 수 있다. 시크교도들은 남자 이름은 전부 '싱(Singh, 사자)', 여자 이름은 '카우르(Kaur, 공주)'로 통일하는 것으로 유명하다. 원래 인도에서는 성을 보면 카스트를 대략 구분할 수 있는데, 시크교에서는 카스트 제도를 부정하므로 구분이 불가능하도록 한 것이다. 따라서 시크교도들의 이름에는 무조건 이 이름이 들어 있다. 전 인도 대통령인 만모한 싱(Manmohan Singh)이 대표적이다.

시크교는 인도에선 소수 종교지만 자이나교 못지않은 부유층 종교로 유명하다. 펀자브주에서는 상업과 농업으로 부를 얻은 시크교도들도 많다.

009

인도의 축제와 종교기념일 그리고 비즈니스

1년 내내 축제 중인 인도

종교가 일상화된 인도에서는 축제나 종교기념일은 지극히 중요하며, 업무스케줄보다 우선시되기도 한다. 사업하는 사람들과 이야기해 보면 가장 큰 불만 중 하나가 바로 너무 많은 축제다.

그렇다면 인도의 축제와 명절에는 어떤 것들이 있을까? 다종교 사회인 인도에는 매년 다양한 종교적 축제와 명절이 찾아온다. 인도독립기념일(8월 15일), 공화국기념일(1월 26일), 간디의 탄신일(10월 2일)은 인도 전체가 기념하는 국경일이다.

다음은 인도의 종교와 관련된 축제와 명절이다.

① 석가모니 탄신일(불교)
② 크리스마스(기독교)
③ 다사라 축제(힌두교): 디왈리 및 홀리와 더불어 인도의 3대 축제 중 하나
④ 성금요일(기독교)
⑤ 그루나낙 탄신일(시크교): 시크교를 창시한 그루나낙(Guru Nanak)의 기념일
⑥ 이드 알 아드하(이슬람교): 성지순례가 끝나고 열리는 이슬람 최대 명절

⑦ 이드 알 피트르(이슬람교): 금식기간인 라마단이 끝나는 날 사원에 모여 예배를 드리고 성대한 음식을 장만해 축하하는 행사
⑧ 마하비르 자얀티(쟈이나교): 자이나교 설립자인 마하비르의 탄생 기념일(Mahavir Jayanti)을 말한다.
⑨ 모하룸(이슬람교): 대예언자 모하메트의 손자인 이맘 후세인의 순교를 기념하는 날
⑩ 예언자 모하메드 탄신일(이슬람교)
⑪ 디왈리(힌두교): 힌두교의 여신 락슈미를 기념하는 축제
⑫ 홀리(힌두교): 매년 2~3월경에 시작하는 힌두교의 봄맞이 축제. 색채의 축제로 알려져 있으며 물감이 들어간 물총을 쏘거나 물풍선을 던지는 행사가 벌어진다.

지역에 따라 다양하게 펼쳐지는 축제는 인도인과 뗄 수 없는 삶의 한 부분이다. 계절마다 새로운 축제가 열리는데 모두 자연의 은혜에 감사하며, 신과 위인들을 기리고 역사적 사건을 기억하며 현실과 정신의 영원한 조화를 이루고자 하는 데 목적이 있다.

또한, 인도의 각 주와 지역에서는 각기 우세한 종교나 인구 구성에 따라 명절과 축제도 각기 달라진다. 이것은 곧 인도 전역 어디에선가 매일 축제가 열린다는 뜻이다. 다시 말해, 뉴델리지점은 문을 열었는데 남부 첸나이지점은 그 지역의 종교축제 때문에 문을 닫아야 한다는 것을 의미한다. 따라서 인도를 방문하거나 사업체를 설립할 때는 현지 종교의 축제일을 고려한 다음 꼼꼼하게 스케줄을 짜서 진행할 필요가 있다.

010

종교의 나라 인도에서
비즈니스할 때 주의할 점

만일 인도에서 누군가 비즈니스를 시작하려고 한다면 종교에 관한 사항을 무시하기 어렵다. 수출기업의 경우 수입하는 현지 기업이 알아서 하기 때문에 크게 문제될 것이 없지만 직접 인도에서 사업을 하려고 한다면 이는 전혀 다른 문제다.

그렇다면 인도에 진출한 다른 기업들은 어떻게 이런 문제에 대처했을까? 다양한 사례를 살펴보자.

햄버거=소고기, No! 상식을 뛰어넘은 맥도날드

맥도날드(Mcdonalds)는 미국, 한국, 러시아 등 전 세계 곳곳에 매장이 있는 가장 대표적인 글로벌 햄버거 체인점이다. 하루 이용객만 해도 6,000만 명에 육박한다. 이 글로벌기업이 세계 최대의 젊은 인구를 가진 인도를 배놓고 사업한다는 것은 상상하기 어려운 일이다.

맥도날드가 인도에 진입한 것은 1996년이었다. 인도는 소고기로 된 햄버거를 판매하는 것은 상상조차할 수 없는 나라다. 뿐만 아니라 소고기 대신 돼지고기를 쓴다는 것도 인도에서는 상상하기 어렵다.

그렇다면 인도에서는 어떤 것으로 햄버거 패티를 만들까? 인도에서 팔리는 대표적인 맥도날드 햄버거 패티는 감자, 콩, 당근에 인도의 향신료를 섞은 것이라고 보면 된다. 정확히 말하면 인도 아이들이 햄버거라고 생각하는 것은 고기가 들어 있지 않기 때문에 진짜 햄버거는 아니다.

▲ 치킨 마하라자 버거(치킨 대왕버거), 한화 약 2,400원으로 저렴하게 맛볼 수 있다.

인도는 종교적인 이유로 전 세계에서 채식주의자가 가장 많은 나라다. 인도인의 약 반수는 채식주의자이며 나머지 비채식주의자들도 고기를 즐기진 않는다. 한국에서처럼 고기 마니아를 찾아보긴 힘들다. 소는 힌두교도들에게 성스러운 동물이기 때문에 일반적으로 소고기는 메뉴에 오르지 않는다. 소의 도살 또한 인도 대다수 주에서 법률로 금지되어 있다. 게다가 이슬람교에서는 돼지고기나 돼지고기가 들어간 식품을 먹는 것은 엄격하게 금지하므로 인도의 이슬람교도들도 돼지고기를 먹지 않는다.

이런 환경에서 어떻게 햄버거를 팔아야 할까? 맥도날드는 인도에 첫 점포를 내면서 현지의 비즈니스 환경, 특히 소고기를 금하는 종교 문제에 익숙하지 않아 우선 현지 협력사와 합자 파트너 법인(JV)으로 사업을 시작했다. 세계 최초로 소고기나 돼지고기가 없는 메뉴를 개발할 때, 이들은 고객들의 종교 관련 사항에 특별히 유의하고 그들의 신앙심을 존중하는 쪽으로 방향을 잡았다.

채식주의자용 제품은 전용 조리기구로 조리할 수 있도록 설계했고 경우에 따라서는 별도의 종업원들이 조리할 수 있도록 설계했다. 모든 제품은 식물유로 조리했고, 마요네즈를 비롯한 소스에는 달걀이 들어가지 않도록 했다. 심지어 빵도 달걀을 빼고 만들었다. 맥도날드는 채식주의자용 상품과 비채식주의자용 상품을 물리적으로 분리하고, 농장에서 소비자에 이르기까지 과정을 철저히 관리했다.

비록 인도에서 맥도날드의 사업에 다른 나라와는 다른 특별한 노력이 필요했지만, 그 결과 맥도날드는 인도 1위 프랜차이즈로 성장했다. 현재 인도 내 맥도날드 점포는 400개 이상이며, 2022년까지 이를 배로 늘릴 계획이다.

소고기 없는 빅맥은 전 세계에서 유일하게 인도에서만 구입할 수 있다. 인도에서는 맥도날드가 성공할 수 없을 것이라는 우려는 기우에 불과했고, 지금은 버거킹(BurgerKing) 등도 인도에 들어와 성업 중이다.

맥도날드가 개척한 인도 외식시장은 2022년까지 약 1,310억 달러로 성장할 것으로 예상된다. 시장조사 전문기관 유로모니터(Euromonitor)는 초기 진입 시 전체 외식시장의 1.3%에 불과했던 서구식 패스트푸드시장이 맥도날드와 같은 창의적 발상으로 2022년에는 13.4%까지 성장할 것으로 내다봤다.

맥도날드처럼 인도 시장에 진입하기 전 인도인들의 종교적 감정을 철저히 조사하는 것도 성공으로 가는 지름길이다.

종교를 활용한 BtoC 비즈니스

다른 국가에 비해 삶 속에서 종교가 차지하는 비중이 무척 큰 만큼 인도에서는 신앙생활을 지원하는 제품이나 서비스가 큰 비즈니스가 된다. 인도에는 수천 개의 사원이 존재하며 이는 관광과 결합되어 수많은 순례지가 되고 있다. 전통적으로 이와 연계되어 신들에게 드리는 꽃과 모조보석 등 수많은 제품들도 존재한다. 하지만 도시화와 기술이 진보함에 따라 최근 종교와 관계된 새로운 혁신적 비즈니스가 발전하기 시작했다. 통신사업자가 제공하는 독특한 서비스를 예로 들면 다음과 같다.

인도에서는 통신사업자가 ABCD의 머리글자를 사용해 시장을 구분한다. ABCD 시장은 마케팅 교과서에는 없지만 Astrology(점성술), Bollywood(발리우드), Cricket(크리켓), Devotion(신앙심)을 뜻한다. 이는 모든 인도인이 이들 가운데 적어도 1개 이상 관심을 갖고 있다는 발상에서 시작되었다. 누구나 점성술에 관심이 있는 것은 아니지만 발리우드(영화)와 크리켓이 시즌 중 대중의 관심을 끄는 것은 사실이다.

이와 대조적으로 신앙심 쪽은 시기를 불문하고 늘 수요가 있다. 인도의 노동자들은 사회가 복잡해짐에 따라 수년 전보다 바쁜 나날을 보내느라 사원에 가서 예배 드릴 기회를 점점 잃고 있다. 그래서 대다수가 책상 위에 자신이 좋아하는 신의 그림과 조각상을 놓아두고 있으며, 고용주들은 일반적으로 이를 제지하지 않는다. 컴퓨터 배경화면, 지갑 속, 휴대전화 스크린 화면에서도 신의 모습을 쉽게 찾아볼 수 있다.

신에게 기도한 뒤 일을 시작하는 인도인의 모습을 목격하는 것은 결코 드문 일은 아니다. 통신사업자들은 이러한 인도 소비자의 일상을 파고드는 서비스를 제공한다. 이런 노력의 일환으로 고객들은 일반적인 자명종 알람

서비스 대신 오감을 자극하는 기도의식의 선율을 자명종 알람서비스로 이용할 수 있다.

신성한 소리로 하루를 시작하는 비용으로 1개월에 30루피를 지불하는 것은 휴대전화 사용자들에게 큰 부담은 아니다. 종교에 따라 자신이 모시는 신으로부터 매일 3회 일정한 간격으로 좋은 말과 경고의 말을 들을 수 있는 서비스도 이용 가능한데, 이 서비스에는 무료로 제공되는 스크린세이버도 포함되며 일주일 혹은 한 달 단위로 결제할 수 있다.

지역에 따라 믿는 신들이 다르기 때문에 통신사업자는 다양한 지역용 서비스를 제공한다. 예를 들어 구자라트주(서인도)에는 크리슈나 신을 숭배하는 사람이 많고, 콜카타(동인도)에서는 두루가 신을 숭배하는 사람이 많다고 알려져 있다. 통신사업자는 해당 지역에서 믿는 신을 뜻하는 음악이나 배경음악을 서비스로 제공하기도 한다.

인도의 대형 휴대전화 사업자인 에어텔(Airtel)은 가장 숭배를 받는 사제가 전달해 주는 기도(좋은 말이나 혹은 경고의 소리)를 휴대전화로 전송하는 서비스를 제공한다. 사제가 기도하는 소리를 휴대전화로 들을 수 있는 서비스다.

휴대전화 없이 살 수 없는 인도인들이 많기에 이렇듯 휴대전화가 주는 혜택은 신이 어디든 존재한다는 새로운 개념적 의미와 같다고 할 수 있다.

최대 명절은 최대의 마케팅 기회

인도에서는 신앙이 소비자 구매행동에도 큰 영향을 미친다. 인도는 전 세계에서 가장 금소비가 많은 국가다. 전 세계 금소비의 25%가량은 인도에서 일어난다. 뿐만 아니라 금화와 금괴를 포함한 개인투자에서도 전 세계의 35%를 차지한다.

금은 인도인의 습관 및 전통을 보여주는 좋은 사례다. 인도 문화에서 종교적 축제나 결혼식 등을 축하하기 위해 금을 선물로 주는 것은 아주 일반적인 모습이다. 특히, 결혼식용으로 쓰이는 금은 전체 소비의 약 절반을 차지한다.

인도에서는 2013년 959톤을 최고점으로 2018년에는 약 738톤의 금을 소비했다. 2011년에는 868톤의 금을 소비했는데, 특히 5월 6일 하루에만 20톤의 금을 소비했다. 이날은 '악사야 트리티야(Akshaya Tritiya)'라는 축제의 날인데, 여성이 이날 금을 사면 부와 가정의 평안을 얻을 수 있다고 한다. 힌두교도들은 이날 금이나 금장식품으로 치장하면 행운이 깃든다는 강한 믿음을 갖고 있다.

▲ 빛의 축제로 불리는 디왈리 축제를 맞아 마당에 점토로 된 촛대를 놓고 불을 밝히고 있다.

11월에 열리는 빛의 축제 '디왈리(Diwali)'는 인도에서 가장 큰 축제 중 하나다. 힌두력으로 새해를 맞는 축제일이지만 인도인 누구나 이날을 기념하고 축하한다. 인도인들은 디왈리를 맞아 집 안 곳곳을 밝은 조명으로 장식한다. 이 디왈리 때는 내구 소비재(텔레비전, 가전제품, 자동차 등)의 판매가 최고조에 달한다. 연간 기업매출의 30% 정도가 디왈리를 맞아 일어난다. 디왈리에 금속을 사면 행운을 얻게 된다는 힌두교의 믿음이 기업에 최고의 매출을 올리는 기회를 만들어준 것이다.

몇 년 전 인도의 한 유력언론이 디왈리에 자동차나 전자제품 등의 판매가 높은 탓에 '코리안 디왈리'가 될 것이라고 꼬집은 적이 있다. 한국의 삼성, LG, 현대자동차가 디왈리에 높은 매상을 올리는 것을 두고 한 말이다.

인도인들의 종교적 감정을 이해하고 인도의 각 축제 시즌에 맞춰 마케팅전략을 다양화한다면, 높은 성과를 경험하게 될 것이다.

인도인의 신앙을 모독해서는 곤란하다

인도의 구글(Google) 임원으로 있는 한 친구가 '인도에서 구글이 다른 국가와는 다른 문제에 직면했다'는 이야기를 해 준 적이 있다. 2012년 2월 한 민간인이 구글의 콘텐츠가 "사회적인 소요를 일으킬 만한 문제를 가지고 있다."라는 내용의 소송을 제기했다고 한다.

소송 내용은 구글이 연결해 주는 콘텐츠 안에 종교지도자에 대한 모욕적인 말이 포함되어 있다는 것이었다. 구글은 비슷한 시기에 이뤄진 인도 정부의 문제제기도 같이 받아들여, 사회 혼란을 일으킬 여지가 있다는 의혹이 있는 콘텐츠를 볼 수 없도록 곧장 조치를 취했다.

이 밖에도 이슬람 선지자인 마호메트의 초상이나 힌두교 여신의 상이 뒤틀려 있다는 소송이 들어와 바로 조치를 취하는 사례도 많이 있다고 한다. 다른 국가에서는 개인의 자유로 넘겨 버리는 사안이 인도에서는 큰 문제가 될 수 있다는 사실을 알기에 종교 문제에 한해서는 인도구글도 적극적으로 대응하고 있다.

직장에서 일과 종교활동

한국의 기독교인들은 보통 일요일이나, 특정 요일 점심시간 등을 활용해 예배를 드린다. 직장과 일상생활에 지장이 없도록 하기 위해서다. 그렇다면 인도에서는 어떨까?

인도인들이 직장에서 기도하는 모습은 신앙생활의 일부이므로 전혀 생소한 풍경은 아니다. 공장이나 사무실에 작은 예배소가 있는 모습도 낯설지 않다. 외국인 회사에는 그런 배려가 부족한 경우가 많은데, 그래도 개인의 신앙은 막을 수 없다. 가만히 들여다보면 개인 사물보관함 안쪽에 어김없이 각자 믿는 신의 그림이 붙어 있는 것을 볼 수 있다.

최근에는 컴퓨터나 휴대전화의 배경화면으로 그 장소가 이동하고 있다. 많은 기업에서 경영진이 종업원이 참가하는 기도(Puja) 의식을 후원하는 일이 흔하다. 기도를 한 다음에는 신에게 바치는 소량의 음식인 프라사다(Prasada)가 준비되는데, 먼저 신에게 바친 후 참가한 사람들이 골고루 나눠 먹는다. 경우에 따라 스위트(단 음식)와 과일을 프라사다로 구입해 기업 임직원 전체에게 나눠주기도 한다.

프라사다를 거절하는 것은 무례한 행동이므로 인도에서 일할 때는 거절하지 말고 꼭 받아야 한다. 이때 반드시 오른쪽 손바닥을 사용해서 받아야한다. 경의를 표하기 위해 먹기 전에 잠시 눈을 감는 것도 좋은 방법이다.

일부 소규모 사기업, 대부분의 점포나 소매점에서는 정해진 날 또는 매일 사제가 방문해 일하는 사람을 대신해 기도를 주관하기도 한다. 신규 사무실이나, 신규 공장이 문을 열 때 종교 이벤트가 열리는 것도 흔히 볼 수 있는 광경이다.

어떤 행사에 참여할 때는 주변 인도인들에게 물어 처음부터 끝까지 참여할 필요가 있는지 확인할 필요가 있다. 인도인들은 우리의 참여에 대해 감사하게 생각하지만 외국인들이 행사에 처음부터 끝까지 참석해야 한다고 생각하진 않는다. 우리 거래 상대인 인도인들의 종교를 믿지 않더라도 그들의 신앙을 존중하며 최소한의 예의를 보인다면 인도인들은 우리를 다르게 볼 것이다. 그리고 이것은 사업에서 성공하는 지름길이기도 하다.

점성술의 영향력이 의외로 큰 인도

산스크리트어로 빛의 과학이라는 뜻을 가진 점성술 조티쉬(jyotish)는 오래전부터 인도에서 발전해 현재까지 사용되는 점성학을 일컫는 말이다. 특히, 힌두교도의 삶에서 점성학은 중요한 위치를 차지한다. 많은 힌두교도들은 별과 행성이 가진 힘을 '카르마*의 결과'라고 믿는다. 인도 점성술의 기원은 수천 년 전으로 거슬러 올라간다. 인도 정부는 점성술을 과학으로 인정했고, 2001년 법원 판결 이후 몇몇 인도의 대학에서는 점성술 학위를 수여하고 있다. 힌두 문화에서는 전통적으로 '조티쉬 차트(Jyotish Chart, 출생에 따른 별자리)'에 근거해 신생아의 이름을 짓는다. 이렇듯 점성술적 개념은 달력과 공휴일 구성, 결혼, 신규사업 개시, 주택이사에 대한 의사결정 등 생활의 많은 분야에 적용된다.

모든 힌두교도의 가정에 주치의는 없어도 전속 점성술사는 확실히 있다는 말이 있을 정도로 점성술은 인도인들의 생활에 깊숙이 침투해 있다. 수천 년에 걸쳐 인도인들은 행성과 별의 위치를 연구함으로써 미래를 예측하는 점성술사 등의 조언을 구했다. 고등교육을 받아 성공한 많은 인도인 사업가들조차 일상적이고 개인적인 문제뿐만 아니라 사업의 확장, 채용 등 기업 문제에 관해서도 점성술사에게 상담하는 경우가 많다. 인도에는 업종의 선택부터 이사회 구성원에 대한 최종 결정, 자금 조달, 투자 시기, 파트너 선택, 신규공장 설립에 이르기까지 점성술적 예측을 돕는 기업고문 성격의 점성술사들도 있다.

인도인과 거래할 때 미래 비즈니스 파트너, 고객 또는 동료가 중요한 결정을 내리는 데 보다 많은 시간을 요구한다면, 그 사람은 아마도 자신의 점성술사에게 답을 구하고 있을 가능성이 높다.

정치에 이용되는 종교

인도 헌법은 종교와 정치를 엄격히 분리하고 있다. 하지만 인도에서 거주하다 보면 종교와 정치가 숙명처럼 같이 움직이는 것을 심심치 않게 볼 수 있다. 우선 인도국민회의당과 번갈아가며 정권을 주고받는 인도국민당은 극우 힌두사상을 중심으로 하며, 힌두교에 친근한 정책을 쏟아내고 있다.

---

* **카르마**: 전생의 행위가 좋은 행위든, 나쁜 행위든 반드시 자신에게 되돌아온다는 인과응보의 법칙.

인도 정치인들의 행태를 살펴보면, 모두 그런 것은 아니지만 종교를 자신의 정치활동에 교묘히 이용하곤 한다. 인도를 긴장으로 몰아넣는 이슈 중 하나인 종교 간 갈등의 원인을 살펴보면 반사회적 세력도 문제를 일으키지만 이기적인 정치가에 의해서 문제가 발생하기도 한다.

인도의 세속주의는 서로 대립하는 종교 간 평화유지와 다양한 종교적 관습, 야만적이고 사회적인 관습에 대한 개혁의 필요성에 의해 태어났다. 건국 이래 인도 정부는 바로 이 종교개혁의 주체를 맡았다. 하지만 간혹 정부가 주어진 기능과 역할을 제대로 하지 않고, 정책수립과 파워를 앞세워 종교에 대한 간섭을 시도할 때 정국은 전쟁터가 되기도 한다.

예배도 간혹 정치 선전에 이용되며, 정치적 이익을 얻기 위해 일부러 종교적으로 자극하는 경우도 있다. 종교적 색채를 담은 정당의 출현은 인도의 세속적 지향을 위협하기도 한다. 지식인들에 따르면 종교적 색채가 짙은 정당이 인도에서 성공을 거둘 경우, 국민들에게 분열의 정치가 먹혀든다는 잘못된 정보를 전달해 향후 카스트 제도와 종교를 기초로 한 다른 많은 정당이 부상할 가능성이 커질까봐 우려된다고 한다. 많은 지식인들은 이것이 인도 사회의 분열을 야기할 것을 걱정하고 있다.

사기의 신이 사람들을 현혹한다?

인도에서 종교의 또 다른 부정적 요인은 일반 대중의 맹신에 기대 번성하는 사기꾼들이 많다는 사실이다. 인도 신문을 들여다보면 기적을 행한다거나 살아있는 신이 나타나서 순진한 사람들을 현혹한다는 소식을 자주 접하게 된다. 수많은 신을 가진 힌두교의 나라답게 예로부터 인도에는 혼자 히말라야에서 명상하며 병을 치유하는 성인들과 맨발의 행자들이 많다.

그런데 극소수 무욕의 정신적 지도자를 제외하고, 신으로 분장한 사기꾼들은 신도의 신앙을 돈벌이 수단으로 악용하고 있다. 인도에는 이들을 찾아 정체를 폭로하고 일반대중에게 경고하는 단체도 존재한다.

모든 나라, 사회, 문화에서 종교적 미신을 볼 수 있듯 인도도 예외는 아니다. 9월 중순부터 2주에 걸친 삐투루 팍샤(Pitru Paksha) 기간은 우리의 추석과 비슷하다. 이 기간은 조상에게 예를 표하는 기간이자 죽음과 관련되어 있기 때문에 사람들은 이 기간을 일반적으로 불길하게 여긴다.

인도인들은 이 기간 중에는 새로운 것을 구입하는 것을 불길하게 여겨서 되도록 물건을 구매하지 않는다. 따라서 이 시기에는 텔레비전, 냉장고, 세탁기 등의 내구소비재 및 자동차 판매대수가 크게 감소한다. 그런 이유로 기업들이 가격할인뿐만 아니라 구매를 자극하기 위한 광고 및 프로모션을 대대적으로 실시하는 시기이기도 하다. 이처럼 인도에서 일하다 보면 이와 비슷하게 종교와 관련된 비과학적인 미신이 인도의 발전에 방해가 되고 있다는 사실을 알게 된다. 그러나 최근 교육과 의식의 수준이 올라가며 이러한 미신이 서서히 사라지고 있다.

굳이 인도의 미신까지 사례로 들며 설명하는 이유는 돌다리도 두드려보고 건너라는 말처럼, 인도에서 사업에 임할 때는 인도 현지의 거래 상대에게 종교적 미신의 영향에 대해 반드시 확인하는 것이 중요하다는 것을 말해 주고 싶어서다.

거짓말하는 인도인

인도인에 대해 사람들이 공통적으로 하는 이야기가 하나 있는데, 바로 인도인들이 거짓말을 밥 먹듯이 한다는 것이다. 심지어 "인도에서 거짓말은 힌두신이 인정해 주기 때문에 거짓말을 하지 못하는 것이 오히려 그들의 종교에 위배된다."라며 그럴듯하게 이야기하는 사람도 있다.

정말 그럴까? 100% 거짓은 아니다. 힌두교도들이 믿는 힌두 세계관에서는 세상 만물이 변화한다고 믿는다. 과학에서도 이야기하듯 오늘은 진실인 것이 내일은 진실이 아닐 수도 있다는 말이다. 이들은 이렇게 상대주의적 세계관에서 살아간다. 지금 이 상황이 절대적으로 진실된 상황이 아닐 수도 있으므로 심지어 거짓이라도 배제하지 않는다. 언제든 그 거짓이 참이 될 수도 있기 때문이다.

예를 들어, 인도인과 조건을 잘 맞춰서 계약했다고 하자. 하지만 정작 계약할 때가 돼서는 그 조건에 맞출 수 없다고 이야기한다. 어째서 다 합의한 내용을 뒤집느냐고 항의하면 논리적으로 이야기하지 않고, 그냥 자신들의 생각이 바뀌었기 때문이라고 답하며 버틴다. 이런 경우를 몇 번 겪으면 회의가 드는 것이 너무나 당연하다.

하지만 인도인들은 그런 일을 겪어도 화도 안 내고 별로 나쁘게 보지도 않는다. 그냥 그러려니 한다. 그리고 곧바로 다시 협상에 나선다. 이렇게 화도 내지 않고 다시 협상에 나서는 모습을 보면 '흥정'을 참 잘하는 사람들이란 생각을 넘어 무척 '정치적'이라는 생각이 든다. 다시 말해 협상을 통해 갈등을 잘 조절한다. 그래서인지 구글, 마이크로소프트(Microsoft) 등 유수의 다국적 글로벌 기업 CEO의 상당수는 인도인이다.

인도인의 특성 중 하나가 상대를 배려하며 조직과 잘 융화한다는 것이다. 우리처럼 A=B라는 공식대로 살지 않고 상대방을 존중한다. 그렇기에 거짓말하거나 변명하고 책임을 전가하는 것이 너무나도 당연하다. 우리의 시선으로 보면 참 아이러니하지만 인도인들은 조직과 융화하고 문제를 일으키지 않는 것을 최우선으로 여기며 이 과정에서 발생하는 거짓말은 어쩔 수 없다고 생각한다.

인도인의 이런 모습을 볼 때마다 이들의 장점이 큰 위로가 되지는 않을 것이다. 하지만 인도인들과 일하려면 누군가를 죽도록 싫어하고 다시는 안 보겠다고 생각하면 안 된다. 그들은 수많은 민족과 언어, 종교, 카스트 등 서로 다름에 익숙하기에 다양한 해결책도 내놓을 수 있고, 글로벌시장에서 갈등을 조정하며 조직을 이끄는 힘을 가질 수 있다. 인도인들의 이러한 DNA, 즉 우리에겐 없는 특징을 잘 이용한다면 인도를 발판으로 세계시장 정복도 가능하지 않을까?

이 장을 마치며 강조하고 싶은 것은 인도에 진출할 때는 자사의 제품이나 서비스, 사업활동에 인도인들의 종교적 감정을 해치는 요소가 없는지, 또 어떠한 요소가 호감을 주는지 여러 각도에서 검토하고 확인하는 것이 매우 중요하다는 사실이다.

PART
2

정치, 경제, 문화로
읽는 인도

셋째
마당

인도의
정치와
교육 이야기

011

세상에서 가장 두꺼운 헌법책

인도 법의 역사

인도 법의 역사를 간략히 살펴보자. 고대 인도에도 법과 관련해 독립된 학교가 존재했다. 특히, 인도의 사회적 구조와 일상생활의 근간을 이루는 내용*을 담은 《마누법전》은 기원전 3000년 무렵에 처음 제정되어 이어지다가 기원전 200년 이후 400년에 걸쳐 집대성되었다. 마치 법전과 종교를 합쳐 놓은 듯한 모습이다.

인도 법은 근세에 들어서 영국 동인도회사가 인도에 들어오면서부터 근대법의 근간을 마련했다. 영국은 1770년 인도 동부 캘커타(현 콜카타)에 대법원을 설립했다. 이후 영국 정부는 동인도회사에 관련된 특허장법(Charter Acts)을 제정했고 이후 영국의 법은 인도의 법 제정에 큰 영향을 끼치게 되었다. 기존의 전근대적인 인도 법들은 영국의 법으로 인해 사라지게 되었으며, 구체적으로 현대 인도 헌법의 뼈대가 된 것은 1919년과 1935년에 제정된 「인

---

* 우주의 개벽, 만물의 창조, 인간이 일생을 통해 해야 하는 각종 의례, 일상적 행사, 조상에 대한 제사, 학문, 생명주기 및 국왕의 의무, 민·형·행정 규정, 카스트의 규칙 엄수, 속죄의 방법, 윤회와 업, 해탈 등을 가리킨다.

도정부법」이다. 1919년 인도에서는 중앙은 총독이, 지방은 번왕이 나눠 지배하는 법을 만들었지만, 여러 논란 끝에 완전한 자치를 보장하는 헌법을 다시 만들었다.

1929년 인도국민회의당은 독립의 날을 결의하고, 이듬해 완전자치의 날을 선포했으며 인도의 자치를 인정하는 법을 제정하기 위해 총력을 다했다. 1935년에는 연방제를 골자로 하는 인도 헌법의 근간이 되는 법을 제정했고, 1937년에는 의회를 구성하기 위한 선거도 실시했다. 하지만 제2차 세계대전이 터지면서 이러한 노력들은 일시 정지되었다.

제2차 세계대전 초반 종이호랑이로 전락한 영국은 전세가 불리해지자 인도의 의향도 묻지 않고 인도의 참전을 선언했다. 이에 반발한 인도가 독립성명서를 발표하며 갈등은 최고조에 이르렀다.

영국은 인도의 반발을 무마하기 위해 영연방에 남는 것을 조건으로 자치령을 약속하고, 인도 헌법 제정을 위한 제헌회의를 만드는 데 협조하기로 했다. 제2차 세계대전이 끝나고 인도의 독립에 우호적이었던 노동당이 집권하면서 영국은 1946년 제헌회의를 소집했고, 1947년 「인도독립법」을 제정했다. 이 법에는 분쟁이 있던 파키스탄 지역(동서 파키스탄, 지금의 방글라데시와 파키스탄)을 분리, 독립시키는 내용과 모든 책임은 인도에 있다는 내용이 포함되었다. 제헌회의는 3년에 걸친 논의 끝에 1949년 11월 헌법을 채택했고, 1950년 인도는 드디어 성문헌법을 보유한 국가가 되었다.

인도의 성문헌법을 만든 주역은 아이러니하게도 인도에서 가장 미천한 존재로 핍박받던 불가촉천민 출신 빔라오 람지 암베드까르(Bhimrao Ramji Ambedkar) 박사였다. "만일 헌법이 오용되는 것을 보게 된다면, 나는 그것을 태우는 첫 번째 사람이 될 것이다."라는 유명한 말을 남긴 그는 인도 근대 불가촉천민의 아버지이자, 인도가 독립한 뒤 헌법 기초위원장과 초대 법무 장관을 지낸 인도 헌법의 아버지다. 우리에겐 간디에게 가려 잘 알려져 있지 않지만 어쩌면 간디보다 더 치열하게 그 시대를 살았던 인물이기도 하다. 인도에서는 어디를 가나 마하트마 간디와 함께 그의 동상을 볼 수 있다. 간디와 더불어 생일이 국경일로 제정되었고, 미국의 흑인 해방가 마틴 루터 킹 주니어(Martin Luther King Jr.)에 비교될 만한 인도의 대표적인 인물이다.

인도 헌법의 주요 특징

인도 헌법의 분량은 워낙 방대하지만 비즈니스를 하기 위해서는 꼼꼼히 들여다볼 필요가 있다. 인도 헌법의 주요 특징은 다음과 같이 세 가지로 나눌 수 있다.

> 첫째, 정부 형태는 내각책임제 공화국을 표방한다.
> 둘째, 종교무차별주의로 신앙의 자유를 허용한다.
> 셋째, 주정책에 대한 지시지침(Directive Principle of State Policy)을 통해 부의 공정하고 적절한 분배 및 생산수단의 집중방지를 규정한다.

인도 헌법은 인도의 최고법규다. 전 세계 독립국 헌법 중 가장 긴 성문헌법이고, 여러 차례 수정 증보되어 24개 장, 448개의 조문과 12개의 부칙, 97개 수정조문을 담고 있다.

인도 헌법이 최장 헌법이 된 이유는?

인도 헌법은 현존하는 여러 나라의 헌법전 중 분량이 가장 길다. 인도 헌법이 가장 길어진 이유를 살펴보면 다음과 같다.

우선, 인도 헌법은 국민의 기본권과 통치기구에 관한 포괄적인 내용들과 일반적인 입법사항 및 행정작용에 관한 규정들을 모두 포함한다. 또, 기본원리 외에 구체적인 집행의 문제까지 명시해 갈등의 소지를 사전에 차단하고, 독립 당시 500여 개의 번왕국을 통합해 하나로 만드는 과정에서 다양한 문제를 미리 반영했다.

그리고 인도 헌법은 연방헌법 외에 각 주가 고유한 주 헌법을 가지는 미국과는 달리 연방의 헌법뿐만 아니라 주들에 관한 헌법 내용도 포함하므로 주 헌법의 기능도 한다. 이렇듯 연방과 주의 헌법을 하나로 합치면서 상세히 규정했기에 인도 헌법은 길어질 수밖에 없었다. 더군다나 인도 헌법에는 특정한 지역과 특정한 카스트, 소수민족에 대한 광범위하고도 상세한 보호 규정이 담겨 있다.

이러한 이유로 인도 헌법은 350여 쪽의 엄청난 분량을 자랑하는 단일 법전이 되었다.

인도 헌법에 담긴 기본적 권리

인도 헌법에 포함된 기본적 권리는 모든 국민에게 보장된다. 이러한 국민의 자유는 인도의 다른 법률에 우선하며, 여기에는 대부분의 자유민주주의자들에게 공통으로 보장되는 인권이 포함된다.

1. 평등권
   i. 법 아래에서 평등과 법에 의해 동등한 권리 보장
   ii. 종교, 인종, 카스트, 성별, 출생지에 따른 차별 금지
   iii. 공직 기회에 대한 평등한 권리 보장
   iv. 불가촉천민제 폐지
   v. (영국이 부여한) 소유권 폐지

2. 자유에 대한 권리
   i. 언론 및 표현의 자유
   ii. 비무장평화적인 집회에 대한 자유
   iii, 단체 또는 결사의 자유
   iv. 인도 영역 내에서 자유로이 이동할 자유
   v. 인도 영역 내에서 어느 지역이든 자유롭게 거주 및 정착할 자유
   vi. 모든 직업 종사 및 교역과 사업을 영위하는 것 등에 대한 자유

3. 착취당하지 않을 권리
4. 종교자유에 대한 권리
5. 문화 및 교육의 권리
6. 헌법상의 구제에 대한 권리
7. 교육에 대한 권리(무상교육)

하지만 기본적인 권리가 악용되는 경우도 많다. 인도 사회 일부에서 이러한 기본적 권리를 침해당했다는 내용의 보도를 매일 볼 수 있다.

인도인들을 고용해서 일할 때, 그들의 기본적 권리에 대해 깊이 있게 이해하는 것은 필수다. 이와 더불어 헌법을 참고하면 업무 수행 중 마주치는 수많은 상황에 적절히 대처할 수 있다. 한 가지 재밌는 사례를 소개한다.

우리나라의 모 게임 기업이 인도에서 인기 있는 온라인도박 게임사업에 참여하려고 하다가 포기했다. 당시 인도에서는 인기 높은 온라인도박 금지를 위한 소송이 여러 주에서 벌어지고 있는 터라 괜한 논란에 휘말리고 싶

지 않기 때문이었다. 인도 현지 변호사가 해당 게임은 인도 헌법에 합법으로 명시되어 있고, 헌법을 고치는 것은 매우 어려우니 사업을 추진해도 괜찮다고 말했는데도 포기해 버린 것이다.

변호사의 말처럼 인도의 헌법에는 기술이 들어간 도박은 도박이 아니라 게임이라고 언급되어 있다. 다시 말해서 슬롯머신이나 경마처럼 요행수로 돈을 따는 것은 도박, 즉 불법이지만 카드나 빙고 등 머리를 쓰면서 하는 것은 도박이 아니다. 틴파티(Teen Patti), 포커(Indian Poker), 러미(Indian Rummy), 탐볼라(Indian Bingo) 등의 게임이 인도에서 큰 인기를 끌고 있다. 특히, 루도(Ludo)라는 게임은 전 세계적으로 유명한 게임이자 인도에서 최고의 게임으로 각광받고 있다.

▲ 북인도에서 루도를 즐기는 사람들

인도인들은 우리나라의 고스톱도 도박이 아니라고 할 것이다. 앞의 게임회사가 우려한 대로 몇 년 전 인도 일부 시민들이 법원에 이런 게임을 금지해 달라고 청원해서 재판을 했지만 역시 합법이라는 결론에 도달했다.

인도의 게임 및 도박 관련 법을 살펴보면 게임이 목적이 아닌 도박장을 개설하고 도박을 하는 것은 불법이다. 이를 어기고 도박장을 개설하면 200루피의 벌금에 처해지고, 도박을 하면 100루피의 벌금이 부과된다.

인도는 나라가 넓다 보니 대부분의 주에서는 도박장 개설 및 도박이 불법이지만, 고아(Goa)나 시킴(Sikkim) 지방 등에서는 카지노가 합법이다. 시킴과 달리 고아에서는 크루즈나 5성급 호텔에서도 도박장을 열거나 도박을 할 수 있다.

국가정책의 지도원칙

인도 헌법은 정치적 민주주의뿐만이 아니라, 복지국가를 확립하기 위해서 국민에 대한 사회경제적 정의를 정하는 것도 주요한 목적 중 하나로 두고 있다. 이 목적에 유념해 인도 헌법에서는 국가정책의 지도원칙으로 알려져 있는 바람직한 원칙과 지침을 규정하고 있다.

헌법에서는 지도원칙이 국가 통치에 반드시 필요하다고 주장하지만 법적인 강제력은 없다. 그 대신 이 원칙은 헌법 전문에 있는 사회적, 경제적 및 정치적 정의, 자유, 평등 및 우애로 특징지어지는 사회질서를 창출하기 위한 지침이 된다.

국가정책의 지도원칙은 다음 네 가지 카테고리로 분류되어 있다.

1. 경제적 및 사회적 원칙
   정부는 다음과 같은 사항을 수행함으로써 국민의 사회적 및 경제적 복지를 실현하려 노력한다.
   1) 성별에 상관없는 적절한 삶의 의미 제공
   2) 부(富)가 소수에게 집중되는 것 방지 및 재조정
   3) 남녀 구별 없이 동일노동에 대해서 동일임금 확보
   4) 남성, 여성, 어린이에게 적절한 고용 및 건전한 노동환경 제공
   5) 아동 착취 방지 및 도덕적 보호
   6) 실업, 노령, 질병, 미취업에 대비하기 위한 공적부조 권리 확보의 효과적 준비
   7) 공정하고 인도적인 노동환경 및 육아에 대한 휴식 확보
   8) 경영에 대한 노동자의 참여를 확보하기 위한 조치 강구
   9) 사회적으로 핍박받는 SC(지정 부족) 및 ST(지정 카스트)의 근로, 교육 및 경제적 이익 촉진
   10) 모든 근로자의 합리적인 여가 및 문화 기회 확보
   11) 생활 및 공중위생 수준을 높이려는 노력
   12) 모든 어린이가 6세가 될 때까지 조기보육 및 교육 제공

2. 간디의 원칙
   정부는 마하트마 간디가 인도한 이상을 토대로 다음 원칙에 대해 노력을 기울인다. 원칙은 다음과 같다.
   1) 마을위원회 조직
   2) 농촌지역 가내공업 촉진
   3) 건강을 해치는 주류 및 약물 금지
   4) 소를 보호하고 젖소, 송아지, 기타 가축의 도살 금지

3. 국제평화와 안전에 관한 원칙 및 방침
   정부는 다음과 같은 사항을 통해 세계평화 및 안전을 위해 적극적인 협력을 제공한다.
   1) 국제평화 및 안전을 촉진
   2) 국가 간의 공정하고 고결한 관계 유지
   3) 국제법 및 조약의무 존중
   4) 합의에 따른 국제분쟁 해결

4. 기타
   정부는 아래와 같은 노력을 실시한다.
   1) 모든 인도인을 위한 통일민법 확보
   2) 역사적 건조물 보호
   3) 환경과 야생동식물 보호
   4) 적절한 무상배심 재판

인도 진출을 고려하는 한국인이라면 인도 정부의 지침을 이해하기 위해 이 네 가지 지도원칙 정도는 유의해야 한다. 인도는 관료에 의해 움직이는 나라이고, 관료가 되기 위한 시험에서 헌법과 이 네 가지 지도원칙은 기본 중 기본이다.

특히, 정부기관 또는 공공사업에 참여할 경우, 제안서가 정부의 지도원칙(특히 경제적 및 사회적 원칙) 중 하나를 충족시키는 데 도움이 된다면 심사를 통과할 가능성이 높다.

인도 헌법을 다 읽어보기는 힘들다. 하지만 중국과 달리 인도는 철저한 법치주의 국가이므로, 이러한 법체계가 있다는 것을 미리 알아 두면 인도인들과 일하기가 더 쉬워질 것이다. 인맥이 모든 것을 좌우하는 중국과 달리 인도는 법이 우선이라서 좋은 변호사를 찾아 일하는 것이 매우 중요하다.

012

인도 정부, 통치 기구, 정치 조직

이원 집정부제의 특징을 지닌 의회

인도는 입헌민주제로 내각제다. 즉, 행정부가 의회의 신임을 받아 구성되며 의회에 대해 책임지는 제도를 가지고 있다.

인도와 영국의 의원내각제는 이원(二院)제인데 인도에서는 하원이 더 많은 권한을 가지며, 행정부와 입법부 간의 권한을 결합해 록사바(Lok Sabha)로 불리는 하원의 리더, 즉 수상이 집권하며 정부를 구성하고 운영한다. 인도의 대통령은 명목상 국가원수로서 연방국방군 최고사령관을 맡고 있다. 인도의 부통령은 라자사바(Rajya Sabha)로 불리며 상원의 의장을 맡는다.

인도의 모든 정치 기반은 선거로 결정된다. 선거를 통해 통치기구와 상하원, 주 및 연방직할령의 상하원, 대통령, 부통령을 결정한다.

여기서 총리와 수상은 둘 다 본래 행정부 수반이란 뜻이다. 그러나 행정부수반이 되는 절차에 약간 차이가 있다. 즉, 정치제도와 연관이 깊다.

수상은 의원내각제에 존재하는 행정부 수반을 말한다. 의회선거를 통해 집권하므로 의회선거에서 승리한 다수당 당수가 자연스럽게 수상이 된다고 보면 된다. 반면에 총리는 국가원수에 의해 임명되는 존재라고 생각하면 된다. 통상 국가원수는 외교 군무를 다루고 일반 행정은 총리가 총괄하는 것으로 나뉘지만 국가에 따라 여건이 다르다.

의원내각제인 국가에는 국왕이나 대통령(형식적인) 등의 국가원수가 따로 존재하기 때문에, 수상도 형식적인 임명절차를 밟기도 한다. 그러다 보니 구분이 애매해져서 현재는 총리와 수상을 병행해서 쓰기도 한다. 이 책에서는 수상으로 통일하겠다.

인도의 행정 체계

인도의 선거 제도

인도는 건국 초기인 1952년과 1957년 두 번의 선거에서 부분적으로 중선거구제*를 채택한 이후, 1962년부터는 소선거구제*를 채택하고 있다.

인도에서는 헌법에 근거해 독립된 선거관리위원회를 설치해 공정하게 선거관리를 하고 있다. 하원의 선거는 한국과 비슷한 단순 소선거구제로 치러지고 최고 득표수를 획득한 사람이 후보자로 선출된다. 인도의 선거구는 총 543개이고 여기에서 뽑힌 사람들은 인도하원의회(록사바, Lok Sabha)의 의원(MP: Member of Parliament)으로 선출된다.

2019년 4월 11일부터 5월 19일까지 인도에서는 17대 선거가 이루어졌다. 인도 총선 유권자 수는 약 9억 명으로 2014년 총선보다 8,430만 명이 늘었다. 선거인 수로만 따지면 미국과 유럽 유권자를 합친 것보다 많으며 세계 최대의 민주적 선거로 기록되었다. 인도의 선거 가능 연령은 18세 이상으로, 18~19세가 되어 생애 첫 선거를 경험하는 인원도 대략 1,500만 명에 이른다.

투표장 수만 해도 100만 곳이 넘을 만큼 넓은 국토와 많은 인구로 인해 선거에 막대한 비용과 인력이 소요됨에 따라 2004년 총선부터 EVM(전자투표기)을 통한 투표가 실시되었다. EVM의 도입으로 투표를 위한 투표용지 인쇄, 운반 및 관리비용이 현저히 감소했으며 약 100만 톤의 투표용지가 절약된 것으로 추산된다.

최근 인도 대법원에서는 단 한 명의 유권자라도 선거에 참여하도록 하기 위해서는 모든 노력을 다해야 한다고 판결한 바 있는데, 이를 지키고자 2014년 인도 서부 구자라트길(Gir) 숲에 사는 한 명의 유권자를 위해 투표소가 설치된 사례도 있다.

2014년 사용된 선거 관련 비용은 5억 5,200만 달러였고 1,100만 명의 공무원이 선거를 위해 동원됐다. 관리와 사용의 편의성, 보안 등 다양한 문제

---

*선거구제: 대표자를 선출할 수 있는 독립적인 지역 단위. 작게는 지역구, 크게는 전국구로 분류.
*소선거제: 한 선거구 지역에서 가장 많이 득표한 1명을 선출하는 제도.

에 적절히 대처할 수 있어 EVM 사용은 날로 늘어나고 있다.(2014년 선거 기준 5억 명의 유권자가 사용) 현재 네팔, 부탄, 나미비아, 케냐는 인도에서 제작한 EVM을 구입해서 사용하고 있으며, 사용 국가 수는 지속적으로 늘어날 것으로 보인다. 2014년 선거에는 180만 개, 2019년 선거에는 2,300만 개의 EVM이 사용되었다. 2019년 기준으로 선거에 참여한 정당 수는 2,354개, 선거구는 543개, 후보자는 5,435명, 투표소는 100만 곳에 달했다.

▲ 전자투표기 EVM

인도의 정부, 통치 기구, 정치 조직

1. 입법부

상원(라자사바, Raiya Sabha)

인도의 상원과 하원은 인도의 중앙입법기관이다. 의회는 상원(Rajya

Sabha)과 하원(Lok Sabha)의 이원제로 구성된다. 상원은 250명의 의원으로 구성되며, 그중 12명은 대통령이 임명하고 나머지는 간접적으로 선출된다. 대통령이 임명한 12명 외 나머지는 각 주에서 주의 대표이거나 연합보호령의 대표 자격인 상원의원이다.

선거는 간접적으로 이루어지고 구성원은 단원제인 각 주의 법에 따라서 간선제로 선출된다. 또한, 각 주별로 인구수 등에 의해 의원 수가 할당된다. 상원의원은 연임이 가능하나, 의원의 삼분의 일은 3년마다 바뀌고 모든 상원의원의 임기는 6년이다.

하원(록사바, Lok Sabha)

인도 하원은 550여 명의 의원으로 구성되며, 그중 530명은 인도의 각 주에서 직접 선거로 선출되고 20명은 7개의 연방직할령(Union Territory)에서 직접 선출된다. 그리고 앵글로-인디언 커뮤니티(Anglo-Indian Community)*를 대

인도의 연방과 주 정당 체계

	연방상원	연방하원
연방	• 정원: 250석 이내(각 주 의회에서 238명 이내 선발, 대통령이 12명 임명) • 임기: 6년	• 정원: 552석(소선구제 직접선거로 550석, 직접 선거와는 별개로 2명은 영국계 인도인 중에서 대통령이 지명), 총 의석 중 약 1/5석은 불가촉천민과 소수민족에 할당, 이에 따라 일부 선거구는 불가촉천민과 소수민족 이외에 출마할 수 없도록 규정됨 • 임기: 5년
	주의회 상원	주의회 하원
주	• 일부 대형주에서 설치 및 운영 • 임기: 5년	• 정원: 29개 주+7개 연방직할지 등 총 4,120명(소선거구제 직접 선거로 선발, 각 주마다 불가촉천민과 소수민족에 대한 할당 의석 있음) • 임기: 5년(주별 배정된 연방 상원의원 선출)

표하는 2명의 하원의원은 대통령이 지명한다. 인도 헌법에 의하면 하원의원의 정원은 총 552명을 넘을 수 없다.

2. 행정부

대통령

인도에서는 상하 양원 및 주의회의원으로 구성된 선거인단들이 5년 임기의 대통령을 선출한다. 대통령은 재임할 수 있으며, 대통령은 국가원수로서 군 통수권을 가진다. 인도 대통령은 인도공화국 군대의 최고명령권자로, 인도 상하원의회의원 및 주의회의원들의 투표에 의해 선출된다. 대통령의 임기는 5년이며 재선거에 임할 수 있다. 부통령은 상하 양원 의원으로 구성된 선거인단에 의해 간접적으로 선출되며 상원의장을 겸임한다.

각료회의

인도는 의원내각제 정부 형태를 택하고 있다. 일반적으로 대통령은 자의적으로 헌법상 어떤 권리도 행사할 수 없다. 행정권은 각료회의를 대표하는 수상에 의해 행사되며, 수상은 선출된 의회에 대해 책임을 진다. 하원에서 다수의 지지를 받는 자가 대통령에 의해 수상으로 임명되며, 대통령은 수상의 건의 아래 다른 장관들을 임명한다. 수상과 장관들이 각료회의를 구성한다.

현재 인도연방정부의 행정조직은 총 49개의 '부(Ministry)'와 그 산하의 '청,

---

*앵글로-인디언 커뮤니티(Anglo-Indian Community): 영국계 인도인들을 일컫는 말로 인도에 거주했던 영국인들의 후손 모임.

처, 국(Department)' 100여 개 이상으로 구성되어 있다.

수상과 부수상

수상은 하원 다수정당의 지도자다. 헌법 제74조 제1항에 의하면 수상은 각료회의의 수장이며, 주된 임무는 대통령이 행정권을 행사할 때 보좌하고 조언하는 것이다. 부수상 직책은 헌법에 규정되어 있지 않다. 인도의 첫 부수상은 네루(Jawaharlal Nahru)의 부수상 발라바이 파텔(Sadar Ballabhbhai Patel)이었다. 부수상 임명권은 수상의 재량에 달려 있으며 대통령에게는 부수상 임명에 대한 결정만 알린다.

부수상은 수상이 없을 경우 대신 임무를 수행하는데, 수상의 업무를 줄이고 보조하는 수단으로서 생겨났다.

검찰총장

인도의 검찰총장은 최고의 법률행정관이다. 그는 대통령에 의해서 임명되며 업무를 수행한다. 적임자의 자격으로는 대법원 판사의 자격이 요구된다.

검찰총장은 중앙정부에 법적인 문제에 관해 조언해야 하는 의무를 지며, 대통령의 지시에 따라 다른 적합한 의무를 수행하는 경우도 있다. 인도의 모든 법정에 참관할 수 있는 권리를 가진다.

3. 사법부

사법부는 독립적인 곳으로서 헌법의 수호자이자 해석자다. 인도연방은 하나의 통일된 사법제도를 가지고 있다. 인도는 최고 법원으로 하나의 대법원을 가지고 있고, 대법원은 최고 사법재판소이며 25명의 재판관들로 구성된다. 각주 또는 몇 개 주들을 묶어 하나의 고등법원이 있으며 현재 21개의 고등법원이 있다. 법관의 독립은 헌법에 의해 보장되고, 인도 전역에 동일한 사법 및 형법이 적용된다.

4. 주정부

주정부(State Government of India)는 연방정부의 하위단위 형태로 해당 주(state) 내의 치안, 복지, 교육 등의 지방 관련 행정문제를 관장한다.

주의회는 그 주에서 효력을 가지는 주법을 제정할 권한을 갖는다. 주의회의 모든 의원들은 선거권을 가진 일반 성인에 의해 선출된다. 주의 최고 책임자는 주지사다. 주지사는 대통령에 의해 임명되며, 이들은 일반적으로 연방대통령이 행사하는 것과 동일한 권력을 각 주에서 행사한다. 중앙정부와 같이, 각 주에는 주입법부에 대해 책임을 지고 행정권을 행사하는 주수상이 이끄는 내각이 있다. 주의원의 임기는 5년이다.

5. 디스트릭트

'주(State)'나 '직할지(Territories)'는 '디스트릭트(District)'라고 부르는 다수의 하부 지역단위로 구성된다. 한국으로 치자면 시군구 정도로 생각할 수 있겠지만, 면적이나 인구수는 거의 한국의 광역시나 도(道)급으로 대단위다. 인구수도 우리나라의 도 정도에 해당하는 디스트릭트가 많고 인구도 우리나라의 도 수준보다 훨씬 많다. 2020년 기준 총 739개의 디스트릭트가 존재한다.

6. 지방자치단체

'디스트릭트(District)' 단위 내에도 도시와 농촌지역을 중심으로 '지방자치단체(Local self-government)'가 개별적으로 운영 중이다. 현재 도농지역 모두 지역 규모에 따라 3단계의 자치조직으로 구성되어 있다.

7. 도시 지역

도시 지역의 경우, 인구 100만 이상의 대도시 단위를 관할하는 '자치 도시(Municipal Corporations)'와 인구 10만 명 이상 중규모 도시 단위를 관할하는 '중소지자체(Nagar Palika)' 그리고 소도시 단위를 관할하는 '시정촌(기초지방자치단체, Nagar Panchayat)'으로 구성된다. 다만, 농촌 지역과는 달리 주정부가 행정 권한을 직접적으로 위임하는 하향식 구조로 조직되어 완벽한 의미의 풀뿌리 민주주의라고는 말하기 어렵다.

8. 농촌 지역

농촌 지역의 경우, 인도의 전통적인 지역자치기구라 할 수 있는 판차야트를 활용해, 지역규모에 따라 3단계로 구분되는 '판차야트라즈(마을협의회, Panchayat / 규칙, Raj)' 시스템을 운영하고 있다. 구체적으로는 디스트릭트(구역, District) 단위를 관할하는 '질라판차야트(Zila Panchayat)', 블록(Block) 혹은 테실(구획, Tehsil) 단위를 관할하는 '판차야트사미티(Panchayat Samiti)', 마을(Village) 단위를 관할하는 '그람판차야트(Gram Panchayat)'로 구성된다. 도시 지역과는 달리 본래부터 존재하는 제도를 활용하는 만큼 주민들의 높은 참여와 호응 속에서 원활하게 운영 중이다.

판차야트(Panchayat, Panchayati raj)는 헌법에서 규정하는 지방자치단체의 일종으로서 지역 행정사무를 담당하는 기초 단위의 의결 및 집행기관을 말한다. 본래 같은 이름을 가진 전통적인 지역자치기구가 별도로 존재했는데,

1994년 헌법 개정을 통해 민주적 절차와 통일적 기준이 마련되면서 현대적 의미의 지방자치단체로 격상되어 운영 중이다. 우리말로 번역하면 '자치위원회' 정도가 된다.

013

인도의 정당정치

인도에서 사업한다면 정치 공부는 필수

인도에서 사업하려면 정당의 움직임도 유심히 관찰해야 한다. 한국에서 사업하는 분들이 인도의 고위관료, 중앙지 기자, 국회의원 등과 인연이 깊은 필자에게 많이 요청하거나 질문하는 것이 있다. 바로 "정부 고위직들을 좀 만나게 해달라."라는 요청과 "거래 시 인도의 장관이나 정치가와 연고가 있다고 자랑하는 사람을 많이 만나는데, 이게 뭘 의미하느냐?"라는 질문이다. 이는 우리가 중국에 진출할 당시 경험했던 것들과 상당히 유사하다.

이 말을 친한 인도 정치인에게 전했더니 다음부터는 "인도의 13억이 넘는 인구 중에 반은 정치인이고, 나머지 반은 정치인과 관련이 있는 사람이다. 따라서 모든 인도인들은 정치인들과 관계가 있다."라고 답하라고 알려주었다. 인도에서 누군가 자신이 아는 정치인이 있으니 뭔가를 해주겠다고 주장한다면 우선 경계하는 것이 좋다는 뜻이다.

인도의 정당 시스템은 무수한 정당이 존재하는 다당제 시스템이며, 수천 개의 정당이 등록되어 있다. 우리와 가장 다른 것은 전국 규모 정당과 더불어 지역과 종교, 심지어 카스트에 기반한 정당이 있다는 사실이다. 인도에서는 두 개의 기존 거대 정당이 지역정당과 신흥정당에 패해 의석을 잃는 모습을 심심치 않게 볼 수 있다.

인도의 어느 지역에서 사업을 시작할지 정하는 것과 동시에 반드시 알아야 할 사항은 그 지역에서 어느 정당이 힘을 갖고 있는지다. 특히 MP, MLA와 Corporate라는 용어는 구분하는 것이 좋다. MP는 지역을 대표하는 연방의원이라는 뜻이고, MLA는 주의 각 지역을 대표하는 의원이라는 뜻이다. Corporate는 주보다 작은 지역을 대표하는 사람이란 뜻이다. 이 가운데 인도에서 일하면서 가장 많이 듣는 것은 MP와 MLA라는 용어다.

인도 헌법과 법률에서는 우리나라와 같이 정치체제 전반을 규율하는 정당법 등 정치체제에 관련된 법률들을 찾아보기 힘들다. 정치관계를 규율하는 법규로는 헌법상의 선거에 관한 조항들과 선거법 정도가 전부다. 인도 헌법은 제정 당시 미국 헌법에서 많은 영향을 받았기 때문에 정당 등 정치관계에 관한 법규에서도 자유주의적 헌법관을 따르는 경향을 보인다.

따라서 방대한 분량을 자랑하는 인도 헌법에서조차 정당에 관한 조항은 찾아볼 수가 없고, 선거를 제외한 정치에 관한 문제들은 자유로운 사적 영역의 문제로서 취급되는 경향이 짙다.

인도의 이러한 정치체제는 정당 등 정치체제에 관한 법제의 발달에 장애요소로 작용하며 정치적 혼란의 원인이 되기도 한다.

인도의 정치세력

인도의 정치세력은 크게 세 가지 세력으로 나눌 수 있는데, 중도좌파 성향의 인도국민회의당, 우파인 인도국민당 그리고 공산주의 정당과 그 외 군소정당이다.

인도국민회의당은 인도가 독립한 이후 네루라는 집안을 바탕으로 1980년까지 장기집권했으며, 1980년대 이후에는 힌두교를 기반으로 한 인도국민당과 라이벌을 이루며 인도 정치를 좌지우지했다. 하지만 1989년 총선 이후부터는 양 당 모두 과반을 차지하지 못한 채 군소정당들과 합종연횡하며 집권하게 되었다.

중앙과 비슷한 지방정부도 사정은 마찬가지다. 가령, 2018년에 있었던 카르나타카주 지방선거에서는 과반을 차지하는 정당이 없었다. 여론은 1위 인도국민회의당이 군소정당을 끌어들여 지방정부를 구성할 것으로 예상했으나, 2위 인도국민당이 3위 정당에서 주지사를 내주는 조건으로 집권에 성공했다.

이와 같은 연정은 인도 정치의 불안요소로 작용한다. 정권을 잡기 위해 자기 당의 정치색을 내기보다는 특정지역 혹은 특정세력과 손을 잡고 포퓰리즘 성격의 정책을 남발하기 때문이다. 특히, 투표자 수가 많은 하위 카스트들에게 영합하는 정책을 정치에 활용하기 때문에 계급의 차별이 오히려 사라지지 않는 모순이 나타난다.

1. 인도국민회의당(INC)

1885년 반영운동을 기치로 구성된 인도국민회의당(INC: Indian National Congress)은 인도의 현대 정치사와 그 궤를 같이한다고 해도 과언이 아니다.

인도는 독립 후 30년 넘게 이어진 인도국민회의당 일당 우위체제의 방대한 당조직을 활용해 지역적·종교적·문화적·종족적·사회적 다양성과 이질성을 극복하기 위해 노력함으로써 정치적 통합과 안정을 유지할 수 있었

인도 대표 정당과 정치 성향

전국 규모 정당 (National Party)	정치 성향
INC(Indian National Congress, 인도국민회의당)	대중주의(보통 사람의 정부), 사회자본주의(시장자유화), 비동맹, 독자적 외교정책, 간디 가문의 정치지도자 계승
BJP(Bharatiya Janata Party, 인도국민당)	중도우파, 힌두민족주의(Hindutva), 시장자유주의(국영기업 민영화, WTO 가이드라인 이행, 항공규제 완화, 외자유치 등 추진, 특정 종교 집단에 대한 특혜 반대, 종교 개종 금지, 대미/서구 관계 강화, 잠무 카슈미르주 영토 회복 등 주장) 인도 극우 힌두단체 민족봉사단(RSS)의 지원
BSP(Bahujan Samaj Party, 대중사회당)	인도의 사회에서 심각한 차별을 받는 달리트(불가촉천민), 사회적 소수자, 소수 종교인 등을 위해 만들어진 정당
CPM(Communist Party of India Marxist, 공산당)	마르크스-레닌주의 1964년 국제공산주의·민족주의 간 이념 대립으로 CPI(Communist Party of India)에서 분파

다. 이와 같이 인도국민회의당은 사회의 다양성을 수용하고 사회경제 개혁 프로그램을 통해 국민들의 폭넓은 지지를 확보했고, 독립운동가이자 초대 수상이었던 네루의 정치적 신망과 권위는 인도국민회의당의 일당 우위체제를 강화시켰다. 이러한 독립 초기의 정치 상황 아래에서는 다른 정당이 인도국민회의당에 도전할 만큼 성장할 수 없었다. 인도국민회의당의 일당 우위체제는 독립 초기에 인도의 정치를 안정시키는 데는 기여했으나 정당 정치의 발전에는 걸림돌로 작용했다.

2. 인도국민당(BJP)

나렌드라 모디(Narendra Modi) 현 수상이 이끄는 집권정당이며 2019년 총선에서 승리해서 정권을 5년 더 연장했다.

네루 집권 이후 비교적 안정적이었던 인도의 정치문화는 1960년대 후반부터 1980년 중반에 이르기까지 인디라 간디(Indira Gandhi)가 당권과 정권을 장악하고 권위주의적으로 통치하면서 무너지기 시작했다.

인도국민회의당 조직이 쇠퇴한 틈을 타 1980년대 중반부터 종교를 이용해 정치적 지지기반을 확장하려는 정당들이 늘어나기 시작했다. 그중 대표적인 정당이 바로 인도국민당(BJP: Bharatiya Janata Party)이다. 이 당은 힌두 극우 종교운동 단체들과 연대해 힌두민족주의에 호소하며 1984년 2석으로 시작한 뒤 1991년 선거에서는 119석을 확보해 인도국민회의당에 이어 제2당으로 연방하원에 당당히 입성했다.

인도국민당은 종교를 이용해 1999년 10월부터 2004년 6월 선거 때까지 집권정당으로서 지위를 누렸으며, 이를 위해 이슬람교도와 기독교도들을 탄압하며 극심한 대립을 조장해 정권을 연장했다.

인도국민회의당의 쇠퇴와 더불어 인도국민당이 종교를 이용해 정치적인 지지기반을 확대해 나가자, 국민감정을 쉽게 자극하는 또 하나의 중요한 요소인 카스트가 정치적으로 이용되기 시작했다. 그 예가 비하르주의 랄루 야다브(Laloo P. Yadav)가 이끄는 국민민주당(RJD: Rashtriya Janata Dal)이다. 랄루 야다브는 비하르주에서 여타 하위 계급과 이슬람교도들의 지지를 받아 주정부의 권력을 장악했고 이는 카스트 계급 간의 상호불신으로 이어졌다.

3. 대중사회당(BSP)

대중사회당(BSP: Bahujan Samaj Party)은 사회주의적 경향을 가진 중도국민 정당이다. 빔라 오람지 암베드카르의 영향을 받은 카리스마 넘치는 사회운동가 칸쉬람(Kanshi Ram)이 1984년 창설했다. 무엇보다 대중(문자 그대로 '다수파의 민중'을 의미한다)을 대표하는 정당이다. 여기서 대중이란 지정 카스트, 지정 부족, 그 외 하위 계급(OBC)으로 지정된 카스트나 소수자들을 가리킨다.

2014년에는 전국 지지도 4.2%를 얻었음에도 하원에서 한 석도 차지하지 못했다. 하지만 2019년에는 전국 지지도 3.6%를 얻었음에도 하원 10석을 차지했고, UP주에서는 19.3%의 득표율을 기록하며 제2당의 지위에 올라섰다. 주요 거점은 인도 최대 주로 손꼽히는 UP주이고 코끼리를 심벌로 삼는다.

4. 인도공산당(CPI)

인도공산당(CPI: Communist Party of India)은 1925년 12월 국민의 자유투쟁과 사회주의 인도를 실현하기 위해서 창설되었다. 자유 국가에서 이름만 존재하는 정당과는 달리 마르크스-레닌주의를 신봉하는 정당으로 견고한 정치 세력을 형성하고 있으며, 일부 주에서는 정부를 구성하기도 한다.

1952년 총선에서 이러한 노동자 계층의 지지에 힘입어 하원의석 중 총 16석을 차지해서 제1야당이 되기도 했다. 1957년 총선에서 제1야당의 자리를 지켰고, 케랄라주 의회선거에서는 과반을 달성해 야당 최초로 주정부를 구성했다. 하지만 케랄라주의 급격한 좌경화를 우려한 네루 정부는 헌법 제365조에 의거, 주정부를 해산해 버렸다. 1964년 인도공산당은 정권을 잡고 있던 인도국민회의당에 협력하는 파벌과 마르크스주의를 지향하는 파벌이 나뉘었다. 당은 (우측)CPI와 (좌측)CPI로 쪼개지며 서로가 공산주의의 적자라며 대립하고 있다.

식민 시절부터 공산당은 인도의 전통적인 악습인 카스트 제도 등에 반대하며 케랄라주나 서벵갈주 등에서 집권하며 정치적 영향력을 키웠다.

공산당은 정책적 한계로 인해 공업 위주의 경제개발에 비교적 무관심할 수밖에 없으며, 이는 공산당 집권지역의 산업적 기반의 노쇠 혹은 쇠퇴로 연결된다. 서벵갈주에서 의석을 상당수 빼앗긴 것도 이러한 이유에서다.

이들의 세력이 강한 케랄라주, 서벵갈주, 트리프나 등 지역에서 비즈니스를 하려면 공산 정권과 불협화음이 나지 않도록 진출 전 미리 꼼꼼하게 준비해야 한다.

인도 정당의 상징

최근 인도선거관리위원회(ECI)는 신규 정당이 사용할 수 있도록 새로운 로고를 공개했다. 인도에서 신생 정당이 사용할 수 있는 로고를 공개하는 것은 매년 벌어지는 일상이지만, 우리나라를 비롯해 다른 나라에서는 찾아볼 수 없는 독특한 선거문화다.

세계에서 가장 큰 민주주의 행사이자 9억 명 이상의 유권자가 참여하는 인도 총선 기간에 나라 전역의 전자투표기에는 후보 이름과 함께 정당의 로고가 등장한다. 이 로고들은 인도에 등록된 2,000개가 넘는 정당들이 각각 가지고 있는 것으로, 지역구 선거에 참여한 수십 개의 참여 정당들을 구분해 주는 동시에 인구의 4분의 1 정도가 문맹인 인도 유권자들이 투표 시 후보를 쉽게 선택할 수 있도록 도와준다.

정당 상징(로고)은 그 정당의 가치나 이념을 대변하는 것이 일반적이지만, 인도에서 정당의 로고가 존재하는 주된 이유는 유권자들이 정당 및 후보를 쉽게 식별하고 기억할 수 있도록 돕기 위해서다. 이것은 국민들의 문해력이 약했던 인도 공화국 초기에는 훨씬 더 중요했다. 최초로 민주 선거가 시작된 1951년 신생 독립국 인도에서는 인구 조사를 실시했다. 그 당시 조사 결과에 따르면 인도 국민의 문해율은 18.33%(2020년 현재 기준 문해율은 77.7%)였다. 그렇기에 후보자와 정당의 이름뿐만 아니라 정당의 로고는 투표

기간에 유권자들에게 누구를 찍을지 알려주는 중요한 수단이었다.

선거 운동기간 중 선거 유세를 하면서 유권자들에게 어떤 로고를 선택해야 하는지 몇 번이고 다시 상기시키는 것은 굉장히 큰일이었다. 선거 캠페인의 몇 가지 예를 들자면 "연꽃(Lotus)을 위해 투표해 주세요" 또는 "(국민)회의의 손은 보통 사람들과 함께한다"라는 선거 슬로건에 각 당의 상징적인 로고를 사용하는 것이 일반적이다. 참고로 연꽃(Lotus)은 인도국민당의 상징이며, 손은 건국 이후 40여 년간 집권한 인도국민회의당의 상징이다.

로고를 활용한 정치 마케팅은 인도에서 깊이 뿌리내렸다. 과거 콜카타에서는 코끼리를 선거 상징으로 한 정당인 바후얀 사마즈당(Bahuhan Samaj)에 속해 있던 한 후보자가 영리한 코끼리를 훈련시켜 코로 투표 용지를 집어서 선거함에 넣는 장면을 연출해 상당히 큰 효과를 본 결과 당선에 성공했다.

또한, 공산주의를 추앙하는 AIFB라는 정당의 한 후보자는 자신을 대중에게 인식시키기 위해 선거 내내 호랑이를 우리에 가둬 놓고 같이 다니면서 선거 운동을 벌이기도 했다.

▲ 인도국민당(BJP) 로고
▶ 인도국민회의당(INC) 로고

▲ 대중사회당(BSP) 로고
▶ AIFB 정당 로고

신생 정당은 선호도 순으로 세 개의 정당 기호를 선택해야 하며, 그 후에 인도선거관리위원회(ECI)가 기호를 하나씩 할당해 준다. 일단 특정 정당이 로고를 선택하면 그 고로는 다른 정당에서 사용할 수 없으므로, 새로 창당한 정당에서는 다른 정당이 사용하지 않은 로고들을 목록에서 보고 선택할 수 있다.

인도의 공산주의 계열 정당인 인민민주주의당(PDP: People's Democratic Alliance Party)의 상징은 특이하게도 왕관이다. 공산주의 계열 정당이라면 으레 연상되는 낫과 망치를 놔두고, 제국주의를 연상하게 하는 왕관을 자신들의 상징으로 삼는 웃지 못할 일들도 발생하고 있다.

한편, 사회주의 계열 정당인 사마즈와디당(Samajwadi)은 자전거를 당의 상징으로 사용하고 있는데, 이는 가난한 사람들이 사용하는 저렴한 운송수단처럼 자신들도 못 가진 자를 위한 정당이라는 분명한 의미를 담고 있다. 하지만 당원들이 사용하는 고급차에 자전거 그림이 그려진 깃발이 펄럭이는 모습을 보면 뭔가 말과 행동이 다르다는 것을 느끼게 된다.

▲ 고급 승용차에서 펄럭이는 사마즈와디당의 깃발

인도에서는 기억하기 쉬운 단순한 로고가 중요한 선거운동 수단이 될 수 있다. 정당 로고는 선거 기간 동안, 현수막, 광고판, 팸플릿 그리고 다른 자료들을 통해 인도 전역에 노출된다. 초기에는 정당들이 자신들에게 할당된 디자인을 어쩔 수 없이 사용해야 했지만, 세월이 흐르면서 많은 로고들이 정당들의 상징과 동의어가 되었다.

인도에서는 정당이 로고를 사용할 때 몇 가지 지켜야 할 규칙이 있다.

우선, 정당의 로고는 유권자에게 영향을 주지 않도록 중립적이어야 한다. 예를 들어, 종교적 의미가 있는 로고나 특정 계급 및 직업을 상징하는 커뮤니티를 나타내는 기호는 허용되지 않는다. 이런 이유로 타지마할과 같은 역사적 기념물을 정당 로고로 사용하는 것은 금지되어 있다.

1991년 선거관리위원회(ECI)는 일부 동물 권리 운동가들이 우려를 제기함에 따라 신생 정당에 동물을 상징하는 로고 사용을 금지했다. ECI는 유권자들이 지지하지 않는 정치인이나 정당이 특정 동물 로고를 사용하게 되면 사람들이 그 동물을 공격하거나 고문할 우려가 있기 때문에 동물 로고 사용을 금지한다고 발표했다.

정당을 상징하는 로고는 단순히 로고에서 끝나지 않는다. 이 로고들은 인도의 사회·경제적 변화에 대해 알 수 있게 해준다. 건국 초기 상징 중에는 쟁기, 소, 수레와 같이 인도 농촌에서 사용하는 로고들이 많았지만 1960년대와 1970년대에 트랙터, 트럭, 전봇대와 같은 로고들이 ECI 목록에 포함되었다. 2020년에 새로 추가된 것을 살펴보면 노트북, 컴퓨터 마우스, 충전기 및 USB 스틱 등이 있다.

세계 최대의 민주국가 인도는 중국과 달리, 느리지만 자신의 문화와 실정에 맞게 민주주의를 키우고 발전시켜 나가고 있다. 제2차 세계대전 이후 독립한 아시아 국가 중에서는 거의 유일하게 쿠데타가 발생하지 않은 나라로서 민주주의의 기틀을 안정적으로 다지고 있다.

전국정당과 주정당 기준

전국정당(National)은 선관위에 등록된 정당들 중 다음 요건 중 하나를 충족하는 정당을 말한다. 현재 총 7개가 있다.

1. 3개 이상의 다른 주에서 하원(록사바) 의석 2%(11석) 이상 확보
2. 하원 총선 시 4개 주에서 6% 이상의 득표와 의석 4개 확보
3. 4개 이상 주에서 주정당으로서 인정받았을 것

주정당(State)은 선관위에 등록된 정당들 중 다음 요건 중 하나를 충족하는 정당을 말한다. 현재 총 49개가 있다.

1. 주의회에서 의석 3% 이상 확보 혹은 3석 이상 확보
2. 하원에서 매 25석당 혹은 해당 주에 할당된 의석에서 1석 이상 확보
3. 하원 총선에서 득표율 6% 이상 확보 혹은 의석 1석 이상 확보 또는 주의회 총선에서 득표율 6% 이상 확보 혹은 의석 2석 이상 확보
4. 하원이나 주의회에서 의석 확보 불가 시, 해당 주에서 유효 득표율 최소 8% 이상 확보

합의의 정치문화

인도에도 협력과 합의를 바탕으로 상대적으로 안정된 정치를 실현하는 주가 있다. 대표적인 사례가 바로 콜카타를 중심으로 한 서벵갈주다.

서벵갈주에서 오랫동안 집권해 온 인도 공산당 정부의 업적들 중 하나는 종교나 카스트를 기반으로 한 분파주의가 생기지 못하도록 방지한 것이다. 이에 따라 서벵갈주에서는 방글라데시에서 이주해 온 많은 이슬람교도들을 비롯해 여러 종교집단들이 난립함에도 불구하고 심각한 종교갈등 현상이 나타나지 않고 있다. 1984년에 인디라 간디가 암살된 후나 1992년 바브리 이슬람사원이 파괴될 때에도 서벵갈주는 종교 폭동으로부터 자유로웠다.

또한, 서벵갈주에서는 정부가 카스트의 정치화나 카스트 갈등을 적극적으로 차단하기 때문에 인도의 여타 지역보다 부정부패가 상대적으로 덜 나타나는 편이다.

014

2019 인도 총선으로 보는 인도의 정치 상황

9억 명의 유권자가 참여한 2019년 인도 총선

2019년 힌두민족주의를 내건 나렌드라 모디 현 수상이 이끄는 집권 여당이 '세계 최대 민주주의국가' 인도 총선에서 예상을 뛰어넘는 압승을 거뒀다. 이로써 모디 수상은 역대 인도 수상으로는 다섯 번째로 재집권에 성공했다. 4월 11일부터 5월 19일까지 총 6주간 지역별로 모두 7회에 걸쳐 진행된 이번 선거에는 총 543석의 연방하원의원 자리를 두고 모두 2,294개의 정당에서 8,000여 명의 후보가 출마했다.

9억 명의 유권자 중 약 67.1%가 투표에 참여해 역대 가장 많은 인구가 참여하는 기록도 세웠다. 총 유권자 9억 명 중 남성은 4억 6,800만 명, 여성은 4억 3,200만 명이었다. 재미있는 것은 인도 정부가 공식적으로 인정한 제3의 성(트랜스젠더와 게이 등) 3만 8,325명이 참여했다는 공식 발표도 있었다는 사실이다.

7만여 명의 재외 동포 인도인(NRI)과 더불어, 2015년 방글라데시와 국경선을 새로 제정함에 따라 그동안 방글라데시에서 투표하던 사람들이 이번에 처음으로 인도 국민으로서 투표에 참여했다. 또한, 젊은 층의 증가로 이

번 선거에서는 전체 인구의 약 2%인 18~19세의 젊은 유권자들 8,430만 명이
생애 최초로 투표에 참여했다.

인도국민당의 승리, 모디 수상의 국정 장악

인도 선거관리위원회의 선거 결과 집계를 보면, 인도국민당(BJP)이 주도
하는 집권정당연합 국민민주연합(NDA)은 연방하원 543석 가운데 과반(272
석)을 훌쩍 넘는 350석을 확보했다. 특히, NDA를 이끄는 집권여당인 인도국
민당이 무려 303석을 차지하며 단독으로 과반을 넘겨 모디 수상의 국정장
악력을 높임으로써 향후 강력한 국정운영을 펼칠 수 있는 기반을 마련했다.
2014년 선거 당시에도 모디 수상이 이끄는 인도국민당은 과반을 넘는 282석
을 확보했고 이번 선거에서는 무려 21석을 더 얻어 파란을 일으켰다. 결과
적으로 NDA는 이번 선거를 통해 지난 2014년 총선 때 얻은 336석보다 14석
을 더 차지했다.

제1야당 인도국민회의당(INC)이 주도하는 야당연합인 통합진보연합
(UPA)은 83석을 얻는 데 그쳤다. 지난 총선에서도 겨우 60석을 차지하는 데
그쳐, 이번 선거에서는 23석이나 더 늘리며 선전했으나 집권당을 견제하기
에는 턱없이 모자란다는 평가다.

인도국민당의 압승으로 힌두교 기반의 여권은 강한 추진력을 얻게 되었
으나, 이로 인해 약 1억 7,000만 명 이슬람교도들과의 긴장감이 지속될 것으
로 예상된다. 또한, 모디 정권에 대한 실업과 농촌 문제해결 요구가 가속화
할 것으로 보인다.

5년 전 총선에서 모디 수상은 매년 10% 경제성장을 장담하는 공약을

내걸고 집권했다. 그것은 국가경제의 성장뿐만 아니라 국민 개개인의 생활을 빠르게 개선하겠다는 약속이기도 하다. 하지만 그의 1기 집권기간 동안 결과적으로 연평균 7~8%대의 성장을 거뒀음에도 불구하고 이것이 실현할 수 없는 공약이라는 것은 그 누가 보더라도 분명했다.

인도도 다른 일부 국가들과 마찬가지로 신자유주의정책으로 인해 대기업은 우대를 받고, 중소 규모 산업은 부진하며 실업률이 쉽게 낮아지지 않는 구조적인 모순을 안고 있다.

뿐만 아니라, 그의 집권기간 동안 실시된 화폐개혁과 조세제도개혁은 국내외에서 모디 정권의 가장 큰 경제실책으로 손꼽히고 있다. 물론 모디 정부에서는 두 정책 모두 성공했다고 주장하지만, 실제로 인도 여러 지역을 다녀 보면 이 두 정책을 칭찬하는 사람은 찾아보기 어렵다.

경제문제와 더불어 정치문제에서 모디 정권의 핵심 지지기반은 힌두교다. 또한, 모디 수상은 힌두 극우세력인 RSS의 강력한 지지를 받고 있다. 그는 구자라트주 수상으로 재임할 당시 일어난 '구자라트 폭동'에서 힌두우파를 선동해 1,000명이 넘는 무슬림을 학살한 탓에 '일을 열심히 하는 수상'이라는 이미지 이외에 '도살자' 혹은 '파시스트'라는 비판도 동시에 받고 있다.

모디 집권 이후 대통령, 부통령, 수상을 비롯해 선거관리위원장은 물론 심지어 모디가 임명한 대법원장까지 RSS 출신으로 채워지고 있어 이에 대한 인도 지식층의 우려가 높다. 그 결과 그의 집권 1기 동안 힌두 극우세력들은 소수 무슬림 차별, 여성에 대한 박해와 폭행, 언론과 교육의 자유를 침해하는 데 있어 조금도 거리낌이 없었다.

이에 대해 문제를 제기하는 언론인, 판사, 사회운동가, 학생, 연구자 등에 대한 테러도 심심치 않게 자행되어 왔다. 외국인들에 대해서도 겉으로는 환영하며 미소를 짓지만, 내부적으로는 차별문제를 쉽게 해결하지 않고 있다. 그럼에도 불구하고 모디 수상은 재집권에 성공했다.

인도국민당의 승리요인은 바로 모디 수상 자신

2019년 인도의 선거 결과를 정당 관점에서 보면 다음과 같이 평가할 수 있을 것이다.

인도국민당(BJP) 승리에서 가장 크게 공헌한 사람을 꼽으라면 다름 아닌 "모디 수상 그 자신이다."라고 해도 과언이 아니다. 모디 수상은 집권 1기 동안 강력한 경제개발정책으로 매년 7~8% 안팎의 경제성장률을 유지했고, 국제무대에서 적극적으로 목소리를 내며 인도의 위상을 높였다. 특히, 정치안정을 바탕으로 혁명적인 세제개혁으로 불리는 통합간접세, 즉 GST*(Good & Service Tax)와 화폐개혁 그리고 적극적인 해외 투자를 유치해 국내 산업발전을 도모했다.

뿐만 아니라 그동안 인도 경제발전에 큰 걸림돌이 되었던 좀비기업 문제를 해결한 파산법(IBC: Insolvency and Bankruptcy Code)의 도입, 부동산 규제기구(RERA: Real Estate Regulatory Authority)의 설치 등을 추진했다. 이러한 조치는 실시 초기에는 경제의 혼란을 초래했지만, 인도의 밝은 미래를 만들기 위한 통과의례라는 점을 부각하면서 경제 실정에 대한 야당의 반발을 잠재울 수 있었다.

모디 수상이 실시한 개혁은 인도의 비공식 경제를 공식 경제로 바꾸기

---

*GST: 상품에 붙는 16개의 각종 세금을 하나로 일원화하는 것을 골자로 하는 '통합간접세'.

위한 정책이었기에 시행 초기에는 상당한 반발이 있었다. 그럼에도 불구하고 모디 수상이 재집권에 위기로 작용할 수밖에 없었던 개혁법안을 뚝심 있게 밀어붙였던 이유는 기업의 부실채권과 과잉설비 문제 등을 법을 통해 제대로 해결하지 않고서는 인도의 미래를 도저히 설계할 수 없기 때문이었다.

갈수록 심화하는 경제양극화와 농촌빈곤, 반세기 만에 최고 수준을 기록하고 있는 6%대의 실업률, 극우성향을 마다하지 않는 힌두 포퓰리즘 논란 등 악재도 많았다. 이와 관련한 야당의 공세에 맞서 모디 수상은 유권자 중 가장 많은 비중을 차지하는 농민들을 대상으로 "농민들의 소득을 두 배로 올리겠다!"라는 단순하지만 강력한 선거캠페인을 펼치고, 인프라 정비에 100조 루피(약 1,700조 원)를 투자하겠다는 방침을 강조하며 유권자의 이목을 사로잡았다.

지난 2018년 12월 지방 선거에서 인도국민당이 참패를 기록한 바 있어 이번 총선에서는 낙승을 기대하기 힘들다는 언론 전망도 많았으나, 결과는 전혀 달랐다. 특히, 모디 수상의 재선에 파란불을 켜준 것은 영원한 라이벌 파키스탄과의 전쟁위기였다. 2019년 2월 파키스탄과 국경을 마주한 카슈미르주에서 인도보안군에 대한 자살폭탄 테러가 발생했을 때 모디 수상이 '단호한 행동'으로 대응한 것이 지방의회 선거 참패로 재집권마저 불투명했던 여론의 흐름을 극적으로 바꿔놓았던 것이다.

모디 수상은 파키스탄과 전투기를 동원한 공중전까지 불사하며 적극적으로 사태에 개입하여 파키스탄 국경을 넘어 테러단체에 폭격을 가했다. 자칫 전쟁으로 비화할 수도 있었던 이 전투가 끝나고 여론의 향배가 집권여당에 유리하게 돌아가자, 모디 수상은 선거 및 복잡한 국내 현안에도 불구하고 한국에 와서 그간 시상을 보류해 왔던 '서울평화상'을 수상하고 롯데

타워 전망대까지 여유롭게 둘러본 뒤 출국했다.

간디 왕국의 몰락

야당인 인도국민회의당(INC)의 총재 라훌 간디(Rahul Gandhi)는 선거 기간
동안 여동생 프리앙카를 비롯해 어머니 소냐 간디(Sonia Gandhi) 등 간디 집안
전체를 등에 업고 선거에 참여해 모디 수상의 실정을 집요하게 파고들었다.
그러나 유권자의 마음을 돌리기에는 역부족이었다. 제1야당인 인도국민회
의당은 역대 최저 의석수를 기록했던 5년 전 총선(44석)보다는 다소 나아졌
으나, 고작 52석을 얻어 여당을 견제하기에는 턱없이 부족한 의석을 차지하
는 데 그쳤다.

선거기간 내내 야권은 정부가 민주적 절차와 제도를 파괴하고 있다고
비난했다. 마마타 바네르지(Mamata banerjee) 같은 야당 지도자들은 이 문제를
지속적으로 파고들어 유권자를 공략했다. 또한, 인도 경제가 매년 7% 이상
성장을 기록하는 것이 통계를 조작한 결과가 아니냐는 의문을 제기하는 동
시에, 높은 실업 문제 등을 지적하여 지방 선거에서 압승을 거두며 정권교
체의 희망을 기대했다. 그러나 파키스탄과의 위기가 결과적으로 모디 수상
을 구원하게 되었다. 즉, 인도판 북풍이 분 것이다.

유심히 살펴볼 사항은 이번 선거 결과가 독립 이후 그동안 인도 정치에
큰 영향을 미쳐왔던 '간디' 왕국의 역사적 몰락으로 귀결되었다는 사실이다.
특히, 라훌 간디가 그와 그의 할머니 인디라 간디 전 수상, 아버지 라지브 간
디 전 수상, 어머니 소냐 간디 전 총재가 출마해서 항상 이겨 왔던 UP주 아
미티(Amethi) 선거구에서 자리를 내놓게 된 것이 가장 뼈아프다고 할 수 있

다. 이는 곧 더 이상 '간디' 집안의 이름으로는 전통의 인도국민회의당이 존재할 수 없음을 의미한다.

한국에도 순영향을 미칠 인도의 선거 결과

모디 수상이 승리한 인도의 선거 결과는 한국에도 좋은 소식이다. 모디 수상은 과거 구자라트주 수상 시절부터 유권자들에게 자신이 만들고 싶은 나라는 '미국, 유럽 같은 선진국이 아니라 한국과 같은 나라'라고 말해 왔다. 이러한 그의 관심이 정책에 반영되어 그동안에는 인도에서 도착비자를 받을 수 있었던 유일한 국가가 일본뿐이었으나, 2018년부터 한국이 추가되는 등 한국에 호의적인 정책이 지속적으로 실시되었다. 모디 수상 집권 2기에도 이러한 상황이 지속될 것으로 기대된다.

중국을 대신할 새로운 시장 인도, 모디 수상의 재집권을 축하하며 다시 한번 인도로 가는 길이 넓어질 것으로 기대해본다.

015

인도의 정당과 노동조합 그리고 비즈니스

정·관계와 관계를 맺어야 사업이 수월해진다

인도에서 사업하는 사람 입장에서는 노조활동도 신경 쓰이는 분야다. 한국의 민주노총이나 한국노총 같은 많은 노조 관련 단체들은 그간 여러 정당과 서로 협력해 왔다. 하지만 최근 들어 노동조합의 영향력은 점점 약해지는 추세다.

세계의 여느 지역과 마찬가지로 인도에서도 비즈니스를 시작할 때 정치의 영향이 지극히 중요하다. 특히, 수십억 달러 규모의 사업계획이라면 어떤 종류의 정치적 지원이 필수적이다. 기업의 이익을 지키기 위해서뿐만 아니라 필요한 인허가 절차를 시작하기 위해서도 정·관계와 관계를 맺어놔야 한다. 어느 신흥국에서나 그렇듯이 인도에도 사업을 하며 넘어야 할 다수의 장해가 있다. 해결이 쉽지 않은 문제들에 대해서는 정치인들의 도움이 어느 정도 필요하다.

인도에는 여러 정치시스템이 존재한다. 국가 수준과 주(州) 수준에서 수많은 정당들이 존재하는데, 특히 대기업이 중요한 비즈니스를 시작할 때 모든 관계자들의 동의를 얻는 것은 현실적으로 불가능에 가깝다.

2002년 파산한 미국 에너지 대기업 엔론(Enron Corporation)은 인도에서 정치의 영향으로 피해를 본 기업 중 하나다. 1992년 엔론은 인도 정부가 후원하는 기업과 29억 달러 규모의 발전소 프로젝트를 시작했다. 프로젝트가 시작되자 야당은 엔론에 부당하게 유리한 계약이라고 주장하며 1994년 의회 내에서 반(反)엔론 캠페인을 전개했고, 이것이 결론 나지 않는 법적 논쟁으로 번지며 엔론은 결국 프로젝트를 접어야 했다.

이뿐만 아니다. 테스코(Tesco), 월마트(Walmart) 등 글로벌 유통 기업은 인도 소매업자들의 격렬한 반대로 아직까지 인도에 매장을 개설하지 못하고 우리나라의 이마트 트레이더스 같은 도매매장만 편법으로 운영하고 있다. 최근 인도에 문을 연 이케아(IKEA)도 수십억 달러를 인도에 투자하면서도 공급자의 30%를 인도 중소제조업체로 해야 한다는 인도 정부 주장을 받아들인 뒤에야 본격적인 진출이 가능했다.

인도에서 비즈니스에 대한 정치의 영향은 다국적기업뿐만이 아니라 인도 자국기업에도 미친다. 예를 들면, 인도의 대형 자동차업계 1위 기업인 타타그룹은 2008년 당시 서벵갈주에서 정권을 잡고 있던 인도공산당 마르크스주의파(CPI-M)에게서 콜카타 인근 토지를 불하받았다. 주정부는 이 프로젝트를 위해 400에이커의 농지를 수용했고, 자신의 농지를 수용당한 농민들은 격렬하게 항의했다. 야당은 농민을 지지하면서 공장 설립을 강경하게 반대했다.

당시 구자라트주의 수상이었던 나렌드라 모디(현 인도 수상)는 당시 기회를 엿보다가 타타 회장과 담판을 벌여 타타자동차(TataMotors)의 신규 공장을 자신의 주에 유치하는 데 성공했다. 타타그룹은 콜카타주에서 어느 정도 진행했던 사업을 접고 구자라트주로 옮기기로 결정했다. 여기서 알 수 있듯 어느 주의 손실은 다른 주에 있어서 기회가 되기도 한다. 결과적으로 CPI-M은 선거에서 패했고 사업이 진행되지 못한 결과, 주정부를 비롯해 기업 및 농부들도 큰 손해를 보게 되었다.

선거에서 승리해 정권을 잡은 야당은 타타자동차로부터 400에이커(약 1,618,743m²)의 땅을 돌려받았으나 타타자동차는 소송전을 시작했다. 2012년 7월 18일 콜카타 고등법원이 내린 판결은 인도국민회의당이 주도하는 중도좌파연합(AITC)에 큰 타격을 입혔다. 타타자동차에 전 정부가 대여한 토지를 중도좌파연합(AITC)이 되찾은 것은 불법이며 헌법에 위배된다고 판단한 것이다.

정부가 비즈니스에 미치는 좋은 영향의 사례는 구자라트주처럼 투자자에게 호의적인 지역이 어디인가를 찾아보면 쉽다. 인도상공회의소는 과거 10년간 구자라트주가 인도의 다른 어떤 주보다도 투자지로서 높은 가치를 지니고 있다고 발표했다.

모디 수상이 이끄는 구자라트주 정부는 관료주의의 벽을 허물고 부패를 없애며, 기업에 좋은 조건으로 토지를 제공하는 방법 등을 통해 구자라트주를 인도에서 기업이 가장 활동하기 좋은 곳으로 만들었다. 모디는 이런 인기를 기반으로 인도 수상 자리에 오를 수 있었다.

개혁정치, 투자자의 관심을 끌 수 있을까?

1980년대 후반부터 인도에서는 정치인들과 관리들의 부정부패가 심하게 나타났다. 이에 인도 국민들은 새로운 정부에 대한 기대감을 가지고 선거 때마다 집권당을 바꾸는 경향을 보이고 있다. 이 때문에 인도에서는 서벵갈주를 제외하고는 대부분의 주에서 특정 집권당이 지속적으로 정권을 유지하는 경우가 드물었다. 특히, 1990년대부터는 정당에 대한 인도 국민들의 기대가 낮아지면서 연방정부를 구성하는 정당이 바뀌는 경우가 두드러지게 나타나고 있을 뿐만 아니라, 대부분의 정치인들이 부패하고 무능력하다고 판단해 단일 정당에 정부를 구성할 기회를 주지 않고 있다.

결국 인도에서는 부패한 정치문화가 대다수 정당으로 확산되면서 국민들에게 부정부패가 정권을 교체하는 이슈가 되지 못하는 대신, 종교와 카스트에 기반을 둔 분파주의 정치문화가 정치참여에서 중요한 이슈가 되고 있으며 정치적인 혼란이 계속되고 있다.

그러나 최근 모디 정부가 들어서면서 갖가지 개혁정책을 통해 인도를 투자하기 쉬운 국가로 만들기 위해 반부패와 개혁의 기치를 높이 들며 외국인 투자자들을 유치에 힘썼고 현재 좋은 성과를 내고 있다.

016

인도의 교육

한국인만큼 교육열이 높은 인도인들

기업은 곧 인재라는 말이 있다. 그만큼 사람이 중요하다는 이야기다. 따라서 인도를 이해할 때 교육을 이해하는 것은 상당히 중요하다. 뿐만 아니라 인도가 한국과 가장 유사한 점이 바로 교육에 대한 태도다. 교육을 통해서 성공해야 한다는 강박이 어마어마하며, 한국이 가구당 수입의 7%를 교육에 쓴다면 인도는 11%를 쓴다.

인도의 최고 비즈니스 모델 중 하나도 바로 교육이다. 현재 인도의 교육산업은 지난 5년간 연평균 15%의 고성장을 기록하고 있으며, 시장규모는 2018년에는 1,429억 달러였던 것이 2024년에는 대략 3,200억 달러에 이를 것으로 추산된다.

인도 교육의 성장에는 학령인구 증가와 높은 교육열이 배경으로 작용하고 있다. 세계은행에 따르면 2024년 인도의 취학연령 인구는 2억 6,000만 명 이상이 될 것으로 보인다. 현재 인구구조상 유아~청년(3~23세) 인구가 세계에서 가장 많은 국가가 인도다. 또한, 계층상승에 대한 욕구가 큰 인도 국민들에게 계층상승의 꿈을 이뤄줄 수단은 교육이 거의 유일하다.

미래의 자산이 될 교육 인재들

인도에서 사업을 시작할 때 기억해야 할 것은 기업의 최고 자산은 인재라는 것이다. 인도에서 인재를 발굴하고 고용하려면 꼼꼼하게 조사해야 하지만, 그전에 인도의 교육제도와 인도인의 교육열 그리고 교육과 연결된 비즈니스 관점의 가치에 대해 이해해야 한다.

인도 소비자 의식조사에서 교육에 돈을 지불하려는 의향은 다른 소비지출에 대한 지불 의향보다 훨씬 높게 나타난다. 다시 말해 교육 관련 상품에 대한 수요의 소득탄력성은 의료(헬스케어) 수요의 소득탄력성보다 낮다. 수요의 소득탄력성은 소비자의 소득이 변할 때 어느 재화의 수요량이 얼마나 변하는지를 나타내는 지표로 사치재는 1보다 크고, 필수재는 1보다 작다. 2017년 인도 경제 조사결과에 따르면 소득 탄력성이 의료는 1.95, 교육은 0.93으로, 인도 국민들은 교육을 의료보다 더 필수재로 인식했다.

교육은 더 좋은 취업기회를 갖는 최선의 길이기 때문에 인도 중산층은 극단적으로 교육에 올인하고 있다. 중산층뿐만 아니라 가난한 대중에게도 교육은 '빈곤에서 벗어나는 길'이다.

꾸준히 발전해 온 인도의 공교육

인도에서 교육은 꾸준히 발전해 온 분야다. 하지만 교육의 질뿐만이 아니라 교육을 받는 사람의 수도 개선할 필요가 있다. 인도 정부는 2001년부터 학교 교육의 책임을 지자체가 지는 것을 골자로 초등 교육의 완전 무상화를 목표로 하는 '국민 모두를 위한 교육(Sarva Shiksha Abhiyan)'을 기치로 문맹률을 줄이기 위한 노력을 지속해 왔다. 그 결과 2001년에는 약 65%였던 인도의 식자율(국민 중 글을 아는 사람의 비율)은 2011년에는 9% 상승해 74%가 되었고, 2015년도에는 81%(15~24세의 성인 91.7%)로 상승했다. 그러나 세계 평균인 86%에는 아직 미치지 못하고 있다.

2005년에는 2008년까지 3개년 계획에 의거해 국가 지식 위원회(NKC)가 설치되었다. NKC는 인도 수상의 고급 자문기구로서 교육, 과학기술, 농업, 공업, e거버넌스 등 중요 영역을 중심으로 정책을 도출하고 개혁을 지휘하는 역할을 수행해 왔다. 교육 접근을 용이하게 하고 교육 체계를 창조·유지하며 교육을 보급해 교육 서비스의 향상을 도모하는 것이 위원회의 중심 과제다.

이에 따라 2009년에 「교육 권리법」이 시행되었다. 이 법에 따르면 인도 국민은 모두 교육받을 기본적인 권리를 가지며 6세부터 13세의 아동은 반드시 교육을 받아야 한다.

인도 인적자원개발부에 따르면 의무교육 대상 나이인 6~13세 인구는 2019년 기준 2억 500만 명이 넘는다. 2015년 실시된 인도 정부 공식조사에 따르면 의무교육인 초등학교를 마친 인원은 거의 100%에 달한다. 그러나 그 이후에는 퇴학자가 많아, 우리나라의 고등학교에 해당하는 상급 중등학교 진학률은 54.2%까지 떨어진다.

인도에는 약 138만 개의 학교가 있으며 공립 학교, 정부 지원 학교, 사립 학교로 운영된다. 사립학교는 약 12만 개 정도다. 공립학교에서는 주로 힌디어로 수업이 진행되고 각 지역에서는 수업시간에 지역별로 지정된 공용어를 사용한다.

일반적으로 공립학교는 교육수준이 높지 않고 만성적인 교사부족에 시달리고 있다. 정부 지원 학교는 민간에서 운영하지만 정부의 재정지원을 받는 학교다. 대부분의 경영자가 학교의 설비나 교육의 질을 고려하지 않기 때문에 교육의 질에 문제가 많다.

사립학교는 경영자들이 운영하며 정부는 학교의 교육 방법에 관여하지 않는다. 학비가 고액인 경우가 많아서 보다 좋은 설비나 교육 환경이 제공된다. 도시 지역을 중심으로 중산층 자녀들은 사립학교에 다니는 것이 일반적이다. 수업은 대부분 영어로 진행되고 수업료는 한 달에 1,000~3만 루피 (약 1만 6,000~48만 원) 정도로 다양하다.

최근에는 국제인의 능력을 길러준다는 국제학교가 증가하고 있다. 국제학교는 외국어 수업이나 수영장 등 현대적 시스템과 설비를 갖추고 있다. 수업료뿐만 아니라 입학에도 고액의 비용이 들지만 높은 수준의 교육에 대한 수요가 많아 국제학교 진학률은 꾸준히 늘고 있다. 2018년 기준 708개 학교에 37만 3,000명이 국제학교에 다니는 것으로 나타났다. 국제학교에 다니는 학생 중 63.4%는 인도인, 5.2%는 미국인, 1.8%는 한국인이다. 인도 국제학교의 연간 학비는 평균적으로 3,293달러(2019년 기준)로 아시아에서 가장 저렴한 학비를 자랑하고 있다.

한편, 취학 전 교육산업도 주목 받고 있다. 인도에는 중앙정부 주도의 공립유치원은 없지만 사립유치원은 빠르게 늘고 있다. 인도 정부기관인 인도 브랜드 자산 재단(IBEF)에 따르면, 유치원 산업규모는 2015년 21억 달러에서 2019년 34억 달러로 크게 증가했다. 특히, 키드지(Kidzee)와 유로키즈(Eurokids) 등 민간기업이 프랜차이즈 형태로 사업을 확대하고 있다. 키드지는 네팔을 포함한 550개 도시, 1,800여 곳에서 유치원을 운영하고 있으며, 50여만 명의 유아가 재원 중이다. 유로키즈는 출판사에서 시작해 2001년부터 현재까지 약 1,000여 개의 유치원 프랜차이즈를 운영하고 있다. 인도의 유치원 취학률은 전체 대상 인구의 2% 정도여서 향후 시장 전망이 매우 밝다.

한국은 초등학교가 6년, 중·고등학교 각각 3년이지만, 인도에서는 일반적으로 초등교육(Primary School) 5년, 상급초등교육(Upper Primary School) 3년, 중등교육 2년까지 10학년을 마친 시점에 전국공통시험에 합격하면 2년간 상급중등교육(한국의 고등학교에 해당)을 받을 수 있다. 그 후 우리나라의 수능과 유사한 전국공통시험을 치르고 대학 진학이나 취업에 나선다.

인도의 고등교육은 국가의 강력한 규제 속에 운영된다. 전인도기술교육심의회(AICTE)는 엔지니어링, 테크놀로지, 건축학, 도시계획, 경영학, 약학, 응용 공예 미술, 호텔 경영학, 케이터링 기술 등의 연수 및 연구를 포함해 다양한 레벨의 전문 교육 프로그램을 규제하는 인도의 최고 국가기관이다. 그리고 인도의료평의회(MCI)는 높은 수준의 의료교육 확립과 유지 및 의료인 자격 인정에 책임을 지는 국가기관이다.

2019년 기준 인도에는 900여 개의 대학이 존재한다. 국립대학교 48개, 준대학 180개, 주립대학교 399개, 사립대학교 334개 등이다. 여기에는 인도 명문인 인도경영대학원(IIM) 20개, 인도공과대학(IIT, 인도광업대학 포함) 23개, 국립공과대학(NIT) 31개 등도 포함된다. 이 밖에 인문과학, 경영학, 법학의 학위를 수여하는 약 4만 개의 단과대학과 1만 1,000여 개 학교(Institution), 542개의 의과대학 및 5,500개의 MBA 학교가 있다.

인도의 수험생은 한국의 수험생 이상으로 엄청난 공부 스트레스에 시달린다. 인도의 부모 대부분은 아이가 12세가 되자마자 진학 계획을 세우고 아이에게 수험 대책 수업을 받게 한다. 특히, 대학에는 카스트에 근거한 쿼터가 있어서 고등교육의 한정된 자리를 두고 치열한 경쟁이 벌어진다. 정규 학교 수업 외에 매일 5, 6시간씩 과외 수업을 받는 등 11~12학년 아이들은 한국의 고3 이상으로 수업 부담을 가진다.

대학 입학은 대부분 교육위원회에서 실시하는 시험과 대학이 실시하는 입학시험에 의해서 결정되기 때문에 시험 시즌에 학생과 그 가족은 혹독한 시련의 시기를 보내게 된다. 시험에 대한 스트레스로 인해 매년 1만 명 이상의 수험생이 안타깝게도 자살을 선택한다. 또, 당뇨병 치료로 유명한 병원에는 시험 시즌에 따라 스트레스가 높아지고 혈당, 혈압이 상승하는 학부모 환자가 급증한다.

부모에게 가장 일반적인 희망 사항은 아이를 공대나 의대에 보내는 것이다. 인도공과대학(IIT) 및 전인도의과대학(ALMS)을 졸업하면 미래가 보장되기 때문에 입학을 희망하는 사람이 많다. 인도의 명문대는 한국의 명문대와 차원이 다르다. 엄청난 학벌 사회인 인도에서 직원이 명문대 출신일 경우 그들의 네트워크를 잘 활용하는 것도 한 방법이다. 이것이 인도인들이 거국적으로 고등교육에 주력하는 이유다.

2019년에는 120만 명의 학생이 인도 각지에 있는 인도공과대학(IIT)에 지원해 이 중 약 1%인 1.3만 명이 입학에 성공했다. IIT는 정부의 출자로 운영되지만 독립된 경영이 보장된다. IIT는 테크놀로지 분야의 브랜드 대학으로 세계적으로 유명하며, IIT 졸업생들은 인도 및 세계 유명한 기업체나 기관에서 활발히 활동 중이다. 미국의 구글이나 마이크로소프트 등 대기업에서 CEO나 CTO(최고 기술 경영자)로 일하는 사람이 많다.

인도경영대학원(IIM)의 경우 매년 25만 명 이상이 공통입학시험(CAT)에 응시해, 2,600명(1%)에 해당되는 학생만이 입학의 기회를 얻는다.

경쟁률이 워낙 치열하다 보니 인도 학생의 부모가 만일 경제력이 있다면 자녀의 실력을 고려할 때 인도공과대학(IIT)보다는 미국의 매사추세츠공과대학교(MIT), 인도경영대학원(IIM)보다는 미국 와튼스쿨에 입학시키는 것이 더 쉬울 수 있다. 오늘날 많은 IIM 졸업생들이 인도 각지에서 기업의 리더가 되고 해외 여러 나라에서 CEO로 활약하고 있다.

매년 인도에서는 350만 명의 공대 졸업생 중 85만 명이 공대대학원을 졸업하고, 3만 558명의 의사를 배출한다.

오늘날에는 전 세계 대학이 인도에 학교를 개설하고 싶어 한다. IIT 및 IIM, 그 외 전인도의과대학(AIMS), 인도통계대학(ISI), 국립공과대학(NIT), 비를라공과대학(BITS), 타타기술연구소(TIFR), 인도상과대학원(ISB) 등 일류 학교는 양질의 교육으로 정평이 나 있다.

인도 은행은 국내 및 해외의 대학에서 배우고 싶어 하는 학생을 대상으로 교육대출 프로그램을 제공하며, 많은 보험사들이 우리나라에서 지금은 사라진 교육보험을 취급하고 있다.

2010년 20만 명에서 2019년 약 30만 명의 인도인 학생이 해외로 유학을 떠났다. 해외 유학을 원하는 학생의 유학지는 미국이 부동의 1위인 48%를 차지하고 있으며 호주 15%, 캐나다 7%, 영국 6%, 기타 다른 국가 27% 순으로 나타났다.

인도 유학생이 중국이나 한국 등 유학생들과 다른 점은 대학보다는 대학원에 진학하는 비율이 압도적으로 많고, 이공계 진학자 비율이 높다는 것이다. 최근에는 영국에 대한 선호도가 급격히 떨어져 중국, 말레이시아, 싱가포르, 필리핀, 독일, 아일랜드, 핀란드, 노르웨이, 스웨덴, 체코 공화국, 모리셔스, 프랑스 등의 대학으로 진학하는 학생들도 많아졌다. 참고로 2019년 기준 한국에서 공부하는 인도인 학생 수는 1,131명(대학 161명, 대학원 245명, 박사 575명 등)이었다.

세계 경제 4위,
인도를
말하다

017

인구가 곧 시장이다

중국을 제치고 세계 1위 인구국가가 될 인도

유엔경제사회국(UN DESA)은 2017년에 발표한 보고서에서 2017년 말 기준으로 인도의 인구를 13억 3,900만 명으로 추산했다. 이는 전 세계 인구의 18%에 해당하는 어마어마한 숫자다. 또 하나의 인구대국 중국의 인구는 14억 1,000만 명(전 세계 인구의 19%)이지만, 2024년에는 인도의 인구가 14억 4,000만 명에 달할 것으로 예상되어 중국을 제치고 세계 정상에 오를 것으로 보인다. 2050년 인도의 예상 인구는 16억 6,000만 명, 중국은 13억 6,000만 명으로 양국 인구만으로도 세계 인구의 약 30%를 차지할 것으로 예상된다. 향후 경제발전과 소비시장의 관점에서 볼 때 인구수뿐만 아니라 소비를 주도하는 젊은 층의 인구비율이 높은 것도 인도가 매우 유망한 시장인 이유 중 하나다. 현재 인도의 중위 연령(Median age)은 27세, 생산가능 인구는 8억 5,000만 명이다. 참고로 우리나라의 생산가능 인구는 2019년 기준 3,735만 명이다.

인도가 인구 중 15~64세까지 생산연령 비율이 상승하는 인구 보너스*

---

*인구 보너스 혜택: 인구가 늘고, 소비가 늘고, 경제가 성장하는 선순환 구조.

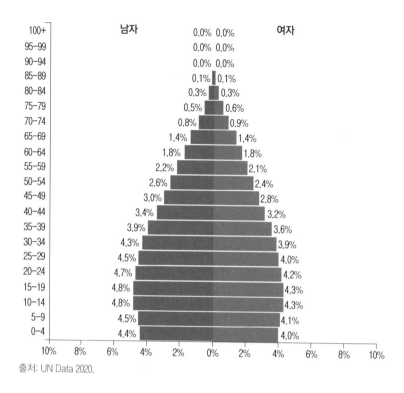

	남자	0.0%	0.0%	여자	
100+

출처: UN Data 2020.

의 혜택을 2045년경까지 받는다고 보면, 이는 그 시기까지 세계경제에 활력
소로 작용할 것으로 전망된다.

인도 경제를 말하다

2001년 글로벌 투자은행 골드만삭스(Goldman Sachs)가 언급한 신흥시장
'브릭스(Brics)'에 인도가 포함된 주요 이유는 13억 인구가 갖는 시장 잠재력
때문이었다. 이때만 해도 그저 단순히 인도의 시장 잠재력에 의한 판단이었
으나, 인도의 진가는 2008년 미국발 글로벌 금융위기 속에서 빛난 성장 잠

재력과 시장가치에서 드러났다.

하지만 시장 개방 이후 급격한 성장을 보인 중국과 달리, 인도는 시장을 개방한 지 30여 년이 지나도록 인도 경제의 고질적 문제인 취약한 제조기반, 빈약한 정부의 재정 능력, 효율적 자원 배분을 방해하는 정치의 비효율성을 여전히 고치지 못하고 있다. 특히, 비슷한 경제규모의 다른 국가들과 확연히 차이가 나는 제조 기반의 취약성은 인도 경제성장에 가장 큰 걸림돌로 작용하고 있다.

2014년 모디 수상의 집권은 인도 경제의 내부적 모순 해결과 불확실성을 제거하는 계기가 되었다. 모디 정부는 고성장 정책을 추진하는 한편 부패 척결과 비즈니스 환경 개선에 주력하고 있다.

IMF가 2019년 발표한 최신 자료에 따르면 2018년 인도의 경제성장률은 7.1%로 중국, 러시아 등 신흥시장 28개 국가 중 최고 수준이며 2020년에는 7.0%, 2021~2024년에는 평균 7.3%의 성장이 예상된다. 최근 인도의 높은 경제성장률은 인도를 21세기 세계경제의 주역으로 이끌고 있다.

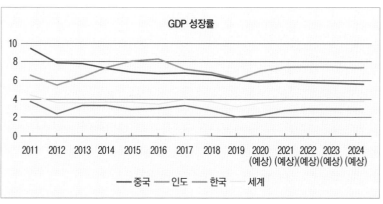

자료: 국제통화기금(IMF).

많은 노동력과 인적자원 및 천연자원을 가진 경제대국 인도의 경제규모는 현재 세계 5위 정도다. 우리나라의 경제는 1988년 서울올림픽 시점을 전후로 성장했다. 이후 우리나라의 경제가 크게 성장해 온 2000년대 중반까지 살펴보면 이 당시만 해도 인도의 경제규모가 우리나라보다 작았다.

2015년 인도 〈포브스(Forbes)〉지는 한국 특집 기사에서 1990년 한국과 같았던 인도의 GDP 규모가 2010년까지 더욱더 벌어진 이유에 대해서 분석했는데, 결과적으로 한국의 경제 발전 모델을 본받자는 내용이었다.

한국전쟁 당시 한국에 대한 원조에 나설 정도였던 인도는 왜 발전이 더뎠을까? 독립 이후 집권한 인도국민회의당 정부의 경제정책 실패가 그 원인이었다. 인도는 1950년대에 기계, 광업, 통신, 보험, 전력생산 등 주요 산업을 국유화하는 등 사회주의적인 경제정책을 시행했다. 당시 5%대 경제성장은 무난히 달성했지만, 연 2~3%대에 달하는 인구증가율을 보였던 다른 국가들이 고속 성장한 것과 비교하면 무척 더딘 편이었다. 또한, 중앙정부의 통제력이 약해서 사회기반시설을 제대로 구축하지 못했다.

그럭저럭 성장했던 인도 경제는 1960년대에 인구증가율 정도의 성장률을 보이며 계속 제자리걸음을 걸었고, 이로 인해 인도는 국가발전을 다질 수 있었던 기회를 놓치고 경제 위기로 빠져들었다. 이를 극복하고자 인도 정부는 1970년대에 들어서면서부터 사회주의 경제 정책 중 일부, 예를 들어 가격통제를 푸는 등 규제를 조금씩 완화하기 시작했고, 1990년대 초 외환보유고 부족으로 IMF 구제금융을 받은 후에야 본격적으로 경제 자유화를 추진했다. 1998년에는 선진국들의 격렬한 반대에도 핵실험을 강행한 결과 국제사회가 경제제재에 나서자 경제성장에 대한 인도의 희망은 또 한 번 꺾이고 말았다.

하지만 이러한 상황 속에서도 2009년 전체 구매력 평가지수(PPP)*에서 인도는 일본을 추월했고, 2018년 기준으로 인도는 PPP 환산 GDP 순위에서 일본을 거의 2배 차로 따돌리며 세계 3위로 성장했다. 그리고 명목 GDP 순서에서도 세계 5위로 올라섰다. 하지만 1인당 GDP는 1,718달러(2016년 기준)로 여전히 낮은 수준이다.

인도의 모순적인 경제구조

인도의 경제구조를 살펴보면 상당히 모순적이다. 경제가 발전할 때는 원료 생산인 1차산업에서 제조산업인 2차산업 그리고 서비스 분야인 3차산업으로 넘어가는 게 정상인데, 인도는 특이하게도 1차산업(17%)에서 급격히 3차산업(57%)으로 넘어갔다. 인도의 가장 심각한 문제는 바로 이런 왜곡된 산업구조다.

인도는 세계 제2위의 농업 생산국으로, 노동력의 59%가 1차 산업에 종사하고 있다. 2차 산업은 인도 고용의 17%를 담당한다. 하지만 노동자의 3분의 1이 간단한 수공업에 종사한다. 인도 정부가 최근 벌이고 있는 '메이크 인 인디아(Make in India)' 정책은 2차 산업 비중을 늘려 고용을 늘리겠다는 의지를 대변한다. 그래야만 제조업을 기반으로 경제를 성장시킬 수 있고 실업률도 해결할 수 있기 때문이다. 인도의 서비스업은 연 평균 7.5% 성장하고 있고, 그 결과 GDP 구성비가 50%를 넘어서는 기형적인 모습을 보이고 있다.

정보통신 기술, IT서비스 아웃소싱 등의 사업은 빠르게 성장하며 GDP

---

* **구매력 평가지수**(PPP: Purchasing-Power Parity): 소득의 구매력을 나타내는 지수.

구성비의 3분의 1을 차지하게 되었다. 이러한 IT 부문의 성장은 저임금이지만 영어를 유창하게 하는 고도로 숙련된 노동자들이 많은 데 기인한다.

신남방정책과 인도의 매력

최근 우리 정부는 신남방정책을 야심차게 펼치고 있다. 이는 2018년부터 정부가 본격적으로 추진한 주요 외교 및 경제정책으로, 인도를 비롯해 아세안 10개국과의 협력을 높이기 위한 정책이다. 경제나 정치 관점에서 중국과 일본 등 몇 나라에 의지하는 전략만으로는 위험하다는 판단과 최대 교역국인 중국을 대체하기 위한 전략이 필요하다는 현실적인 상황인식에서 나왔다.

그렇다면 신남방정책의 핵심 국가인 인도는 어떤 매력을 지녔을까? 매년 중국을 상회하는 높은 경제성장률도 매력적이지만, 13억이 넘는 큰 시장과 인구의 60%가 18~35세 미만의 젊은 층으로 구성되어 경제활동 인구 비율이 높은 만큼 향후 경제성장이 지속적일 것으로 기대되는 것도 매력적이다.

모디 수상이 한·인도 비즈니스 심포지엄에서 "인도의 경제기반은 매우 탄탄하다. 인도의 경제규모는 곧 5조 달러에 도달할 것"이라고 공언한 것도 바로 이러한 인구가 경제성장을 견인할 것이라는 믿음이 깔려 있기 때문이다.

이를 뒷받침하듯 인도 경제성장의 바로미터를 확인할 수 있는 것이 있는데 바로 스타트업 기업들의 활동이다. 인도 내 공식적으로 확인된 스타트업 기업 수는 약 1만 개로, 미국과 영국에 이어 세계 3위 수준이다. 또한, 유니콘 기업으로 부르는 기업가치 10억 달러 이상인 스타트업 기업의 경우 전 세계 233개 중 10개가 인도 기업이다.

전자상거래 기업 플립카트(Flipkart), 모바일결제기업 페이티엠(Paytm), 차량 공유기업 올라(OLA) 등에서 엿볼 수 있듯이 인도 스타트업 기업은 클라우드(Cloud), 사물인터넷(IoT), 빅데이터 등 IT 기술 관련 분야에서 특히 두각을 나타내고 있다. 4차 산업혁명의 물결이 일고 있는 이 시기에 인도가 주목받는 이유는 우연이 아닌 것이다.

이러한 인도 스타트업 기업의 성장은 모디 정부의 '스타트업 인디아(StartUp India)' 정책에 기반을 두고 있다. 이에 따라 인도의 스타트업 기업들은 회사 설립 후 최초 7년 중 3년간 소득세 및 세무조사를 면제받으며, 스타트업에 투자하는 수익에 대해서도 3년간 면제를 받는다. 또한, '스타트업 인디아 허브' 포털을 통해 정책 지원과 창업 관련 문제 해결, 투자 연결 등 맞춤 서비스를 지원받을 수 있다.

018

인도 관점에서 읽는 한국 경제

한국을 경제 롤모델로 삼고 있는 인도

글로벌 주요 경제국으로 이름을 올리고 있는 인도가 보는 한국 경제는 어떨까? 인도에서는 다른 아시아 국가들에 비해 한국 경제를 자신들이 가야 할 길로 이야기하는 모습을 많이 볼 수 있다. 그 이유는 한국이 다른 아시아 국가들과 달리 무(無)에서 시작해서 경제 선진국으로 진출한 유일한 사례이기 때문이다. 그렇다면 인도 경제주체들이 한국에 주목하는 이유는 무엇일까?

우선, 인도가 사회주의 경제를 자본주의 경제로 전환했을 때인 1990년을 기점으로 봤을 때 인구 규모만 서로 달랐지 GDP가 거의 비슷했다는 점(3,000억 달러), 두 나라가 공통적으로 극심한 가난을 경험했다는 역사적 사실, 북한과 파키스탄 등과 같은 호전적인 이웃이 있다는 점, 1980년대 후반부터 경제가 본격적으로 발전하고 있다는 점, 특히 민간 부문에서 대기업의 지배가 크다는 점, 경제 전반에 부패가 만연하고 지대추구* 성향을 가졌다는 사실 등에 인도 경제주체들은 큰 관심을 보였다. 이들은 한국이 이를 어떻게

***지대추구**(Rent Seeking): 공급량이 제한된 재화나 서비스를 독과점하는 방식으로 쉽게 이익을 얻으려고 함.

해결해 선진국으로 올라섰는지, 왜 동일한 출발선상에 섰으나 한국과 점점 격차가 크게 벌어지고 있는지에 대한 원인을 찾고 개선을 추구하고 있다.

특히, 인도 지식인들은 북한과의 군사적 긴장 및 막대한 국방비 지출, 사회 각 부문에 만연한 부패, 국민 건강을 위협하는 각종 전염성 질환 및 1997년에 닥친 금융위기 등 열악한 조건 속에서도 한국이 비약적으로 경제를 일으킨 점을 상당히 흥미로운 요소로 바라보고 있다.

모디 정부가 재집권에 성공한 이후 가장 공격받는 것은 제조업 혁신을 내세워 집권에 성공했지만, 1인당 상품 소비와 수입은 5년간 두 배로 증가 했음에도 불구하고 정작 인도 자체의 제조와 수출이 2011년 수준에서 크게 늘어나지 않았다는 점이다. 이를 해결하려면 인프라 투자부터 시작해 체계적인 개선과 이를 통한 제조업 발전이 필요하지만 문제는 그게 쉽지 않다는 데 있다. 즉, '메이크 인 인디아(Make in India)' 정책에서 유일하게 수혜를 입은 것이 캠페인을 홍보한 '광고'업계뿐이라는 언론의 조롱이 새삼스럽지 않다.

현재 인도가 안고 있는 고민은 자동차를 살 능력이 되는 소득 수준 상위 20%만으로는 인도 경제를 성장시키는 데 한계가 있다는 사실이다. 그러나 인도 정부 관료들과 정치인들을 통해 흘러나오는 이야기를 직접 확인한 결과는 의외로 긍정적이다. 이는 역설적으로 '모디 정부'가 가진 정치적 자신감을 역대 어느 정부도 가지지 못했다는 사실에 기인한다. 모디 정부는 역대 가장 높은 지지율, 특히 젊은 지지층의 지지율과 힌두극단주의 종교단체의 지원으로 어느 때보다 강력한 자신감을 갖추고 있다.

인도에는 위기가 닥쳐야 개혁한다는 말이 있다. 정부와 민간에서는 지금을 위기로 보고 있다. 따라서 지난 1990년 이후 다시 한번 강력한 개혁 조치를 취할 것으로 기대된다. 인도 정부가 이렇듯 한국 경제에 인도가 큰 관심을 보이는 것은 자신들이 해결할 숙제를 한국이 이미 마쳤기 때문이다.

인도 경제가 성장하면서 인도에 대한 외국인들의 투자도 늘고 있다. 다만, 한국만 2018년에는 10.1억 달러였던 인도 투자액이 2019년에는 7,000만 달러로 급격히 줄었다.

교역량은 2019년 수출 151억 달러, 수입 55억 6,000만 달러를 기록했으며 95억달러 규모의 무역흑자를 기록하고 있다. 한국수출입은행 기준 2019년 연말까지 누적기준 한국 법인 수는 1,165개에 달하며 제조업 비중이 절반을 넘는다. 제조업 분야 중 43%는 자동차 분야에 쏠려 있다. 하지만 최근 사물인터넷(IoT), 인공지능(AI), 빅데이터, 소프트웨어 분야 등에서 인도와의 교류가 늘어나고 있다.

인도-한국 업종별 투자 상황

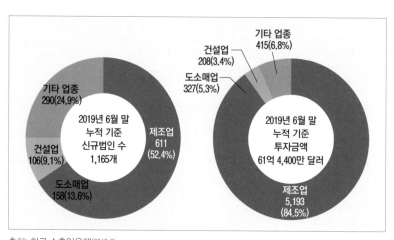

출처: 한국 수출입은행(2019.6)

━━━━━━━━━ **019** ━━━━━━━━━

기형적 산업구조의
인도 경제

국가 주도하에 발전해 온 인도 경제

영국으로부터 독립한 1945년 이래 서방국가에 비해 근대화 속도가 뒤처진 탓에, 인도의 경제규모는 경제개방이 본격화된 1990년대부터 2000년대 중반까지 우리나라보다 작았다. 독립 이후 수십 년간 정권을 잡은 인도국민회의는 사회주의적인 경제 정책을 시도했다. 인도 초대 정부인 네루 정부는 1947년 영국으로부터 독립한 이후 소련의 사회주의와 영국 민주주의를 혼용한 민주사회주의를 정치모델로 삼아 경제발전을 추구했다. 이러한 네루식 민주사회주의체제 아래에서는 민간 경제보다는 공공 경제를 우선시하는 정책을 펼칠 수밖에 없었다.

1951년 시행된 산업허가제(License Raj)는 민주사회주의적인 특색이 잘 드러난 산업정책이다. 인도 정부는 산업허가제를 통해 강력한 인허가권을 행사했고, 기업이 정부의 지침을 따르지 않는 경우에는 해당 기업 재산 몰수도 가능했다. 뿐만 아니라 산업허가제를 통해 정부는 재화의 가격과 생산방법, 생산량, 유통망까지 결정할 수 있었다. 이러한 산업허가제는 정부 주도로 국가경제발전을 추진하는 과정에서 부정부패, 관료주의로 인해 제조업 발전을 크게 저해하는 요인이 되었다.

이에 따라 인도는 1950년대에 기계, 광업, 통신, 보험, 전력생산 등의 주요 사업부문을 국유화했다. 덕분에 당시 5%대가량 경제성장을 이루었고 식량부족 문제도 해결되긴 했으나, 연 2~3%대에 달하는 인구증가율을 고려할 때 경제성장은 더딘 편이었다. 뿐만 아니라 경제정책을 주도하는 중앙정부의 통제력 또한 강하지 못해 국가 주도의 인프라나 경제성장을 위한 사회적 여건 형성이 성숙하지 않았다.

인도의 경제성장에 결정적 장애가 되었던 1960년대에는 전반적으로 경제성장률이 부진했다. 1950년대에 비해 1960년대에는 인구증가율을 겨우 웃도는 수준의 성장률을 보였다. 이에 인도 정부는 1970년대 들어서 일부나마 가격통제를 푸는 등 자유주의 경제 도입을 부분적으로 시도했고, 1990년대 초 외환보유고 부족으로 IMF의 구제금융을 받은 뒤부터 본격적인 경제자유화를 추진했다.

20세기 후반(1950~2000년) 인도의 성장률은 서구에 비해 결코 낮은 편은 아니었다. 그렇지만 제2차 세계대전 이후 경제가 급속도로 성장한 동아시아의 네 국가에 해당하는 한국, 홍콩, 싱가포르, 타이완 등과 비교하면 결코 빠르지도 않았다. 그리고 1990년대에는 1991년에 닥친 외환위기와 1998년 핵실험 강행으로 인한 국제사회 경제제재가 경제성장 부진에 큰 역할을 했다.

한편, 인도의 경제성장이 지속될 것이라는 긍정적 전망은 인구 기반의 성장과 시장성에 기반하지만 사실 인도 경제구조를 좀 더 자세히 살펴보면 회의적인 시각도 존재한다.

기형적인 산업구조

인도 경제에서 노동력을 지닌 인구의 3분의 2는 직접 또는 간접적으로 1차 산업인 농업에 생계를 맡기고 있으며, 3차 산업인 서비스업은 빠르게 성장하고 있는 부문으로서 인도 경제에서 중요한 역할을 담당하고 있다.

▲ 인도 농업에는 전통과 현대가 공존하며, 전통적 농업은 낮은 생산성을 보이고 있다.

4차 산업혁명 시대의 도래와 인도인의 유창한 영어 구사력은 IT 서비스 및 글로벌 아웃소싱의 중요한 백오피스가 되고 있다. 인도는 소프트웨어와 금융 서비스에서 고급 전문 인력을 다수 배출하는 주요 국가다. 또 최근에는 제조업, 제약, 생명 공학, 나노 기술, 통신, 조선, 항공, 관광, 유통업에서 높은 성장률을 기록하고 있지만, 전반적인 경제성장은 만족할 만한 것은 아니다.

인도 경제의 아이러니는 산업구조와 그 변화를 통해서도 확인할 수 있

▲ 인도 타밀나두주 커피 농장. 인도는 세계적인 커피 생산국가다. 2019년 기준 세계 7위의 커피 생산국이며 대부분 수출한다.

다. 셋째 마당에서도 언급했듯이, 일반적인 나라에서 경제가 발전할 때는 원료 생산인 1차산업에서 제조산업인 2차산업 그리고 서비스 분야인 3차산업으로 넘어가는 게 정상이다. 하지만 인도는 특이하게도 1차산업에서 급격히 3차산업으로 넘어갔다.

인도 정부는 제조업 발전을 위해 1991년 산업허가제를 폐지하며 자유주의 경제로 전환을 시도했지만 본격적인 시장경제로의 전환은 2000년대 이후부터 이루어졌다. 인도 정부는 2006년 「영세·중소기업 육성법(MSMED: Micro, Small and Medium Enterprises Development Act)」을 제정했다. MSMED는 중앙정부가 고용자(근로자), 기업가, 경영진의 기술개발(교육)을 강화하고 기술향상 및 마케팅 지원, 인프라 시설 지원, 클러스터 개발로 영세 및 중소기업을 육성하고자 하는 정책을 지원하기 위한 법이다.

하지만 제조업 발전을 위한 인도 정부의 이런 노력에도 불구하고 제조업이 경제에서 차지하는 비중은 2018년 16.4%에서 2019년 15.4%로 오히려 하락세를 면치 못했다. 1990년대 이후 인도 정부의 각종 제조업 육성 정책에도 불구하고 총 GDP에서 제조업 비중이 감소한 것은 탈산업화(Deindustrialization) 과정에서 제조업보다 생산성이 높은 서비스업으로 노동력이 자연스럽게 이동했기 때문이다.

탈산업화는 산업구조가 제조업 기반으로 변화하기 전 서비스업 위주로 전환되는 형태를 의미한다. 주로 개발도상국가들에서 관료주의 만연, 대기업 산업집중화 등으로 제조업 생산성이 서비스업 생산성을 밑돌면서 유휴 노동력이 서비스업으로 흡수되어 경제의 성장잠재력이 약화되는 현상을 말한다. 1990년대 인도 경제에서 서비스업 비중은 약 40%였으나 2011년에는 49%로 상승했다

2019년 통계를 살펴보면 인도의 GDP 기준 산업 구조는 농업(13.9%), 산업 (28.4%), 서비스업(57.8%)으로 구성되어 있다. 이 중에서 인도 제조업이 GDP에서 차지하는 비중(15.4%)은 세계 평균과 동일하나 한국 27.8%, 중국 29.4%(2020년 GDP 대비 제조업 비중)보다 낮다. 심지어 아세안 중 태국 27.6%, 말레이시아 22.7%, 인도네시아 21.7%, 미얀마 20.8%, 싱가포르 19.5%보다도 낮은 수준이다.

산업별 구성 인구비율을 살펴보면 농업 59%, 제조업 20%, 서비스업 31%로, 농업의 실질 부가가치 비중은 1960년 50%에서 2019년에는 13.9로 크게 감소했으나, 취업자 비중은 59% 정도를 유지하고 있다. 이것은 농업의 생산성마저 상당히 낮음을 보여준다.

결과적으로 농업분야는 앞으로 늘어날 젊은이들을 품기에는 한계가 있다. 따라서 실업 문제에 대한 대책을 마련하는 것에 인도 집권세력 정권 유

지의 사활이 걸렸다고 할 수 있으며, 실업 문제의 핵심이 바로 제조업 육성에 있다고 해도 과언이 아니다.

인도의 산업구조

(단위: %)

분야		2010~2014년	2015	2016	2017	2018	2019
농업		18.3	17.7	17.9	17.1	16.1	13.9
산업	광업	3.2	2.4	2.4	2.5	2.4	2.1
	제조업	**17.5**	**16.8**	**16.8**	**16.7**	**16.4**	**15.4**
	유틸리티	2.4	2.7	2.6	2.6	2.8	2.9
	건설	9.2	7.9	7.4	7.4	8	8
서비스업		49.4	52.5	52.8	53.9	54.3	57.8

자료: 국제통화기금(IMF).

2020년 주요국가 GDP 대비 제조업 비중

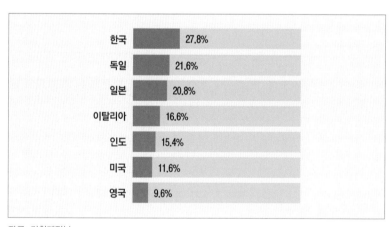

자료: 기획재정부.

020

메이크 인 인디아

낙후된 인도의 제조업을 살리자!

'메이크 인 인디아(Make in India)'는 이처럼 낙후된 인도의 제조업을 육성하고자, 모디 정부가 출범한 이후 핵심적으로 실시 중인 경제정책이다.

'메이크 인 인디아' 목표

- 2차 산업 비중: 2014년(15%) → 2022년(25%) 10%P 증가
- 일자리 창출: 매년 신규 1,300만 개(총 1억 개)

4대 핵심 개혁	새로운 업무 프로세스	새로운 인프라 건설	새로운 분야 개혁·개방	새로운 사고
세부 사항	• 기업 비즈니스 환경 개선(Easy of doing Biz) • 기업가 정신 함양	• 산업회랑 개발 • 스마트시티 100개 • 고속 인터넷 • 통합 물류 시스템	• 국방, 의료, 철도 등 개방 가속화 (해외투자 확대) • 25개 집중 육성 업종 선정	• 촉진자로서 정부 역할 규정(규제자 → 촉진자) • 기업/산업 파트너십 형성
의회	세제, 토지, 노동 등 경제 개혁 입법 강화			

출처: 인도 정부 발표 자료.

'메이크 인 인디아'는 2014년 집권한 모디 정부의 경제발전 정책인 모디노믹스(Modinomics) 중 하나다. 모디노믹스는 정부의 규제를 최소화하고 정책적, 제도적 효율성을 극대화해 서비스업 비중을 낮추고, 제조업 비중을 높여 인도를 공업국으로 탈바꿈시키는 데 목적이 있다.

주요 내용으로는 '메이크 인 인디아(Make in India)', '스마트 시티(Smart City)', '디지털 인디아(Digital India)'가 있다. '메이크 인 인디아'는 제조업 육성을 통해 일자리를 창출하고, 외국 제조업체를 유치해 기술과 자본을 확보해 인도를 세계적인 수출기지로 육성하는 것을 목표로 한다. 구체적으로는, '메이크 인 인디아'를 통해 연간 12~13%의 제조업 성장률을 달성하고, 2019년 GDP 기준 15.4%인 제조업 비중을 2022년에는 25%까지 확대하여 1억 개의 신규 일자리를 창출하는 것을 목표로 한다.

모디 정부는 제조업을 육성하기 위해 전체 제조업을 노동집약적 산업, 자본재 산업, 전략 산업, 경쟁력 보유 산업 등 4개 부문으로 나누고, 주력 업종 25개를 선정해 집중적으로 지원하고 있다. 여기에는 산업 발전을 위해 필요한 인프라 분야까지 포함된다.

'메이크 인 인디아' 정책과 집중 지원 4개 부문 25개 업종

집중 지원 분야	세부 업종
노동집약적 산업	①섬유·의류 ②가죽·신발 ③보석 ④식품가공
자본재 산업	①기계 ②전자·전기기기 ③수송 ④광업기기
전략 산업	①항공 ②항만 ③IT하드웨어 ④통신기기 ⑤방산기기 ⑥태양에너지 ⑦신재생에너지 ⑧철도 ⑨도로·고속도로 ⑩관광·의료 ⑪미디어·엔터테인먼트
경쟁력 보유산업	①자동차 및 부품 ②바이오기술 ③제약 ④IT & BPM ⑤우주항공산업 ⑥ 헬스

'메이크 인 인디아'는 사업환경 개선(New Process), 산업회랑 개발과 물류개선 등(New Infrastructure), 25개 업종 육성(New Sectors), 규제자에서 촉진자로 정부 역할 전환(New Mindset) 등 네 가지 큰 방향 아래 시행된다.

'메이크 인 인디아'를 위한 인도의 정책 기조

'메이크 인 인디아'를 구체화하기 위해 인도 정부가 추진하는 세부정책 중에서 가장 우선시하는 것은 다음과 같다.

첫째, 해외 기업의 제조공장을 인도에 유치한다.

이를 통해 인도 정부는 수입대체 산업의 육성, 자국에서 생산한 상품의 수출경쟁력을 향상을 목표로 한다. 인도는 2019년 수출 3,310억 달러, 수입 5,074억 달러로 과도한 상품수지 적자(1,764억 달러)에 시달렸다. 이를 개선하기 위해 인도 정부는 외국 제조업체의 투자 확대와 더불어 이를 위해 법인세 인하, 각종 승인 간소화, 규제 완화, 특별경제지역(SEZ) 조성, 산업회랑(Industrial Corridor) 건설 등을 추진하고 있다.

인도 정부는 2016년 신규 제조업체의 법인세율을 30%에서 25%로 인하했으며, 창업기업에 대해서는 3년간 법인세를 면제했다. 또한, 2014년 철도 부문을 외국인 투자자에게 개방하고 방산부문에 대해서도 외국인 투자금지 조항을 폐지했다. 참고로 인도의 수입 1위 품목은 석유로 1,404억 달러이며, 가장 큰 무역적자 대상국은 중국으로 무려 530억 달러에 달한다.

둘째, 기업 활동과 관련된 제도와 세제를 개혁한다.

모디 정부는 2016년 글로벌 기준의 파산법을 도입했고, 제품에 부과되던 16가지의 직간접세를 단일화한 통합간접세(GST: Good and Service Tax)를 2017년부터 시행했다. 이를 통해 각 주마다 다른 세금 체계로 인한 혼란이 해소되었다. 또한, 2016년 화학·금속·IT에서 사용되는 원자재와 중간재 등 22개 품목의 기본 관세율도 인하했다. 이러한 세제 개편 및 제도 개혁은 자국 기업들의 투자 확대뿐만 아니라, 해외 기업들의 인도에 대한 투자 확대 요인이 되고 있다.

셋째, 국가기술개발미션(NSDM)을 도입한다.

국가기술개발미션(NSDM: National Skill Development Mission)은 제조업에 필요한 숙련된 인적자원을 확보하기 위한 정책이다. 31개 부문에 기술개발위원회를 설립해 기술 개발을 주도하고, 잠재 유휴 인력의 5%를 선정해 교육훈련을 시키는 등 농촌에 거주하는 청년들에게 교육의 기회를 확대해 제공한다.

넷째, 중소기업 대상 소액 대출 및 보증 금융기관(MUDRA)을 설립하고 국가인프라투자펀드(NIIF)를 조성한다.

중소기업 대상 소액 대출 및 보증 금융기관(MUDRA: Micro Units Development and Refinance Agency)은 중소 제조업체의 투자를 지원하는 중소기업 전용 대출 금융기관으로 중소 제조업체들에 신용으로 대출을 해준다. 국가인프라투자펀드(NIIF: National Infrastructure Investment Fund)는 중소 제조업체에 필요한 철도·도로·항만·전력 등의 필수 인프라 건설에 필요한 자금을 지원하는 기금이다. 특히, 2017년 10월 아부다비 투자청(ADIA)이 10억 달러를 지원해 주요 주주가 되었고 HDFC 그룹, ICICI 은행, Kotak Mahindra Life 및 Axis 은행과 같은 인도 내 유수의 기관 투자자들도 NIIF펀드에 참여하고 있다. 2018년에 인도는 아시아 인프라 투자 은행(AIIB)이 2억 달러의 투자를 발표했다.

다섯째, 안정적이고 지속적인 정부사업 추진을 위해 플러그 앤드 플레이 방식(PPM)을 도입한다.

지금까지 대형 발전소와 공항 및 도로 건설 등의 사업을 추진할 때, 농민의 토지수용 반대 등에 따른 건설부지 확보 실패와 각종 승인 지연으로 사업이 수차례 지연된 바 있다. 과거 우리나라 포스코(POSCO)도 이러한 문제 때문에 공장 설립을 접었다. 플러그 앤드 플레이 방식*(PPM: Plug and Play Model)은 이러한 문제점을 해결하기 위한 방안으로, 정부는 이 방식을 도입해 각종 승인 획득과 토지 확보 및 규제 요인을 제거한 다음, 공개 경매를 통해 사업 추진업체를 선정하고 있다.

'메이크 인 인디아' 그 결과는?

'메이크 인 인디아'와 함께 인도의 개별 주들도 '메이크 인 오디샤(Make in Odisha)', '타밀나두 글로벌 투자자 모임(Tamil Nadu Global Investors Meet)', '활기찬 구자라트(Vibrant Gujarat)', '하리아나주와 함께(Happening Haryana)' 및 '마그네틱

---

*플러그앤플레이: 스타트업들을 대상으로 여러 기업과 함께 비즈니스 개발 및 전략적 투자는 물론 고객 채널과 거래를 연결해주는 전략적 플랫폼 서비스.

▲ '메이크 인 오디샤' 홍보 로고

마하슈트라(Magnetic Maharashtra)'와 같은 지자체 주도의 제조업 육성정책을 시
작했다.

그 결과로 해외 투자자들의 움직임도 활발해졌다. 유엔무역개발협의회
(UNCTAD) 자료에 따르면 인도는 2019년에 490억 달러의 FDI*를 유치했는
데, 이는 2018년의 420억 달러보다 16% 증가한 수치다. 2010년 이래 8년 만
에 54.4% 증가한 수치다. 반면 중국의 경우 FDI 유입이 전혀 증가하지 않았
는데 2018년 1,410억 달러에서 2019년에도 1,400억 달러로 변화가 없었다.

또한, 세계은행(WB)의 2019년 사업용이성지수(DBR: Doing Business Report) 발
표에 따르면 인도는 2019년 10월 기준 190개 국가 중 63위를 차지했다. 이렇
듯 인도는 2017년 100위에서 2018년 77위로, 2019년에는 63위로 뛰어오르며
비즈니스하기에 좋은 국가로 서서히 자리매김하고 있다.

---

* FDI(Foreign Direct Investment): 외국인 직접투자, 해외 직접투자.

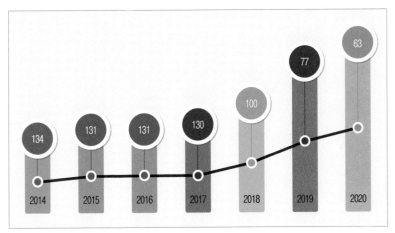

출처: 세계은행, 190개국 대상 평가결과(모디 수상은 2014년 5월부터 집권).

인도의 취업자 수는 '메이크 인 인디아' 정책 시행에 따른 FDI 증가로 2013년 4억 6,907만 명에서 2017년 5억 187만 명으로 3,279만 명이 증가했다. FDI가 제조업보다 서비스업에 더 많아지면서 2017년에는 기준 신규 취업자 710만 명 중에서 서비스업 취업자 비중이 78.3%에 달했다.

이는 인도 정부 입장에서는 큰 골칫거리지만 우리에겐 희소식이다. 현재 인도의 시간당 평균임금은 0.68달러로 베트남(1.28달러), 인도네시아(0.96달러) 등 우리나라 기업이 진출한 주요 국가 대비 낮은 수준인 만큼, 인도는 제조업 생산 기지로서 여전히 경쟁력을 가지고 있다.

인도 정부가 제조업 발전을 목표 수준까지 끌어올리기 위해서는 서비스업으로 진출하는 노동력을 제조업으로 유인할 수 있는 다양한 수단이 필요하다. 인구 포화로 인프라와 환경이 좋지 않은 뭄바이, 뉴델리, 벵갈루루, 첸나이보다 더 나은 투자환경 조성도 필수다. 뿐만 아니라 인허가 등 복잡한 민원 해결과 생산한 제품이 원활히 유통되고 수출될 수 있도록 철도, 도로 등 인프라 확충도 뒤따라야 할 것으로 보인다.

021

모디 정부 경제개혁의
명암

하락을 예상하는 경제 시그널

최근 인도 정부는 굵직한 경제개혁을 도입하고 있으며 은행권 악성부채 해결에도 진전을 보이고 있다고 발표했다. 그러나 정부 발표와 다른 시그널과 각종 경제지표 하락은 상당한 우려를 낳고 있다.

특히, 모디 집권 1기인 2014년부터 2018년까지 경제 최고자문역(CEA)을 맡았던 아르빈드 후브라마니안(Arvind Subramanian) 하버드대 케네디스쿨의 시니어팰로는 수출입, 소비, 투자가 전부 뚜렷한 감소세를 보이며 전체 전기소비도 정체되고 있다고 분석하고, 경제가 성장을 멈추고 하락 추세에 접어들었다고 진단했다. 특히, 인도의 악성대출 문제가 여전히 심각해 신규대출을 위축시키고, 이것이 단기적인 경제회복을 가로막고 있다며 금융개혁의 필요성을 강조했다. 또한, 인도의 가장 까다로운 노동법과 토지수용 문제는 어제오늘 일이 아니고, 인도에 투자하는 기업들은 이것이 인도 진출을 가로막는 높은 벽이라고 이야기한다고 밝혔다.

이러한 원인으로 발생하는 인도의 급격한 경기둔화는 대외적으로 글로벌 강국으로 도약하려는 인도의 노력에 찬물을 뿌릴 것이고, 대내적으로는 경제불만에 따른 사회불안이 커질 것으로 보인다.

모디 수상의 성공과 실패

모디 수상은 2014년 인도 제14대 수상으로 취임한 뒤 힌두교 우대정책 등을 둘러싼 논란 속에서 경제관리 능력을 바탕으로 대내외에서 좋은 평판을 다져왔다. 경제개혁, 효과적인 정부 운영, 개발 이니셔티브, 세계화는 모디 집권 1기의 최우선과제였다. 2016년 단행한 갑작스러운 화폐개혁은 급진적이라는 지적을 받기도 했으나 통합간접세(GST) 도입이나 파산법 개정 등은 국내외에서 호평을 받았다.

모디 수상이 인도 경제의 체질을 바꾸고 글로벌 강국으로 도약시킬 것이라는 믿음 속에서 인도의 경제성장은 중국을 앞서기도 했다. 집권 1기 연평균 7.4%의 경제성장과 모디 수상의 청렴성 그리고 카리스마가 집권 2기 시대를 열었다.

그러나 최근 모디 수상 집권 2기를 둘러보면 힌두 국수주의 정책이 부상하면서 경제개혁은 차순위로 밀리는 양상이다. 국제적 시각을 가진 이코노미스트들이 정부자문 자리를 줄줄이 떠났는데, 이들은 대부분 모디 정부의 고위관료들의 무능과 모디 수상이 원하는 방향으로 정책을 밀어붙이는 성향 때문에 많은 마찰을 빚다가 떠나갔다. 이런 분위기에서 경제둔화가 가시화되고 특히 저소득층이 생계를 유지하는 건설과 농업부문의 업황이 악화하면서 사회불안요소도 커지고 있다.

2020년 초에는 경제문제만 해도 골치 아픈 마당에 「시민권법」 개정에 따른 시위로 사회불안이 더 커졌다. 「시민권법」 개정은 이슬람교를 믿는 이웃

3개국(방글라데시, 파키스탄, 아프가니스탄)에서 종교적 박해를 피해 인도로 넘어온 힌두교, 시크교, 불교, 기독교도 불법 이민자에게 시민권을 부여하는 내용을 골자로 한다. 이에 종교에 기반한 차별을 조장하고 인도의 건국이념인 세속주의를 위협한다는 문제가 제기됐고, 시민과 경찰이 충돌해 수십 명이 사망하기도 했다.

인도의 경제위기는 타 국가와는 다른 모습이다. 즉, 종교적인 영향이 상당히 큰 변수로 작용한다. 모디 정부의 관심이 자신들의 핵심 지지기반인 힌두 국수주의자들의 주장에 맞춰져 있는 것은 큰 문제다.

악순환의 원인이 된 경제 개혁

인도 경제위기의 원인으로는 준비가 부족한 채 추진됐던 화폐개혁(2016년 11월), 통합간접세(GST, 2017년 11월) 도입의 충격 여파, 미중 무역분쟁 등의 대외여건 악화가 공통적으로 지적되고 있다.

하지만 음이 있으면 양이 있는 법, 화폐개혁은 디지털경제로의 전환을 가속화했으며 GST 도입은 세금 내는 사람들의 숫자를 20% 이상 늘렸다. GST에 관해서는 아직도 의견이 분분하다. 인도 기업들의 가장 큰 문제 중 하나는 세법을 아는 고용주들이 거의 없다는 점이다.

인도에서 실무를 해 본 사람이라면 잘 아는 사실이 있는데, 가령 어느 정도 규모의 마케팅부서(약 30명 정도)가 있다면 이 중에서 세금만 처리하는 인원이 3명 정도다. 그 이유는 세금 처리가 그만큼 복잡하기 때문이다. GST가 이런 문제를 해결할 것으로 보이며, 복잡한 환급절차 등은 점차 개선해 나가야 할 것으로 보인다.

인도정부 발표에 따르면 GST에 등록된 기업의 수는 2018년 대략 1,200만 개에 해당하는데, 전년도에 비해 2배 상승한 수치다. 그럼에도 모디 정부가 경제학자들에게 가장 큰 비난받는 부분은 2016년 전격 단행한 '화폐개혁'이다. 목적이야 검은 돈과 부패를 근절하겠다는 것이었지만, 하루아침에 시중 통화량의 86%를 종잇조각으로 만드는 그의 용기 있는 결단력(?)에 학자들은 비난일색이었다.

빛바랜 모디 수상의 공약들

해외직접투자에 대한 규제를 줄이고 자유무역에 힘쓸 것이라는 모디 수상의 공약도 빛이 바래고 있다.

모디 정부의 개혁에서 현재 매우 어려운 사항은 우리나라의 부가가치세에 해당하는 통합간접세(GST)의 신설이다. 이는 지역마다 세제가 다른 인도의 간접세제를 하나로 통합하는 개혁이다. 기업부채도 무시할 수 없다. 인도 경제는 유례 없는 부채와 파산이슈에 휘말려 있기 때문이다. 소위 '프로모터'로 불리는 재계의 유명 CEO들도 부패와 파산이슈에서 자유롭지 못하며 부채상환과 파산 중 선택을 강요받고 있다. 인도의 대표적인 재벌로 꼽히는 릴라이언스커뮤니케이션(Reliance Communications), 제트에어 웨이스(Jet Airways) 등이 파산보호(한국의 법정관리와 유사)를 신청해 인도 전역을 충격에 빠트리기도 했다.

모디 정부는 2016년 봄에 파산법(IBC: Insolvency and Bankruptcy Code)을 도입했다. IBC는 오너의 의사와는 상관없이 주주들에게 파산절차를 시작할 수 있는 권한을 주는 내용을 골자로 한다. 인도중앙은행이 부채상환일로부터 180일이 지난 기업들을 상대로 파산절차를 시작하도록 지시한 것이 IBC의 도입의 발단이 되었다. 이 두 사건은 곧 기업들로 하여금 부채상환과 파산 중 '양자택일'을 하도록 강요했다.

IBC가 도입되기 이전에는 채권자들이 채무자에게 빚을 상환하라고 독촉하거나, 파산절차를 촉구할 수 있도록 강요할 법적 수단이 전무했다. 즉, IBC 이전에는 부채상환이 연기되는 것이 말 그대로 일상이었다. IBC로 인해 다른 의미로 인도의 비즈니스 관행이 바뀌게 되었다. 2018년에는 1,500개의 기업들이 파산절차에 돌입했으며, 300개는 청산되었고, 80개 정도는 새로운 오너를 맞았다.

파산절차가 신속해졌다는 것은 이른바 '좀비기업'의 정리가 용이해졌다는 것을 의미하며, 이로 인해 상대적으로 건강한 기업들의 재무재표 역시 개선될 것이라는 평가를 받고 있다. 부실채권의 90%를 국영대출기관이 감당하고 있었기에 재정위기를 막았다는 평가도 있다.

기업이 일하기 힘든 인도

세계은행이 매년 선정하는 '기업하기 좋은 나라' 순위에서 인도는 상위권의 평가를 받지 못한다. 그 주요원인으로 복잡한 계약문제와 부채상환에 따르는 어려움이 지적되었다. 그런데 앞서 언급한 개혁 덕분에 모디 수상이 약속한 2017년까지 이 순위에서 인도의 랭킹을 50위까지 끌어올리겠다는 계획이 늦지만 차근차근 개선되고 있다. 2020년 현재 기업하기 좋은 나라 순위에서 인도는 63위를 기록하고 있다.

한편, 개선이 시급한 것 중 하나가 노동법이다. 현재 연방정부에서 인정하는 노동법은 38개가 넘는데, 그중 다수가 '노동자'와 '임금'에 대해 서로 다른 정의를 갖고 있다는 것이 문제다. 인도에서 현존하는 노동법을 모두 따르며 사업하는 것은 거의 불가능하다.

그중에서도 가장 악명 높은 내용은 「산업분쟁에 관한 법률」의 5-B 항목인데, 100명 이상 종업원을 가진 사업장에서 고용주는 근로자를 해고할 권리를 정부에게 이양해야 한다는 내용이다. 세계은행과 IMF 등은 인도에 지속적으로 이 조항의 철폐를 요구했다.

그러나 노동계가 반발하자 그 대안으로 인도 정부는 비정규직 제도를 고안했고 2018년 비정규직을 법제화하는 데 성공했다. 이에 대해서는 노동의 유연성을 어느 정도 확보했다는 긍정적인 평가가 많다.

이런 비난과 위기를 극복하기 위해 신설제조법인(2023년 3월 31일까지 기업

▲ 인도 타밀나두주의 아이폰 조립 공장의 모습. 애플은 현재 중국 제조 설비 11곳 중 9곳을 인도로 옮길 계획임을 인도 정부를 통해 밝혔다.

활동을 시작하는 기업)에 대해 15%라는 세계 최저 수준으로 법인세를 인하하는 조치도 발표되었다. 기존 기업의 법인세는 22% 수준으로 낮췄는데, 이는 부과금을 포함하므로 실제 부담하는 세금은 약 25.2% 수준이 될 것으로 보인다. 이러한 법인세 인하 조치로 다국적 기업의 인도 진출이 가속화할 것으로 보인다.

인도는 다른 나라와 다르다. 뭔가 시작해도 결과를 내기 힘들다. 따라서 여러 문제에도 불구하고 모디 정부가 많은 공약들을 실천에 옮겼다는 점에서 다른 그 어느 정권보다 높은 점수를 줘야 한다. 그의 토지개혁과 교육개혁은 현지에서 좋은 평가를 받는다. 특히, 가장 시급한 두 가지의 개혁을 정면에서 다루었다는 것은 크게 평가받을 만하다. IBC(파산법)와 GST(통합간접세)의 효과는 아직 면밀히 드러나지 않았으며, 노동법 개혁을 포함한 모디의 개혁은 아직 갈 길이 멀고 그 효과에 대해서도 의견이 분분하다. 인도는 초대 수상인 자와할랄 네루가 도입한 사회주의 경제체제가 아직 작동하는 나라이기 때문이다.

종합하면, 모디 정권이 집권 1기 동안 개혁을 위해 기울인 노력에 대해 긍정적으로 평가할 수 있을 것이다. 많은 개혁이 아직 진행 중이며 이는 정권 교체와는 상관없이 지속되어야만 하는 것들이다.

022

인도와 중국 경제

중국과 인도의 동반위기설

인도 경제가 모디 정권의 집권 2기를 맞아 흔들리는 모양새다. 특히 최근 중국과 동반위기를 맞으며 세계경제에 주름살을 만들고 있다.

인도와 중국은 종종 '라이벌'로 거론되지만, 경제 발전에서는 중국이 훨씬 앞서고 GDP도 중국이 인도에 비해 5배나 높다. 흔히 언론에서는 인도를 '넥스트 차이나(Next China)'라고 언급한다. 이는 인도 경제가 중국 경제발전의 전철을 밟을 것이라는 일반적인 상식에서 나온 말이다. 그래서인지 많은 언론에서 '친디아(Chindia)'로 두 나라를 같이 묶어서 언급하곤 한다.

인구구조, 외국자본의 러시, 정부의 강력한 정책 등 인도는 개혁개방 초기의 중국과 많은 부분에서 유사하다. 하지만 조금 더 인도를 아는 사람들은 중국과 인도는 국가경제발전이라는 거시적 목표는 같으나 미시적 실행 방식은 크게 다르다고 말한다.

과연 인도의 도시가 상하이나 심천처럼 10년 만에 갯벌이 마천루로 바뀌는 기적을 경험할 수 있을까? 인도가 2000년에 걸친 숙적 중국에 비견될 만큼 주민들의 생활수준을 끌어올리려면 반드시 해결해야 할 구조적인 문제가 있는데, 바로 노동의 불균형이다. 인도 노동인구의 절반 이상에 해당하는 5억 5,000만 명이 아직도 농업에 종사하는 반면, 농업이 GDP에 기여하는 정도는 고작 17%에 불과하다. 반면에 중국의 노동인구 중 현재 농업에 종사하는 인구의 비율은 20% 이하다. 개혁개방이 한창이었던 1991년 중국에서는 노동인구의 절반이 농촌에 있었다.

IMF는 2018년 중국의 1인당 GDP를 1만 87달러로 발표했는데 인도는 고작 2,134달러였다. 1991년 인도의 경제 개혁개방 당시만 해도 인도의 GDP가 중국보다 높았다는 점을 기억한다면 양국의 처지가 정반대로 바뀌었음을 알 수 있다. 1991년 이래 중국은 10% 이상 경제성장률을 9차례나 달성했지만, 인도는 겨우 한 차례 달성에 그쳤다.

무엇이 이 두 나라의 처지를 바꾸었을까? 중국에서는 농촌인구가 도시의 제조업 분야로 흘러들어가며 경제성장의 씨앗이 되었다. 이러한 패턴은 한국의 1970~80년대 경제성장과 유사한 패턴을 보인다.

중국은 또 한국의 경제성장에 주목해 기술교육과 투자도 게을리하지 않았다. 모디 정부의 인도국민당 역시 교사들을 충원하고, 중등교육을 확대하는 안을 통해 교육을 확대하려 하고 있다. 모디 정부의 계획 아래 초등과 중등학교 교사들의 수는 매년 3%씩 증가했다. 재밌는 사실은 모디 정부가 실시한 홍채와 지문인식 기반의 주민등록제 아드하르(Adhaar)를 통해 일하지 않고 임금만 받아가던 유령교사 문제를 해결했다는 것이다.

아무튼 중국과 인도의 근본적인 차이를 좀 더 분석해 보면, 중국은 사회주의 시장경제를 지향한다면 인도는 자본주의 허가경제를 지향한다. 즉, 중국은 경제활동의 기초가 되는 토지와 국가 기간산업의 핵심기업이 국영기업이거나 국가와 공동소유를 원칙으로 한다. 반면 인도는 영국의 영향을 받아 생산수단의 사적 소유에 기반한 자본주의 경제체제를 유지해 왔으며, 영국으로부터 독립한 초기에 식민지체제 극복을 위해 국가가 적극적으로 개입하는 '허가경제(License Raj)' 체제를 도입해서 유지해 왔다. 이는 1991년 IMF의 구제금융을 받기 전까지 지속돼 왔고, 그 이후로는 점차 자유시장 경제체제로 전환하고 있다.

또한, 중국은 중앙정부의 방향에 따라 일사불란하게 움직이는 체제다. 1당 독재인 공산당이 국가의 행정사무를 이행하기 때문에 지방에 대한 중앙의 통제가 지방말단까지 일사불란하게 이어진다. 하지만 인도는 지방분권과 자율성이 상당하다. 1964년까지는 중앙정부의 힘이 막강했지만 초대 수상 네루가 사망한 70년대 이후 인종, 종교, 카스트 등에 기반한 다당제로 전환되면서 29개 지방정부의 권한이 크게 신장되었다. 특히, 조세권을 지방정부가 가지고 있어서 기업하는 입장에서는 이 문제가 상당히 큰 애로사항이었으나 현재는 GST를 통해 조세권에 대한 중앙의 통제가 강화되었다.

중국과 3배 차이 나는 자본 축적 규모

자유경제의 핵심 중 하나는 자본 축적이다. 중국의 자본 축적 규모를 살펴보면 개혁개방 30여 년 동안 연평균 투자 증가율이 17.3%에 달한다. 반면에 인도는 동일한 기간에 연평균 투자 증가율이 7.9%에 그쳤다. 투자는 고도 경제성장의 핵심인데 인도에서는 중국의 화교처럼 축적된 자본의 투자가 활발하지 못하다. 물론 최근에는 재외 동포 인도인(NRI)의 자본이 유입되어 다행스럽게도 경상수지 적자 개선에 크게 기여하고 있다.

중국과 인도의 또 다른 차이는 2차산업 위주의 성장과 3차산업 중심의 성장으로 나눌 수 있다. 즉, 중국의 경우 투자와 2차산업 발전 그리고 수출이 경제에 기여하는 바가 상당히 컸다. 하지만 인도에서는 3차산업, 즉 투자보다 소비의 성장기여도가 높게 나타났다. 다시 말해서 인도는 내수와 서비스 중심으로 성장했다. 따라서 인도 정부는 현재 농업과 서비스 기반의 구조로는 고용창출과 경제발전의 한계가 있음을 인지하고 제조업 강화와 수출 증진에 전력을 다하고 있으나 여전히 갈 길이 멀다. 이와 같이 중국과 인도는 경제발전에 대한 목적은 동일하지만 여건이 다르기 때문에 중국과 다른 경제발전의 성장전략이 필요하다.

그렇다면 인도가 중국을 따라잡기 위한 성공의 키는 무엇일까? 이에 대한 답은 아이러니하지만 정치의 안정이다. 허가경제로 불릴 만큼 인도에서 정치가 경제에 관여하는 정도는 상당하다. 안정된 정부는 개혁을 강하게 추진할 수 있다. 만일 정치가 불안하면 경제구조 개선은 답보하고 이와 동반한 인플레이션, 부패 등이 만연해지며 이는 정권교체 등 리더십의 혼란을 야기한다.

또 하나의 키는 4차 산업혁명을 맞이하는 모습이다. 중국의 경제력이 인도를 크게 앞서 나가고 있지만, 미래 먹거리에 해당하는 세계 IT 기술의 중심 미국 실리콘밸리에서는 인도가 중국을 크게 앞서고 있다. 현재 미국에서 박사학위를 취득한 중국 출신 유학생의 수는 인도 출신 박사학위 취득생의 3배에 달한다. 하지만 실리콘밸리에 있는 기업을 살펴보면 구글, 마이크로소프트, 마이크론(Micron), 어도비(Adobe), 노키아(Nokia) 등 세계 IT 시장을 주도하는 굴지의 대기업 최고경영자(CEO)들의 다수가 인도 출신이다. IT 기업 내 임원급과 벤처캐피털 업계까지 포함하면 그 수는 부지기수라고 할 수 있다. 심지어 산호세 주립대의 경우 학생의 60% 이상이 인도계다.

인도 출신이 CEO인 7대 IT 대기업 매출의 합은 약 3,600억 달러에 달한다. 이는 전 세계 국가별 GDP 규모로 따지면 세계 37번째에 해당하는 말레이시아나 싱가포르와 유사한 규모다.

중국계도 세쿼이아캐피털(Sequoia Capital), 히말라야캐피털(Himalaya Capital), 유튜브(Youtube), 야후(Yahoo) 등의 CEO 자리를 차지하고 있지만, 인도 출신에 비하면 한참 숫자에서 밀린다. 이 중국계 CEO 가운데 상당수가 대만이나 미국에서 태어난 교포 2세다.

인도 CEO들과 기술자들이 실리콘밸리를 점령한 배경에는 중국과 인도의 경제적·문화적 차이도 있다. 인도의 경우 영어를 공용어로 사용하고 민주주의 정치체제와 시장경제를 채택하고 있어 미국 문화에 대한 거부감이 적다. 그래서 미국으로 건너간 인도인들 중에는 미국 내에서 창업해 기업을 키우고 성공하는 경우가 많다.

반면에 미국과 경쟁하려는 의식이 강한 중국의 경우 미국에서 유학한 학생들의 상당수가 졸업 후 중국으로 다시 돌아간다. 따라서 실리콘밸리에서도 창업보다는 기술을 중국으로 가져오는 것에 관심이 많다. 이를 반영하듯 미국 내 중국 유학생의 수가 인도 유학생 수보다 훨씬 많음에도 불구하고, 졸업 후 미국에 남는 과학기술부문 유학생의 수는 인도가 중국의 2배에 달한다. 인도 출신 기업가들의 모임인 TiE는 미국을 비롯한 세계 14개국에서 1만여 개 스타트업 기업을 지원하는 반면, 중국계 기업가의 모임은 그 규모나 활동에서 이에 크게 미치지 못한다.

그 결과 실리콘밸리에 있는 미국 IT 기업들은 협력과 상생을 추구하는 인도 출신 CEO나 인재를 반기는 것과 반대로, 중국 출신에 대해서는 경쟁자에게 보내는 의심과 경계를 보이고 있다. 미국은 중국에 대해서는 '위협적인 경쟁자'라는 시각으로 보지만, 인도에 대해서는 그렇지 않다. 미국과 동등한 위치에 서고자 하는 중국에 대해 실리콘밸리의 입장은 조심스러울 수밖에 없다.

이를 반영하듯 미국에 차이나타운은 존재하지만, 인디아타운은 존재하지 않는다. 인도는 다양한 민족과 종교, 언어적 차이를 슬기롭게 융화해 극복한 성향에 맞게 다른 나라에서도 공존을 택하고 그 속에서 기회를 만들고 있다. 지금은 중국이 인도를 앞지르고 있지만, 4차 산업혁명이 본격적으로 도래하는 시기에 중국이 여전히 그 자리를 지킬 수 있을지는 미지수다.

인도인의
문화

023

오천 년의 굴레, 카스트

계급이 눈에 보이는 인도의 카스트 제도

인도에 대한 정보가 없는 사람이 필자에게 가장 먼저 던지는 질문 중 하나가 바로 카스트 제도에 대한 질문이다. 특히, 인도와 비즈니스를 하려고 생각하는 사람들은 카스트 제도가 자신의 비즈니스에 큰 영향을 미칠 거라고 생각하며 걱정과 우려를 표하곤 한다.

많은 사람들이 인도 사회를 계급 사회라고 생각한다. 하지만 옛날부터 인도 이외의 많은 국가들에도 '계급'은 존재했다. 우리나라만 살펴봐도 조선 시대에 사농공상의 계급이 있었던 것이 사실이다. 조선의 계급 제도는 종교가 아니라 유교라는 사상에서 태어난 제도였다. 유교 원리에 따르면 모두가 신분을 분별해 자신보다 신분 높은 사람을 존중하는 것이 사회의 질서를 지키는 것이었다.

유교에 기원한 조선의 계급 제도와 달리, 인도의 카스트 제도는 전생의 행위로 다음 생의 신분이 결정된다는 힌두교의 윤회사상에 대한 믿음에서 발생했다. 계급은 세습이며 거의 고정되어 있다. 따라서 하층 계급에서 벗어나는 유일한 방법은 현세에서 큰 덕을 쌓아 내세에 상위 계급으로 다시 태어나는 것뿐이다.

힌두교의 정신은 자유주의적 관용에 기반한다. 하지만 힌두교와 결합한 카스트 제도는 힌두교가 지향하는 자유주의적 관용은 전혀찾아볼 수 없는 아주 경직된 제도다. 영국의 저명한 인류학자 데이비드 프란시스 포쿠(David Francis Pocock)는 "카스트 제도는 다른 곳에서는 볼 수 없을 정도로 깊게 힌두 사회에 침투해 있다. 다른 문명에도 유사한 제도가 있지만 인도만큼 사회 전체에 뿌리 깊게 만연한 곳은 없다."라고 말하며 카스트 제도가 인도만의 독특한 현상이라고 지적한 바 있다.

카스트란?

카스트라는 단어는 16세기 인도와 무역하던 포르투갈인들과 스페인인 들이 인도의 계급 제도를 일컬었던 '카스타(포르투갈어로 Casta, 순수한 혹은 순결한, 의역하면 혈통)'라는 용어에서 유래했다. 18세기 영국이 인도를 점령하면서 이 제도를 '카스트(Caste)'로 불렀다.

카스트를 지칭하는 힌두어는 바르나(Varna)인데 이 단어의 원래 뜻은 '색(色)'이다. 피부색에 따라 일차적으로 브라만, 크샤트리아, 바이샤, 수드라 네 개의 카스트로 나뉜다.

카스트는 우리나라처럼 양반과 상놈 그리고 노비 등으로 구분하는 혈통을 상징하는 것이 아닌, 보다 상위개념이다. 네 개의 카스트는 존귀한 자와 비천한 자라는 고저(高低)의 서열을 나타낸다. 인도인들은 높은 카스트에 속한 사람이 낮은 카스트에 속한 사람 곁에 가면 더러워진다고 생각하기 때문에 낮은 카스트 사람을 부정적으로 바라보는 경향이 강하다. 이로 인해 각 카스트는 직업을 세습했으며, 카스트를 넘는 혼인도 금지되었다.

고대 신화에 따르면, 인도의 브라만교 성전(聖典)인 네 가지 베다 가운데 하나인 리그 베다*에는 신들이 원시 인류인 푸르샤를 제물로 바치기 위해 죽였는데 머리는 브라만이, 팔은 크샤트리아가, 허벅지는 바이샤가, 발은 수드라가 됐다는 이야기가 나온다.

인도의 카스트 계급

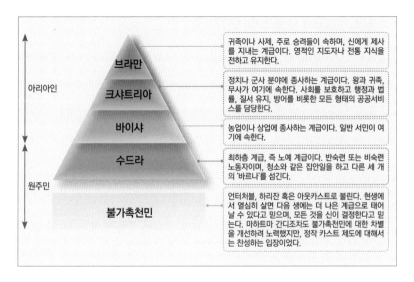

그리고 이 네 가지 계급에 끼지 못하는 층이 바로 불가촉천민이다. 불가촉(不可觸)이란 너무 천해서 건드리면 안 되는 부류라는 뜻이다. 카스트 제도에서는 자신보다 낮은 계급 곁에 가면 부정 탄다고 보지만, 불가촉천민들은 아예 접촉하면 안 되는 부류다. 동물과 사람의 중간쯤 되는 존재다.

---

* **리그 베다**: 신을 찬미하는 운문 형식의 찬가 모음집, 기원전 1500~1000년 사이에 편찬.

이들은 힌두교에서 완전히 배제된 존재로 힌두교의 가르침은 물론 사원에 출입조차 금지되어 사원 근처에도 가지 못한다. 신의 이름이나 가르침을 언급할 수조차 없으며, 만일 경전을 봤다가는 눈을 뽑히고 경전에 대해 입이라도 뻥끗하면 혀를 뽑힌다. 실수로 타 카스트와 접촉하면 그 신체부위를 절단당하는 등 고대부터 갖은 가혹행위를 당했다.

상위 계급이 노동직에 근무하는 인도

카스트는 3000년의 세월이 지나는 동안 더욱 세분화되어 하위 개념으로 '자티(Jati)'라는 것이 생겼다. 인도에서는 일차적으로 카스트로 인종적 계급이 분할된 뒤 자티로 혈연적 계급이 분할된다. 자티는 3,000여 개로 세분화되어 있으며, 우리가 보통 생각하는 귀천(貴賤)을 구분하는 혈연적 계급 제도를 뜻한다. 자티란 네 가지 큰 카스트에 종속하는 체계로서, 계급의 성격도 띠지만 우리나라의 가문 정도 개념으로 이해하면 된다.

한국인들 대부분이 브라만, 크샤트리아 계급의 사람들 상당수가 노동직에 근무한다는 사실을 모른다. 각각 자티에 따라 지역 왕족들도 있고 갑부들도 있지만 노동직에 종사하는 브라만들도 많다. 필자의 집 근처 옷가게에서 옷을 수선하는 아저씨도 브라만 출신이고, 외국인 출입 식당의 주인뿐만 아니라 주방장도 거의 다 브라만 출신이다. 위생과 정결을 중시하는 힌두교에서 음식이 정결한지 아닌지 판단하는 것은 사제들의 역할이기 때문이다.

이는 브라만이 먹는 음식과 생활 관련 서비스업을 수드라 등 하위 계급들이 해선 안 된다고 생각하는 데서 기인한다. 또한, 높은 카스트가 만든 음식은 같은 계급이나 그 아래 계급 사람들 누구하고든 나눌 수 있다고 생각하기 때문에 음식점을 운영하는 많은 사람들이 브라만에 속한다.

마찬가지로 머리를 만지는 미용사도 상당수가 브라만이다. 하지만 최근 인도의 사정을 살펴보면 꼭 그런 것만도 아니다. 최근에는 미용 분야에 동북 지역 출신의 불가촉천민들이 많이 진출하고 있다.

수드라와 그 하위에 위치한 불가촉천민 계급이 할 수 있는 일들은 청소나 도축, 배설물 치우기처럼 힌두교에서 불결하다고 인식하는 것들이다. 이처럼 카스트와 자티는 단순한 계급 구분을 넘어 직업의 세습과 분업에도 큰 영향을 끼친다.

직업의 분업과 전문화를 불러온 인도의 계급사회

우리가 오해하는 것 중 하나는 인도 회사가 카스트로 인해 많은 고용 문제를 안고 있다고 생각하는 것인데, 의외로 고용 문제에서는 카스트가 그리 중요한 역할을 하지 않는다. 가령, 바이샤 출신인 상인이나 공장주가 크샤트리아나 브라만 출신의 직원을 고용하는 것은 이전에도 얼마든지 가능했다.

카스트 제도가 만든 직업 차별은 아이러니하게도 분업과 전문화를 가능케 했다. 농산물을 생산을 예로 들면 농산물을 재배하는 자티, 그것을 강으로 운반하는 자티, 농산물을 가공하는 자티, 이를 도매상에 넘기는 자티 등등 자티별로 모든 업무를 분업하는 시스템을 갖추게 된 것이다. 영국 침략이 이런 분업 시스템을 망가뜨리자 오히려 생산성이 감소했다고 보는 학자들도 있다.

한편, 인도 정부도 이런 신분제도 때문에 계급적으로도 사회적인 빈부 격차 등 다양한 문제가 생길 것을 우려해 독립 이후 낮은 계급을 위한 쿼터 제를 실시해 왔다. 불가촉천민들(OBC, ST, SC)*을 위해 공기업이나 공무원, 대학 입학 등에 일정한 할당제를 도입했는데 이는 사회적인 빈부 격차를 꽤 줄이는 데 큰 역할을 했다.

문제는 이 쿼터제의 혜택을 받는 하층민들의 비중이 상위 세 계급에 비해서 압도적으로 많다는 사실이다. 인도의 각 주마다 다르지만 대개 전체 인구의 무려 40~50% 이상을 차지한다. 원래 쿼터 할당제는 극소수의 차별 받는 사람들을 위해 만들어진 제도이지만 전체 고용 인원의 무려 50% 이상 의 취업자가 이 혜택을 받고 있다.

그러다 보니 일반 상위 계급은 이로 인한 불이익을 막기 위해 쿼터제가 확대되는 것을 반대하고, 심지어 애매한 상위 카스트에서는 자신을 차라리 불가촉천민 계층으로 낮춰달라고 시위하는 것이 현실이다.

인도는 민주주의 국가다. 지지하는 사람이 많으면 많을수록 해당 정당 이 힘을 얻게 되는 건 똑같다. 현실적으로 인도에는 힌두교상으로 낮은 계 급의 인구 비중이 압도적으로 많기 때문에 주요 정당인 인도국민회의당과 인도국민당은 이들 하층 계급이 만든 다른 정당을 끌어모으기 위해 쿼터제 를 더욱 확대하려는 추세다. 이런 이유로 현재 인도에서는 하층 계급을 위 해 만든 쿼터제가 카스트 제도를 공고히 하는 결과를 낳는 아이러니한 상황 이 펼쳐지고 있다.

---

*불가촉천민(다른 말로 달리트)은 주로 시체처리, 가죽처리, 분뇨처리 등을 담당하는 사람들로 오랫동안 인간 대접을 받지 못하고 살아왔다. 인도 헌법에서는 이들을 OBC, ST, SC로 나누는데 OBC는 카스트 제도 밖에서 사회·경제적 또는 교육적으로 불우한 계급, SC는 지정 카스트, ST는 지정 부족을 의미한다.

현대판 카스트를 만드는 교육

인도에서 카스트는 오히려 돈이라고 해도 과언이 아니다. 의사와 변호사, 엔지니어 등이 사회 계층 구조의 정점에 있으며, 이런 계층 구조를 만드는 것이 바로 교육이다. 교육 기회의 편중이 현대판 카스트를 만들고 있으며, 이를 통해 소득이 높은 사람이 대접 받는 사회가 되고 있다.

인도의 가구당 교육비 지출 규모는 11%로, 교육열로 유명한 한국의 7%에 비해 무려 4%P나 높다. 신분과 계층을 뛰어넘는 가장 효과적인 지름길인 영어 교육만 살펴봐도 그 열기를 짐작할 수 있다. 영어 구사자는 인도 독립 당시만 해도 전 인구의 0.02%에 불과했다. 하지만 2011년 인구조사 때는 11%였고, 지금은 거의 20%에 육박할 것으로 추정된다. 대학 진학률도 20%를 넘어섰다. 대도시에는 영어, 입시, 공시, IT 자격 획득 등을 위한 학원들이 넘쳐난다.

인도는 현재 수직적 사회에서 수평적 산업사회로 전환 중이다. 교육을 통해 수평적 산업 사회로 전환할 수 있다는 것이 인도인들의 생각이다. 산업사회로의 전환에는 카스트와 신분이 아닌 교육을 통한 직업 그리고 이를 통한 부의 창출이 큰 역할을 한다.

인도 사회는 현재 돈이 카스트라고 말한다. 그리고 돈을 벌 수 있는 가장 확실한 방법은 과거에 한국이 그랬듯 교육이라고 생각한다. 그러므로 인도에 진출한 우리 기업가들이 카스트를 차별과 비즈니스의 걸림돌로 볼 것이 아니라 기회로 본다면 크게 성공할 수도 있을 것이다.

결론적으로 "인도에 카스트 제도가 존재하는가, 혹은 존재하지 않는가?"라는 질문에 명확한 답을 내기는 어렵다. 인도 결혼의 90%가 중매 결혼인데, 이 결혼 시장만을 살펴보면 카스트는 절대적이다. 하지만 경제활동

전반적으로는 카스트에 큰 의미가 없다고 보는 것이 현실적이다.

비즈니스 현장에서는 모든 계급의 사람들이 서로 만난다. 특정 클럽 가입 등 계급을 이유로 차별하는 것은 불법이다. 계급이나 커뮤니티는 인도인의 삶 중심에 현실적으로 놓여 있지만, 인도인들은 외국인들이 어느 계층에 대해서도 특정하게 행동할 것을 기대하지 않는다. 따라서 인도인들과 일할 때는 그가 어떤 계층인지 걱정할 필요가 없다.

많이 나아졌지만 여전히 민감한 문제인 카스트

카스트는 매우 민감한 문제라서 상대하는 인도인들에게 카스트를 묻는 것은 결코 해서는 안 되는 행위이다. 회사에서도 서로의 계급에 대해 공개적으로 말하거나 알려고 하는 것을 금지하고 있다.

2011년 11월 공공 부문 전체 조달의 4%는 SC(지정 카스트) 혹은 ST(지정 부족) 기업가가 소유하는 중소기업(MSME)에서 조달해야만 한다는 인도 정부의 법안이 통과되었다. 이 정책은 2015년부터 의무화되었고, 인도가 현대화되면서 불가촉천민들만 맡아오던 오래된 직업 선택의 관습과 관행도 점차 사라지고 있다. 현재는 의사와 변호사, 교사, 유력 정치인, 장관, 수상조차 불가촉천민에서 배출하고 있다.

▲ 아미르 칸

몇 년 전, 인도 볼리우드 3대 스타 중 한 명인 아미르 칸이 사회를 맡아 민감한 사회 문제를 다뤄 화제가 된 인도의 TV 프로그램 '사뜨야메브 자야떼(Satyameva Jayate, 진실만이 승리한다)'에서 2012년 7월 8일 '계급 차별'을 정면으로 거론했다. 이 프로그램은 무려 10억 뷰를 기록하며 엄청나게 큰 반향을 일으켰다. 계급 차별 해결을 원하는 인도인들의 높은 관심을 볼 수 있었다.

인도 비즈니스에서는 카스트를 무시하되, 관심은 기울이는 자세가 필요하다. 지금은 많은 인도인들이 카스트 제도가 소멸하는 것은 시간문제라고 믿고 있다.

024

연애 말고 중매

대부분 중매로 결혼하는 인도인들

인도에서 카스트의 영향을 가장 많이 받는 분야를 고르라면 단연 결혼이다. 많은 젊은이들이 서구화의 영향으로 연애 결혼을 동경하고 있지만, 대다수의 인도인들은 자신의 카스트나 가정의 경제상황 등을 고려해 가족 모두 교류가 가능한 상대와 선을 봐서 결혼하는 것이 일반적이다. 유니세프(UNICEF) 등의 조사에 따르면, 인도인의 88%는 선을 봐서 결혼하는 것으로 알려져 있는데 전 세계 평균 55%에 비해 상당히 높은 편이다. 하지만 이혼율도 11%에 달한다.

인도인은 결혼식을 인생 최대의 행사로 여겨 많은 돈과 시간을 소비한다. 일생에 한 번밖에 없는 최대의 행사라는 이유와 집안의 명예가 걸린 사항이라는 이유로, 직장인 평균 연봉의 2~5배를 퍼부어 준비한다. 결혼 준비를 위한 시간만 해도 약 반 년에서 1년이 걸리는 것이 보통이며, 결혼식 자체는 대부분 3~5일 정도에 걸쳐 진행된다.

100~1,000명 규모의 초대 손님뿐만 아니라 누구나 자유롭게 참여할 수 있기 때문에 초대장이 없어도 결혼식장에 들어와 자유롭게 음식을 먹을 수

있다.

최근 인도 최고의 부호이자 최대 재벌인 릴라이언스 그룹의 회장 무케시 암바니(Mukesh Ambani)의 딸 결혼식에서 화려한 인도 결혼 문화를 엿볼 수 있었다. 인도 최대 부호의 딸 결혼식 축하연에는 힐러리 클린턴(Hillary Clinton) 전 미국 국무장관, 세계적 팝스타 비욘세(Beyonce), 이재용 삼성전자 부회장 등 전 세계 유명인들이 대거 참석해 성황을 이뤘다.

에릭슨(Ericsson)·노키아·HP·퀄컴(Qualcomm) 등 글로벌 IT업체와 골드만삭스·JP모건(J.P. Morgan)·스탠다드차타드(Standard Chartered) 은행 등 금융기업들, BP와 네슬레(Nestle) 등 쟁쟁한 글로벌 대기업 CEO들도 결혼식에 참석했다. 결혼식에 앞서 열린 결혼 축하연에도 전 세계 정·재계 인사들이 총출동, 세계적인 이슈로 떠올랐다.

▲ 무케시 암바니 회장의 딸이 결혼식에 참석한 하객들에게 식사를 대접하고 있다.(출처: 릴라이언스 그룹)

참고로 인도의 릴라이언스 그룹은 철강·에너지·통신·섬유·소매업 등 방대한 영역을 거느린 인도의 부호그룹으로 암바니 가문의 재산은 470억 달러(53조 원)에 달하는 것으로 추정되고 있다.

무케시 암바니 회장은 딸 결혼식에 무려 1억 달러(1,128억 원)를 쓰고, 하객 수송을 위해 전세기 100여 대를 띄웠으며, 이 기간에 인근 주민 5,100명에게 매일 세 끼 식사를 제공했다.

인도의 결혼 시장에 도전하는 글로벌 기업들

인도에서는 연간 1,000만~2,000만 건의 결혼식이 이루어지며, 시장 규모는 400억~500억 달러에 달하고, 연간 25% 이상 성장을 지속하고 있다.

최근 이 거대한 시장을 대상으로 결혼식에 특화된 서비스가 속속 생겨나고 있다. 웨딩 관련 업체가 약 30만 개나 존재하며, 결혼의 처음과 끝까지 모두 서비스하는 업체들도 속속 등장하며 인기를 끌고 있다.

한국계 기업은 결혼 시장에 뛰어드는 사례가 거의 없지만 일본계 기업 파나소닉(Panasonic)과 캐논(Canon)은 인도의 웨딩 시장에 진출하고 있다. 파나소닉은 2012년에 도입한 결혼식 전용 비디오 카메라 판매 이외에 결혼식 AV(음향·영상) 연출 사업에 참여하고 있다. 예식 비용 10억 원 이상의 결혼식을 메인 타깃으로 자사의 카메라와 프로젝터를 사용한 연출도 하고 있다. 캐논은 결혼식 등 사진 앨범 제작 서비스를 제공하는데 연평균 20% 성장률을 보이고 있다. 이와 동시에 인쇄 수요 증가에 따른 상업용 프린터기의 판매도 활발하다.

자유 연애는 상위 계급만의 문화, 그래도 결혼은 어려워

최근 인도에서 늘어나고 있는 자유 연애는 도시에 사는 고학력의 부유한 상위 계급에 속한 사람들에 한정된다. 하지만 연애가 결혼으로 발전하는 경우는 많지 않다. 인도의 자유 연애는 우리로 따지면 중학교 수준의 연애라고 생각하면 된다. 영화관에 가거나 전화를 걸고 메일을 보내는 수준이다.

만일 힌두교를 믿는 여자가 이슬람교를 믿는 남자와 교제해 결혼하고 싶어 한다면 어떻게 될까? 또는 자신보다 낮은 계층의 남자와 결혼하고 싶은 경우, 그녀에겐 어떤 일이 발생할까?

백발백중 부모나 친척의 반대에 부딪힐 것이다. 인도 볼리우드 영화에서는 카스트가 다르거나 종교가 다른 사람이 연애해서 결혼하는 이야기를 종종 볼 수 있는데, 이는 현실에서 그런 결혼은 거의 힘들기 때문에 영화화된다고 보면 된다.

인도에서는 결혼 전 여자의 부모가 신랑감을 찾는 일에서부터 결혼 준비가 시작된다고 보면 된다. 부모들은 결혼 신문 광고를 내거나 친인척들을 통해 결혼 상대를 물색하다가, 적당한 상대가 나타나면 브라만 사제를 통해 신부와 신랑의 출생 일시를 가지고 점성술을 활용해 궁합을 본다. 이때 윤회사상에 근거해, 카르마 개념을 적용한다. 궁합을 보고 난 이후 신랑의 아버지는 신부 쪽에 결혼 지참금을 얼마나 줄 수 있는지 확인한다. 결혼 지참금은 현금뿐만 아니라 집, 차 등 물건도 가능하다.

최근 인도 젊은이들에게 인기 있는 것은 맞선 사이트다. 프로필 등록란에는 나이, 종교, 모국어, 소속 계층, 월급, 직업, 재외 동포 인도인(NRI), 이혼, 자녀, 사별 등의 정보를 기재한다. 이를 통해 자신에게 적합한 상대를 효율적으로 찾을 수 있다. 인터넷의 보급으로 오히려 연애보다 선을 봐서 결혼하는 비중이 늘어났다. 검색하는 사람 입장에서는 연령, 카스트 계층, 출신지, 직업, 월급 수준별로 검색하여 자신의 조건에 맞는 상대를 즉시 찾을 수 있어서 편리하다.

이런 사이트들은 물론 유료로 운영되지만, 사용자들은 월 1만원대의 사용료를 기꺼이 지불하고 이용한다. 이런 인터넷 서비스를 활용하면 지금까지 주류였던 일요일자 신문 결혼란과 달리 사진도 게재할 수 있고, 취미나 성격, 개인적인 생활 등을 프로필에 쓸 수 있다. 인터넷 서비스 등록자가 본인이 아니어도 되다 보니 최근에는 부모나 친척이 멋대로 등록하는 경우도 많아 정작 결혼하는 남녀는 이 사실을 전혀 모르는 경우도 있다.

025

채식주의자의 나라 인도, 우유가 채식이라고?

인도인 중 채식주의자는 의외로 많지 않다

한국인들이 가장 많이 하는 질문 중 하나가 "인도에서는 소고기를 먹지 않죠?"라는 질문이다. 그럴 때마다 일부 그런 사람도 있고 아닌 사람도 있다고 설명하지만, 일반인들은 여전히 인도는 소고기를 먹지 않는 나라라고 생각한다. '인도인=소고기를 먹지 않는 사람 혹은 대부분 채식주의자'라는 오해가 세계적으로 여전히 정설로 여겨지는 까닭이다.

하지만 실제로 인도의 채식주의자 비율은 훨씬 낮다. 인도 정부가 세 번에 걸쳐 실시한 조사에 따르면 '채식주의자'로 추정되는 인구는 전체의 23~37%에 불과하다.

이 조사 결과에 대해 미국의 인류학자 발무를리 나타르잔(Balmurli Natrajan) 박사와 인도의 경제학자 수라지 제이콥(Suraj Jacob) 박사는 채식주의자의 숫자가 '문화적이고 정치적인 압력'에 의해 실제보다 부풀려졌다는 결론을 내리고 그 근거를 제시하고 있다.

두 박사는 실제로 채식주의자는 더 적고, 특히 종교적인 이유로 소고기 소비에 대해서 소극적으로 답하는 인구가 더 많다고 판단했다. 두 박사의 조사에 따르면, 인도에서 순수 채식주의자는 전체 인구의 20% 정도이고 인구의 80%를 차지하는 힌두교도가 가장 많은 고기를 소비한다.

정부 자료에 따르면 힌두교도 중 채식주의 가구는 3분의 1 정도이며, 그 대부분이 특권 계층, 이른바 '상위 카스트'에 속한다. 즉, 육식하는 가구보다 일반적으로 소득이 높고 소비 지출이 높다. 반면에 육식하는 가구는 '하위 카스트, 불가촉천민'으로 사회적 지위가 낮은 가구가 일반적이다.

하지만 인도의 도시별 채식 비율을 조사하면 조금 다른 결론이 도출된다.

인도 도시별 채식 평균 비율
인도르(Indore): 49%
미룻(Meerut): 36%
델리(Delhi): 30%
나그푸르(Nagpur): 22%
뭄바이(Mumbai): 18%
하이데라바드(Hyderabad): 11%
첸나이(Chennai): 6%
콜카타(Kolkata): 4%

출처: National Family Health Survey

힌두교의 최고 카스트인 브라만이 많이 사는 뿌네(Pune)를 포함해, 일반적으로 채식주의자들이 많이 사는 주로 알려진 구자라트주의 도시가 하나도 들어 있지 않은 것은 사람들의 인식과 실제가 다르다는 것을 방증한다. 다시 말하자면 일반적으로 인식하는 것보다 소고기 섭취가 훨씬 많음을 알 수 있다.

소고기를 먹는 사람도 있지만…

인도 정부의 조사에 따르면 인도의 소고기 소비자는 전체 인구의 7% 정도다. 하지만 인도의 정치, 종교 및 문화적 특성으로 인해 공식적으로 발표된 데이터보다 훨씬 많은 인구가 소고기를 먹는 것으로 조사되고 있다.

특히, 나렌드라 모디 수상이 이끄는 현 여당이자 힌두교 민족주의를 모태로 하는 인도국민당은 채식주의를 확대하고 소를 보호해야 한다는 정책을 도입했다. 따라서 많은 주에서 식용 가축의 도살을 금지하는 법을 제정했고, 소고기를 먹는 집단에 대한 힌두교 '자경단'의 린치 사건도 자주 일어나는 등 '문화적, 정치적, 집단적 정체성 강요'가 자주 일어나는 것이 현실이다. 사정이 이렇다 보니, 소고기를 먹는다고 스스로 밝히는 사람들의 수는 실제보다 상당히 적을 것으로 보인다.

인도에서는 오랫동안 차별에 노출되어 온 불가촉천민과 이슬람교도 그리고 기독교도가 소고기를 먹는다. 인도 남부 케랄라주와 동북부 나갈랜드주 등 기독교인이 다수인 주에서는 비싼 염소 고기나 양고기보다 소고기를 더 선호하는 경향이 있다. 이러한 배경을 바탕으로 나타르잔 박사와 제이콥 박사는 소고기를 소비하는 인도인이 전체 인구의 15%에 달할 것이라는 결론을 얻었으며 이는 공식 조사치보다 약 2배 많은 수에 해당한다.

지역별 음식 문화에 대한 고정관념 중에서도 맞는 것과 그렇지 않은 것이 있다. 가령 주민의 3분의 1이 채식을 하는 델리는 인도 탄두리 치킨(버터 치킨)의 수도라는 명성을 가질 정도로 닭고기 수요가 높고, '남인도 채식주의자 식단'의 중심지로 불리는 첸나이의 주민 중 겨우 6%만이 채식주의자이기 때문이다.

또한, 사람들은 인도 북서부 펀자브주를 '닭을 사랑하는 주'라고 계속 믿어왔지만, 진실은 75%에 달하는 인구가 채식주의자라는 것이었다. 그렇다면 '인도인의 대부분은 채식주의자'라는 신화는 어떻게 퍼져 나갔을까?

나타르잔 박사는 인도처럼 같은 사회 집단이 거주해도 몇 km만 가면 식습관과 조리법이 변화하는 다양한 사회에서는 공동체와 종교, 또한 주 전체를 대표할 만큼 힘있는 사람이 내는 목소리가 그 집단을 대표하는 것처럼 되는 것이 인도의 현실이라고 설명한다. 다시 말해 인구의 대다수를 차지하는 힌두교에서 상위 카스트로 간주되어 높은 지위와 권력을 쥐고 있는 사람들이 채식(Vegetarian)을 최상의 식습관이라는 차별화 포인트로 만들어서, 채식을 하지 않는 사람(Non~vegetarian)들과 차별화를 꾀함으로써 음식을 통해 계층 구조를 만든 것이다. 이는 식민지 시대에 백인과 유색인종을 구분하는 것과 비슷한 개념이다.

이것은 또한 거대한 대륙 인도를 처음 접하는 외국인들이 인도의 일부 몇 지역만 경험하고 그것이 전부인 것처럼 여기며 일반화해서 자신의 작은 경험을 공유하기 때문이기도 하다.

남성과 여성의 음식 습관에서도 차이를 발견할 수 있다. 남성이 여성보다 육식을 많이 하는데 이는 남성이 상대적으로 외식을 많이 하기 때문이기도 하고, 집안에서 가부장적인 모습을 보이는 인도인들의 성향과 연관되어 있다. 즉, 집에서는 강한 채식주의자 모습을 보이지만 실제 밖에서 활동할 때는 육식에 너그러운 모습을 보이는 것이다. 이는 인도인들의 이중적인 삶의 모습을 보여주는 단초이기도 하다.

분명히 대다수의 인도인들은 닭고기나 양고기를 자주 또는 정기적으로 먹는다. 대다수가 채식을 하지는 않는다. 여기서 우리 기업이 명심해야 할 것이 있다. 인도 시장에 대한 조사를 너무 맹신하지 말라는 것이다. 조사 및 설계 단계에서부터 시장 전문가 등과 상의해 과학적 방식으로 조사해야 한다. 필자도 실무를 하며 시장의 통념과 실제가 다르고, 조사 단계에서 질문을 어떻게 하느냐에 따라 정확도에 엄청난 차이가 생기는 사실을 경험했다.

026

인도의 음식 문화

음식 문화가 다양한 인도

국토가 광대한 인도는 각 지역마다 개성적인 음식 문화를 가지고 있다. 남북의 기후가 매우 다양하며 생산되는 농산물이 달라서 북부에서는 주로 밀가루(빵)를 주식으로 하고 남부에서는 쌀을 주식으로 하는 경우가 많다.

내륙에서는 해산물을 거의 먹지 않는 반면, 연안 지역에서는 해산물을 잘 먹고, 북부 사막 지대에서는 말린 과일을 요리에 많이 사용하는 등 지역별 특성에 따라 식재료도 다양하다.

인도 요리의 특징은 향신료를 많이 사용하는 것이지만, 지역·민족·종교 등에 따라 향신료를 사용하는 데도 큰 차이를 보인다.

인도의 지역별 대표 음식

북인도 음식 (델리 등)		중동 음식 문화의 영향을 강하게 받은 요리로 빵을 주식으로 한다. 빵 만드는 법에 따라 난, 챠파티, 로티 등 여러 종류가 있다. 조리시 기름과 유제품을 많이 사용하기 때문에 진한 맛의 요리가 많다. 향신료는 커민, 카다몬, 심황, 계피, 레드 칠리를 많이 사용한다. 탄두르 가마에서 구운 탄두리 치킨도 북부 인도 요리로 유명하다.
남인도 요리 (벵갈루루 등)		쌀이 주식인 남인도 요리는 소박한 느낌을 준다. 남인도 음식은 북인도 요리에 주로 쓰는 유제품보다 가격이 상대적으로 싼 코코넛 우유 등을 사용하기 때문에 가격이 저렴하다. 향신료로는 검은 후추와 카레 잎을 사용하며, 기름은 겨자 기름이나 참기름을 사용한다. 도사(Doas)는 남인도 요리로 매우 유명하다.
벵갈 요리 (콜카타 등)		생선을 많이 먹는 것이 가장 큰 특징이다. 다양한 생선을 야채와 렌즈콩을 같이 넣어 요리하며, 겨자 기름과 많은 향신료로 양념을 한다. 민물고기와 바닷물고기를 가리지 않고 요리해서 먹으며 주식은 쌀이다.

음식과 종교는 한 몸

인도의 음식과 종교는 매우 관련이 깊다. 인구의 8할을 차지하는 힌두교도는 소고기를 먹지 않고, 종교상의 계율을 이유로 논란의 여지가 있지만 국민의 23~37%가 채식주의자로 알려져 있다. 그래서 레스토랑 메뉴나 식품에는 채식주의자용 표시가 반드시 명확하게 되어 있다.

▲ 채식자와 비채식주의자를 구분하는 표시와 식당이나 가공식품에 사용되는 라벨. 이 라벨은 심지어 치약에도 사용된다. 가끔 치약을 삼킬 수도 있기 때문이다.

채식주의자의 구분은 매우 복잡하다. 예를 들어 달걀을 육식으로 받아들이는 사람도 있고 그렇지 않은 사람도 있다. 또, 비채식주의자로서 평소 육식을 하는 사람이라도 종교행사 기간 중이나 특정 요일에는 육식을 하지 않는 경우도 있다.

인도의 지역별 채식주의자 비율

구분	전국	델리	벵갈루루	콜카타
채식주의자 (달걀을 먹지 않음)	31%	43%	11%	4%
채식주의자 (달걀을 먹음)	9%	3%	2%	1%
비채식주의자	60%	54%	87%	96%

자료: 인도 영양학회, 2018년

최고는 바로 집밥

많은 인도인들은 가정에서 만든 식사가 최고라고 생각한다. 그래서 맞벌이 가정에서도 가능하다면 식사는 스스로 만들어 먹으려고 한다. 인도 중산층 이상 가정에서는 메이드를 고용하는 경우가 많지만, 요리는 메이드에게 맡기지 않고 직접 만들고 싶어 하는 주부들이 대부분이다. 그래서 집에서 먹는 식사뿐 아니라, 점심용으로 가정에서 만든 도시락을 가지고 통근하는 인도인이 많다.

뭄바이에서 발달한 도시락 배달부 다바왈라(Dabba~wala)는 잘못 배달하는 비율이 낮기로 세계적으로 유명하다. 이런 신기한 현상에 대해 미국의 한 대학에서는 5,000명의 다바왈라가 어떻게 IT 기술도 사용하지 않고 하루 20만 개가 넘는 도시락을 99.999%의 정확도로 배송하는지를 주요 연구 과제로 삼기도 했다.

▲ 도시락을 가득 실은 수레를 운반하는 다바왈라(출처: 위키피디아)

점심과 저녁 사이 간식은 필수

인도인들이 저녁을 먹는 시간은 일반적으로 늦다. 보통 오후 1~2시쯤에 점심 식사를 한 뒤 오후 8~10시쯤 저녁을 먹는다. 점심과 저녁 사이에 간식을 먹는 습관이 있어 다양한 간식거리를 길거리에서 쉽게 구할 수 있다. 감자 등 채소와 향신료를 밀가루로 싸서 튀긴 사모사, 티베트가 기원인 복숭아(만두를 닮은 음식) 등을 거리 곳곳에서 구할 수 있다. 스낵이나 비스킷도 빠질 수 없다.

인도에서는 일반적으로 소비재(공산품)의 상품 종류가 적지만, 스낵과 비스킷만은 예외다. 종류가 매우 많고 다양하다. 그리고 디즈니나 니켈로디언 등 어린이 채널의 광고는 장난감이 주요 광고 대상 제품인 우리나라와 달리 거의 전부가 간식 광고다.

▲ 인도 서브웨이. 비채식주의자는 왼쪽에서, 채식주의자는 오른쪽에서 주문한다.

인도인들이 손으로 음식을 먹는 이유

아유르베다*의 고문서에 따르면 손가락과 발가락은 가장 중요하고 소중한 몸의 일부다. 몸의 중요한 신경망이 손발에서 끝나기 때문에 맨손으로 음식을 먹을 때 연결된 신경을 통해 몸이 좀 더 효율적으로 반응할 수 있다고 믿는다.

각 손가락은 인도 전통의학에 기반해서 음양오행 중 하나와 관련이 있는데 다음과 같은 의미가 있다.

엄지 – 화(火)
검지 – 공기(Air)
중지 – 에테르(空虚, 공허)
약지 – 지구(土)
소지 – 물(水)

아유르베다에서는 아이가 엄지손가락을 빠는 습관이 아이의 체내 소화를 돕는다고 본다. 또한, 각 손가락은 눈에 보이지 않지만 소화액을 방출하여 소화 과정에 도움을 주고, 맛이나 냄새에 대한 감각도 손가락을 통해 느낀다고 본다.

인도 2대 대통령을 지낸 사르베팔리 라다크리슈난(Dr. Sarvepalli Radhakrishnan)이 영국 수상 윈스턴 처칠과 식사할 때 일이다. 인도 전통 음식을 먹기 전 라다크리슈난 대통령은 손을 굉장히 깨끗이 씻었다. 이 광경을 본 윈스턴 처칠 수상은 "포크나 숟가락을 사용하면 굳이 그렇게 정성스럽

---

*아유르베다(Ayurveda): 인도에서 오래전부터 이어져오는 고대 힌두교의 전통의학. 아유르는 '장수', 베다는 '지식'이라는 뜻이다.

게 손을 닦지 않아도 된다."라고 말했다. 이에 라다크리슈난 대통령은 "나는 포크보다 손이 더 위생적이라고 생각한다. 아무도 내 손을 사용해서 음식을 먹지 않았으니 훨씬 위생적이지 않은가?"라고 말하며 '손으로 먹는 것은 육체와 정신을 모두 다 만족시키는 식사법'이라고 말했다.

▲ 손으로 음식을 먹는 인도인들(출처: 위키피디아)

인도인과 식사할 때 유의할 점

참고로 손을 사용해서 인도인들과 식사할 때 주의할 몇 가지 사항을 알려주자면 다음과 같다.

인도에서 식사할 때 오른손은 '올바른(淨)'이라는 의미다. 인도에서 오른손으로 음식을 먹는 것은 식사 예절보다는 종교적인 자기 방어에 가깝다. 왼손은 '주타'라고 하며 부정(不淨)하다고 여기기 때문에 배변 후 뒤처리 등은 모두 왼손으로 한다. 반면에 식사 때 쌀과 카레 반찬을 접시에서 덜어 입으로 넣는 것은 오른손으로 한다.

그렇다고 식사 때 왼손을 일절 사용하지 않는 것은 아니다. 큰 접시에 놓인 음식을 나누거나 할 때는 왼손을 사용한다. 다만, 오른손으로 만진 음식은 먹은 것으로 간주하므로, 부정의 개념이 들어가서 한 마디로 '음식 쓰레기'로 취급한다. 누군가 입을 댄 음식은 부정하다고 여기기 때문이다.

027

전통 복장을 입고
출근하는 인도인

복장 규정이 필수인 인도인

인도는 다양한 색의 의상이 눈에 띄는 패션국이라고 이야기해도 지나치지 않다. 인도에서 생활하다 보면 인도인들이 다양한 민족의상을 입는 것을 무척 흔하게 경험하게 된다.

인도 남자들이 터번을 착용한다고 생각하는데, 터번을 한 사람들을 거리에서 쉽게 만날 수 있는 것은 아니다. 터번을 두른 것은 시크교라고 불리는 종교를 믿는 사람들로 인도 인구의 2% 정도다. 특히, 펀자브 등 시크교도들이 많은 사는 곳에 가면 흔하게 만날 수 있지만 흔한 복장은 아니다.

인도에는 종교 등에 의해 복장을 차려입는 규정이 있다. 그러나 모두가 같은 복장을 하고 있지 않아도 아무도 신경 쓰지 않는 다양성이 넘치는 나라 또한 인도다.

여성의 전통의상 '사리'

인도 하면 다양한 이미지가 떠오르겠지만 그중에서도 인도 여인들이 입는 전통 의상인 '사리(Saree)'야말로 아름다운 인도 문화를 대표한다고 할 수 있다. 사리는 인도 여성의 전통의상으로 바느질이 되어 있지 않은 길이 5~7m에, 폭 1~1.5m의 직사각형 천이다. 천의 양쪽 끝으로 다리와 어깨를 감싸 입는다. 일반적으로 면이나 실크 소재로 만들며, 염색이나 자수를 해서 다양한 색상과 무늬를 추가할 수 있다.

여인들이 화려하게 치장하는 데 필수인 이 아름다운 전통의상은 서양복식이 전파된 오늘날에도 대부분의 여성들이 입는 일상복과 다름없다. 그런데 영국의 식민 지배를 몇백 년이나 받았는데도 왜 인도 여성들은 입기 쉽고 활동성도 좋은 서양식 의상을 입지 않을까? 오히려 남성들은 와이셔츠와 바지를 많이 입는데 말이다.

▲ 인도 사리 제작 기업에서 기업 판촉을 위해 제작한 사리 유니폼 샘플
▶ 사무실에서 사리를 입고 근무하는 여성

물론 미(美)의 관점에서 사리는 묘한 매력을 가지고 있다. 옷을 여러 겹

입어야 하고 바닥에 끌리기 때문에 활동하기에 불편한데도 불구하고 최첨단 빌딩 숲에서도 사리를 입고 다니는 여인들이 많은 것을 보면, '사리'의 기능과 디자인을 뛰어넘는 뭔가가 있는 것이 분명하다.

인도 전통의상 사리에 담긴 비밀은 '카스트'에서 기원을 찾을 수 있다. 인도인들은 일종의 '순수성'이라 할 수 있는 카스트에 의해 '정(깨끗함)'과 '부정(깨끗하지 못한 것)'을 나눈다. 의복에서 인도인들이 부정하게(깨끗하지 않은) 여기는 옷은 바느질한 옷이다. 의상에 흠집을 내는 바느질은 옷의 영혼을 손상시키기 때문에 바느질한 옷은 부정하고 천한 옷이라고 여긴다. 과거에는 너비 1.1m. 길이 5.25m로 천의 규격도 엄격히 지켰다.

사리는 원래 맨몸에 입는 것이 원칙이지만, 오늘날에는 '쫄리'라고 부르는 몸에 짝 달라붙는 상의와 함께 입는다. 이 쫄리는 일종의 '탱크탑'으로 배꼽이 드러나며 여전히 힌두교 전통을 충실히 지키는 서북부 라자스탄에 가면 앞만 가리고 등 쪽은 가리지 않는 원초적인 스타일도 볼 수 있다.

사리 말고 보다 편하게 입을 수 있는 옷으로 우리의 개량 한복에 해당하는 '살왈수트(Salwar Suit)'도 있는데 무릎까지 내려오는

▲ 살왈수트를 입은 인도 여인(출처: Raul Datta)

상의와 바지, 그리고 숄을 함께 입는데 사리보다 훨씬 편하고 서구 복식에 가까운 옷이다.

남성의 전통의상인 '도티'

남성들의 대표적인 전통의상은 도티(Dhoti)라는 옷이다. 인도 남성의 전통 하의로, 사리처럼 바느질하지 않은 약 4.5m 길이의 직사각형 천을 바지와 비슷한 형태로 몸에 두르는 치마다. 남인도에서 즐겨 입는 남성용 치마는 룽기라고 한다.

▲ 인도 남성들의 대표적 전통의상 도티(Dhoti)
▶ 인도 북부 남성들의 평상복 꾸르따 삐자마(Kurta Pijama)

또, 꾸르따 삐자마(Kurta Pijama)라는 옷이 있는데 인도 북부 지방 남성들이 평상복으로 입는다. 상의인 꾸르따는 보통 무릎 정도 길이로 입지만 엉덩이까지 내려 입기도 한다. 단추가 달려 있고, 소매는 긴 것이 대부분이다.

삐자마는 파자마라고도 하는 헐렁하게 입는 바지류다. 허리에 끈을 묶어 입고 전통적으로 흰색이 많다. 하지만 최근에는 화려한 색도 많이 입는다.

북부 남성들은 살와르 까미즈(Salwar Kameez)와 아주 유사한 빠탄수트
(Pathan Suit)를 많이 입는다. 살와르 까미즈는 여성들이 입는 전통 드레스로
살와르는 일종의 긴 셔츠를 말하고, 까미즈는 바지 형태의 옷을 말한다. 이
때 상의의 길이는 다양하다. 드레스 안에 바지를 입은 형태라고 생각하면
된다.

일종의 긴 재킷인 아쯔깐(Achkan)도 인도 전역에 걸쳐 볼 수 있다. 긴 소매
에 길이는 무릎이나 그 밑까지 오는데, 앞쪽에 단추가 달려 있다.

▲ 빠탄수트(Pathan Suit)와 아쯔깐(Achkan)

028

세계 1위의 금 소비국, 금 때문에 발생하는 무역적자도 1등?

황금 셔츠를 입은 남자

인도 마하라슈트라주의 유명한 사업가이자 정치인인 팡카지 파라크 (Pankaj Parakh)는 일명 '황금 셔츠를 입은 남자(Man with The Golden Shirt)'로 유명하다. 2014년 8월 1일, 그는 기네스북에 세계에서 가장 비싼 금색 셔츠를 입은 사나이로 기록되었는데, 그가 입은 셔츠의 가격은 16만 1,354달러였다.

▲ 기네스북에 기록된 황금 셔츠를 입은 남자(출처: Times of India)

파라크는 마하슈트라주의 가난한 시골마을에서 태어나서 의류 사업으로 큰 재산을 모았고, 뭄바이에서 260km 떨어진 나식(Nashik)이라는 도시에서 시장을 역임했다. 그의 황금 셔츠에 사용된 황금의 무게는 4.1kg 정도인데, 그는 더 돋보이기 위해 금시계, 금목걸이 그리고 금으로 된 핸드폰과 금으로 된 안경까지 착용해서 더더욱 관심을 끌었다. 그가 몸에 두른 금으로 된 제품에 들어간 금의 양은 무려 10kg에 달한다.

한국인의 눈으로 볼 때 그는 극단적인 경우에 해당돼 뉴스거리가 되었다고 생각하겠지만, 대부분의 인도 사람들은 어느 정도 그를 이해하는 모습을 보인다.

금에 대한 인도인의 집착은 세계적으로 알려진 사실이다. 세계적인 투자 전문가들은 금에 대한 인도인의 집착을 비합리적이라고 생각한다. 반면에, 인도 소비자들은 금을 조상의 재산을 지키고 이어나가게 만드는 수단으로 여긴다. 그들은 금이 영원하다고 믿는다.

고대 인도를 힌두어로 '금으로 된 참새(Sone Ki Chidiya)'라고 할 만큼 보석에 대한 생각은 인도인들의 전통에 깊이 뿌리내리고 있다. 인도인들은 언제나 가능한 한 자신의 몸을 보석으로 치장하는 데 열중한다. 많은 인도인들은 사회적인 집회나 모임뿐만 아니라 평소 일상생활에서도 무거운 보석과 장식품을 주렁주렁 달고 나타난다. 금과 은은 고대로부터 인도 가정에서 중요한 역할을 해 왔다. 인도에서는 금을 귀한 금속으로 취급하며 행운을 상징하는 것으로 여긴다.

또한, 인도인들은 금을 다른 투자 대상에 비해 매우 안전한 투자 대상으로 여겨 항상 수요가 공급을 웃돈다. 반면에 백금은 금만큼 인기를 끌지 못한다. 인도 투자자들은 높은 인플레이션이나 불안정한 경제적 상황에 대한 위험회피 본능으로 인해 예로부터 금에 매료되어 왔다.

금에 매혹된 인도인들

서양에서는 금으로 된 보석이 고정가격으로 순금 함유 가치의 100~300% 이상의 고가에 판매된다. 하지만 인도에서는 금으로 된 보석이 변동가격으로 순금 함유량에 기초한 시가에 판매되고, 이는 서양에 비하면 상대적으로 저가다. 소매점 이익은 5~25% 정도로 알려져 있다. 소비자들은 판매와 교환이 용이하기 때문에 금 보석류를 투자대상으로서 중요시 여긴다.

인도에는 약 30만 개의 금 보석 가게, 1만 곳 이상의 정련소, 1,000개 이상의 제조 공장이 있으며, 300만 명 이상의 금 세공 장인들과 관련 업계 종사자가 있다. 세계 골드 위원회 보고서(World Gold council Report)에 따르면 인도의 약 1억 8,000만 가구가 가구당 평균 64g의 순금을 소유하고 있으며 적어도 그중 90%가 금으로 된 보석 형태다. 이 같은 통계를 통해 금에 대한 인도인들의 엄청난 사랑을 확인할 수 있다.

인도는 스위스, 아랍에미리트, 남아프리카공화국, 오스트레일리아, 미국 및 그 외 금 매장량이 풍부한 나라들로부터 금을 수입하고 있다. 세계 골드 위원회 통계에 따르면 인도는 세계 최대의 금 소비국이다. 매년 약 900톤, 전 세계에서 채굴된 금의 약 33%가 인도에서 소비된다. 인도에서 소비되는 900톤의 금 중 75%가 보석으로 가공 및 생산된다. 세계 제2위의 소비국인 중국도 인도 금 소비량의 30% 정도만 소비할 뿐이다. 인도의 GDP 규모를 고려하면 인도의 금 수요 수준은 미국이나 중국에 비해 월등히 높다.

인도는 만성적인 무역적자국이다. 금을 소유하려는 인도인의 높은 구매욕은 결국 현재의 경상적자를 더욱 증가시키고 있다. 인도 경제가 처한 문제와 상관없이 인도 소비자들은 보석류, 특히 금에 대한 애정을 잃지 않는다.

실생활에 깊숙하게 침투한 금

인도에서는 금 장식품을 신부에게 보내지 않고서는 결혼할 수 없다. 뿐만 아니라 가장 못사는 옷차림을 한 소녀들조차 간소한 금코찌를 하고 있다. 역사적으로 인도의 부유층이나 상류층에서 금은 결혼식의 필수품이었다.

그런데 금이 목걸이, 코찌, 팔찌, 귀걸이 등 다양한 형태와 동전 모양으로 많이 이용됨에도 유독 발가락지만은 만들어진 적이 없다. 왜냐하면 신의 상징인 금을 인간의 다리에 사용해 더럽히면 안 되기 때문이다. 얼굴이나 목, 손, 배 주변에는 많은 금 장식품을 노출하지만 발목이나 발끝에는 금 발찌나 링을 절대로 달지 않는다. 다리에 금 장식을 달고 있는 사람은 극단적으로 버릇이 없거나 무신론자로 간주된다.

인도인에게 금은 파괴 불능이며 교환 가능하고 아름다운 것이다. 18금 22금 또는 24금 등 금의 순도에 상관없이 금은 항상 신성하다. 인도인의 금에 대한 집착은 어떤 제약이 있더라도 영원히 계속될 것이다.

029

인도의 환경 문제

최악의 대기 오염 국가 인도

'세계 최악의 대기 오염 국가 인도', 환경 단체 그린피스 등이 지난 해 3월 세계 3,000개 도시에 대한 오염 정도를 나타내는 데이터를 발표했는데, 세계 최악의 대기 오염이라는 오명을 쓴 도시 10개 중 7개가 인도에 있었다. 그중에서도 최악은 델리였다. 델리의 대기오염 농도는 중국 베이징의 7배에 달한다.

최근 인도 보건당국 관계자는 트위터를 통해 뉴델리의 대기 오염도가 측정기가 측정할 수 있는 최고치인 최댓값 999를 기록한 것을 밝히며 "이것은 재앙이다."라고 말했다.

최근 인도에 거주하는 외국인들의 큰 걱정 중 하나가 대기 오염이다. 특히, 델리에서는 상황이 해마다 더욱 악화되고 있다. 몇 년 전까지만 해도 일반 인도인들은 이런 환경 문제에 큰 관심이 없는 것처럼 행동했지만, 최근 들어 많은 변화가 일어나고 있다.

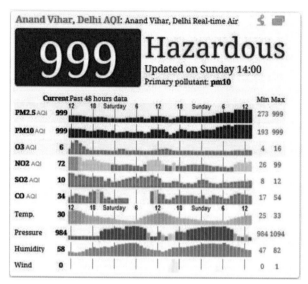

▲ 999 수치를 보이는 인도 델리의 대기 오염 상황

　미세 먼지 농도에 따라 2016년에는 차량 운행 홀짝제가 시행되었고, 2017년에는 공립학교가 며칠간 폐쇄되는 등 이제 인도에서도 대기 오염의 심각성을 자각하기 시작했다. 대기 오염에 대한 일반인들의 관심은 나날이 높아지고 있다.

　2017년에는 심지어 스리랑카와 인도 간 크리켓 국가 대항전에서 선수 두 명이 필드에서 구토하며 쓰러진 사건이 있었다. 세계보건기구(WHO) 발표에 따르면 대기 오염은 만성 호흡기 질환과 천식을 일으키며 인도에서 다섯 번째로 큰 사망원인이다. 델리에서는 오염된 공기로 인해 220만 명 어린이들의 약 50%가 폐 손상을 입는다고 한다. 인도 정부에서 다양한 대책을 시행하고 있지만 아직까지 큰 효과를 거두지는 못하고 있다.

　'하루에 담배 50개를 피우는 것과 거의 유사한 살인 대기'로 유명한 인도의 대도시에는 특히 겨울에 대기 오염의 정도가 더 심해진다. 이는 난방을 위해 가동되는 석탄발전소, 소의 대변과 쓰레기를 태우는 행위, 건조한 날로 인해 발생하는 도로의 분진, 공장과 자동차에서 배출되는 매연 등 다양한 원인에 의해 발생한다.

심각한 물 부족 국가, 인도

물 부족 또한 심각한 상황이다. 인도 행정위원회의 보고서에 따르면, 약 6억 명의 사람들이 가뭄에 의해 심각한 물 부족으로 곤란을 겪고 있고, 매년 20만 명이 안전하지 않은 물을 마시고 사망한다. 그리고 현재 약 1억 명은 물 때문에 삶을 영위하기 힘든 지경에 놓여 있다. 인도의 싱크 탱크인 인도 행정위원회의 2018년 보고서에 따르면, 인도 내 총 21개 주요 도시에서 지하수가 조만간 고갈될 전망이다. 인도에서 공급되는 물의 40%를 담당하는 지하수는 해마다 줄어들고 있다. 지하수뿐만 아니라 다른 수원도 고갈되고 있으며, 인도 정부의 중앙 물위원회(CWC)는 2019년 6월 인도 국내 저수지의 약 3분의 2가 기준 수위 이하라고 발표했다.

도시의 확대와 환경 악화로 인해 대도시에는 사용 가능한 빗물을 모아 두는 장소도 없다. 또한, 빗물 저장 시스템, 물 재이용·재활용, 폐수 처리 등 물을 보전하기 위한 인프라도 한정되어 있다.

벵갈루루와 하이데라바드 등의 도시에서는 수돗물이 고갈되어 주민들은 정부의 비상 급수차에 의지해야만 하는 지경에 이르렀다. 급수차를 관장하는 '물 마피아'까지 출현하고 있는 현실이다.

인도에는 연간 필요한 수량 이상의 비가 내리지만, 대부분이 여름 우기

(보통 4개월)에 다 내려버린다. 인도의 다른 주요 수원은 인도 북부의 강을 적시는, 히말라야 고원에서 녹아내린 눈과 빙하다.

히말리아 고원에서 발원한 물을 오염시키지 않고 수천 km 떨어진 곳에 물을 나르는 것은 매우 큰 기술적 과제다. 인도는 강수량의 일부만 확보해 사용할 뿐 나머지 대부분은 사용되지 못한 채 바다로 유출된다. 또한, 여러 도시를 거치면서 강물은 거의 사용할 수 없을 정도로 오염되어 물 활용도는 더욱 떨어진다.

인도 수자원의 최대한 사용지인 농촌의 물 관리는 더더욱 엉망이다. 인도 GDP의 약 17%밖에 차지하지 않는 농업 분야에서 수자원의 약 80%를 사용하며, 효율적인 관개 시스템이 없어 겨우 34.5%의 농토에만 관개 시설이 설치되어 있다. 부족한 물을 해결하기 위해 농가에서는 거액의 정부 보조금으로 얻은 전력을 지하수를 퍼올리는 데 사용하고 있다.

인류 문명이 탄생한 인도 갠지스강은 모순으로 가득 차 있다. 이 큰 강은 히말라야 빙하에서 그 기원을 찾을 수 있다. 하지만 그 맑고 깨끗한 물은 인도의 인구 밀도가 높은 도시를 지나 벵골만에 흘러가는 동안 쓰레기와 하수로 오염된 물로 바뀐다.

모디 수상은 2015년 30억 달러를 투자해 4억 명이 식수로 이용하고, 10억 명이 넘는 힌두교도가 거룩하게 숭배하는 이 강을 정화하겠다고 약속했다. 하지만 실제로 사용한 예산은 원래 투자하기로 했던 금액의 4분의 1 이하인 것이 최근 감사에서 밝혀졌다. 경건한 힌두교에서 어머니 강으로 불리는 갠지스강은 끔찍한 상황에 놓여 있다. 인도 정부는 이 강을 깨끗이 하기 위해 30년 넘게 노력하고 있다. 하지만 길이 2,500km나 되는 긴 이 강에 기대 사는 사람들이 너무 많고, 그들이 배출하는 오염물질이 어마어마하기 때문에 정부의 시도는 번번이 실패로 끝나고 있다.

사상 최악의 오염 상태에도 불구하고 강에서 빨래하거나 목욕하는 인도인들의 모습을 종종 볼 수 있다. 아직도 많은 이들이 거룩한 갠지스강물을 생활용수로, 심지어 식수로도 사용하고 있다. 또한, 인구가 증가해 물 소비가 많아지고 있음에도 불구하고 관습대로 시체를 화장해 갠지스강에 흘려보내기도 하고 상류에서는 소를 목욕시키기도 한다.

힌두교에서는 갠지스강물에 죄를 씻으면 효과가 있다고 믿으며, 2016년에는 '성수'로 우체국 통신 판매를 시작했다. 게다가 인도 힌두교 신자들은 신앙심이 두터워 대부분 오염을 전혀 신경 쓰지 않는다.

030

인도의 가족 마인드 이해가
비즈니스의 시작

가족을 소중하게 여기는 인도인들

인도인들의 커다란 특징은 가족을 매우 소중히 여긴다는 사실이다. 예를 들어, 인도인 직원이 회사를 쉬는 이유 중 가장 큰 비중을 차지하는 것이 '가족'이다. 특히, 어느 누가 아프다고 하면 온 가족이 병원으로 총출동하기 때문에 대기실은 늘 혼잡하다. 인도인에게는 결혼도 개인과 개인의 결합이 아니라 가족과 가족 결합의 색채가 강하다.

그렇다면 인도인들에게 가족이란 어떤 의미일까? 인도인들에게 "당신의 가족은 어떤 가족인가?"라고 묻는다면 어떤 대답이 나올까?

대부분은 자신의 가족은 대가족이라는 대답이 먼저 돌아온다. 이것이 의미하는 바는 아이가 많다는 단순한 의미가 아니라 조부모, 형제, 자매, 사촌 등이 모두 같은 집 또는 이웃에 살고 있다는 것이다. 동일한 주거지에 자신의 가족과 친척이 살고 있다는 것뿐만 아니라, 금전적으로도 매우 의존성이 높다는 것을 뜻한다. 여기에 해석을 더 보태면, 대가족 중 소득이 있는 사람은 소득이 없는 사람(가족)을 부양할 의무가 있다는 뜻이다. 즉, 대가족 속에서 나름대로 수익을 얻을 수 있는 사람이 자신의 아이들과 부모를 돌보는 것은 물론 형제 가족, 사촌 가족 중에서 스스로 생계를 꾸리지 못하는 사람까지 먹여 살려야 한다는 것을 말한다.

가족 기업 비율 1위, 인도

이를 간접적으로 반영하듯, 전 세계에서 가족 기업 비율이 가장 높은 곳이 인도다. 투자은행 크레디트 스위스(Credit Suisse)의 연구 결과에 따르면 남아시아 주요국에서 시가총액 5,000만 달러(약 583억 원) 이상인 상장 기업 10곳 가운데 6곳 이상이 가족기업이다. 인도의 경우 가족기업의 비중이 67%로 가장 높고 필리핀(66%), 싱가포르(63%), 말레이시아(62%), 인도네시아(61%) 등이 뒤를 잇고 있다. 한국은 주요기업의 58%가 가족기업이다.

그런 만큼 개인이 일하고 얻는 수입 자체가 개인의 것이 아니라 가족의 것이라는 생각이 없다면 도저히 이해할 수 없는 일들이 많이 벌어지는데, 이 사고의 뿌리를 살펴보면 이전에 설명한 대로 결혼과 큰 연관성이 있다. 인도에서 결혼은 개인 의사에 따른 것이 아니라 가족 의사를 기초로 한다. 그 이유는 이렇듯 경제적 문제가 얽혀 있기 때문이다. 인도에서 결혼이란 남녀가 서로 궁합 등을 확인한 후 양자 합의하에 결혼을 형성하는 것이 아니라, 가족과 가족이 서로의 궁합 그리고 금전적 상황 등을 확인한 후 각 가족의 구성원인 개인 간의 결혼을 인정하는 형태를 취하는 것이다.

결국 금전적 종속성 등을 고려해 가족이 가족을 서로 고르는 과정을 통해, 인도에서는 부유층은 부유층과 결혼하고 가난한 계층은 가난한 계층과 결혼할 수밖에 없다. 결과적으로 이를 통해 카스트 계급이 유지된다.

대가족 제도의 부작용, 가부장제

마지막으로 첨언할 것은 대가족 제도라는 전통적인 가족의 모습에는 좋은 점도 있지만 나쁜 점도 존재한다는 점이다. 대가족제도를 유지하기 위해서 가장 필요한 것은 가정 내 질서 유지다. 인도에서는 이 질서 유지의 방법을 가부장제에서 찾았다. 이 가부장제는 인도 사회에서 카스트 제도와 마찬가지로 강력한 배척 메커니즘으로 작동하고 있다. 다시 말해 카스트 제도 자체가 원래 지극히 가부장적이다. 그리고 그 결과로 인도 여성의 사회 진출은 답답하기 그지없다.

전통적으로 인도 여성은 남성에 비해 교육의 기회가 제한되는 등 사회에 나가서 일하기보다는 집에 있는 것이 우선시되어 왔다. 이러한 경향은 지금도 가난한 지방에서 특히 더 많이 나타난다. 육체노동이 많은 곳에서는 생산성이 좋은 남자를 선호하는 경향이 강하다. 이를 반영하듯 힌두교에서는 결혼 시 신부측 가족이 신랑측에 지참금을 준비하는 풍습이 있다.

세계경제포럼(WEF)의 '2019년 전 세계 성 차별 보고서'에 따르면 인도의 순위는 153개국 중 112위로 하위에 그친다. 여성의 정계 진출항목에서는 18위인 반면 출산율과 수명을 평가하는 건강항목에서는 150위, 경제참여 항목에서는 노동시장 참여와 소득의 격차가 큰 것으로 평가되어 149위에 올랐다. 안전하고 깨끗한 교통, 화장실 등의 인프라 시설이 한정되어 있는 것도 여성의 취업을 어렵게 하는 요인이다. 참고로 뭄바이증권거래소(BSE)에 상장된 500대 기업 최고경영자 중 여성은 겨우 8명뿐이다.

인도의 이러한 가부장제는 근본적으로 남녀 성비 구성에서 문제를 만들기도 한다. 현재 인도는 남아 1,000명당 여아 908명의 비율로 세계 최고의 성비 불균형 국가다. 태아의 성별 판단을 법으로 금지했음에도 불구하고 인구조사에 따르면 0~6세 남자 유아 1,000명당 또래의 여자 유아 수는 1991년 945명, 2001년 927명, 2011년 918명으로 계속 감소하고 있다. 또한, 이러한 성비 불균형으로 인해 성폭력과 이에 따른 다양한 사회 문제가 발생하고 있다. 이는 인도 사회의 균형 발전을 저해하는 요소로 작용하고 있으며 우수한 여성의 사회 참여를 막는 주요한 요인이다.

그런데 최근 인도에 해외 기업들이 많이 진출하면서 이런 상황이 점점 바뀌고 있다. 물론 인도 정부에서도 법적인 장치를 마련하고 있지만, 해외 기업들은 인도에 진출하면서 여성 고용 50%를 목표로 삼아 인도에 변화를 불러일으키고 있다.

인도의
음악과 영화,
예술 사랑

031

인도의 영화 이야기

1년에 2,000여 편의 영화가 나오는 나라

인도를 이야기하면서 영화를 이야기하지 않을 수 없다. 아무리 인도에 대해 잘 모르는 사람이라도 '인도=영화(볼리우드)'라는 공식이 있을 정도로, 인도 영화는 100년 이상 이 나라의 유일한 오락 산업으로서 번영해 왔다. 인도에서는 매년 1,500~2,000편의 영화가 20개 이상의 언어로 제작될 만큼 세계 최다 제작 편수를 자랑한다.

또, 음악이나 패션 산업과 같은 종류의 엔터테인먼트 관련 업종과 더불어 영화와 그 스타들이 내뿜는 매력으로 인해 인도의 영화 산업은 성장을 거듭하고 있다. 신문, 잡지, TV는 물론 온라인에서는 스타들의 일거수일투족에 주목하며 지면과 영상을 채우고 있다.

인도 영화의 역사를 살펴보면 인도 최초의 영화인 〈하리슈찬드라 왕 (Raja Harishchandra)〉이 1913년에 제작되어 개봉했다. 이는 우리나라에서 최초로 기록된 영화인 〈월하의 맹세〉를 상영한 것보다 10년이나 앞선 것이다. 그로부터 100년이 지난 지금도 인도인들에게 영화의 매력은 지속되고 있으며 연간 30억 장이 넘는 티켓이 팔리고 있다.

▲ 1913년 제작된 영화 〈하리슈찬드라 왕〉의 한 장면

인도 영화는 다양한 언어로 제작되는데, 변치 않는 주제는 인도의 신화와 힌두교 등 종교에 관한 것들이다. 1930년대 및 40년대에는 사회주의적 테마나 빈곤 극복과 개발에 뒤처진 사회상을 고발하는 내용이 많았다. 1960년대에는 히피 문화 등 세계적 유행이 유입되어 부잣집 출신의 악인 대 가난한 선인, 시골 출신의 좋은 놈 대 도시 출신의 나쁜 놈이라는 전형적인 테마가 도입되어 인기를 끌었다. 1970년대와 80년대는 슈퍼스타에 대한 열광이 본격화된 시기다. 그 당시 영화배우의 존재는 인도인들을 열광시켰고 지역의 문화와 감성에 따라 그 특성을 더했다.

로맨틱한 멜로드라마(인도의 영화 용어로는 마살라 엔터테인먼트)는 인도 영화의 중심이 되었다. 하지만 1990년대 이후 영화감독들 사이에서 인도의 현실을 신랄하고 거짓 없이 그려낸 현대적 스토리의 영화를 제작하는 경향이 새롭게 나타나기 시작했다. 그렇다고 해서 역사적으로 유행했던 소재의 특성이 사라지지는 않았고, 그러한 주제와 소재 위에 현실을 비판하는 영화가 제작되고 있다고 볼 수 있다.

2018년 인도의 영화 산업은 24.4억 달러의 매출을 기록하며 세계 3위에 올라섰다. 인도 영화 티켓 가격은 단체관람의 경우 80~100루피, 멀티플렉스의 경우 100~500루피 정도다. 멀티플렉스 영화 가격에는 여러 가지 요소가 반영되는데, 예를 들어 위치, 예약시간, 예약요일 등에 영향을 받는다. 영화를 보는 데 드는 평균비용은 대략 평일에는 108루피, 주말에는 199루피 수준이지만 도시별로 영화 보는 데 드는 비용은 다 다르다. 뿐만 아니라 영화요금은 극장 체인에 따라서도 다르다.

도시별 인도 영화 티켓 평균 가격

(단위: 루피)

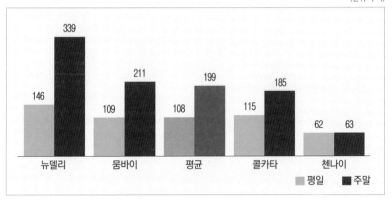

현재 인도에는 9,600개의 영화관이 있고 그중 2,950개가 복합 상영관이다. 매년 150여 개의 단일 상영관이 사라지고 200여 개의 멀티플렉스가 생겨난다. 하지만 인도의 현재 상영관 보급률은 중국, 미국 및 영국에 이어 백만 명의 인구 당 영화 상영관이 6개로 가장 낮은 수준(100만 명당 15개의 스크린이 있어야 함)이며 세계에서 가장 낮다. 유네스코 연구에서는 인도 내 영화감상 인구의 요구를 충족시키려면 약 2만 개의 영화관이 필요할 것으로 전망했으며, 이러한 잠재적 수요를 충족시키기 위해 국내 및 해외 기업들은 새로운 복합 상영관개설에 앞다퉈 나서고 있다.

▲ 인도의 대표적인 극장 체인 PVR

인도 전역에서 영화 제작

뭄바이를 기반으로 한 힌디어 영화산업 벨트를 흔히 볼리우드(Bollywood)라고 부른다. 많은 외국인은 인도 영화 자체가 볼리우드 영화라고 생각하지만 볼리우드 영화는 제작 편수로 따지면 인도에서 제작되는 전체 영화의 20%도 되지 않는다.

인도의 영화시장은 각 언어권별로 힌디어권의 볼리우드(Bollywood), 타밀어권의 콜리우드(Kollywood), 텔루구어권의 톨리우드(Tollywood), 말라얌어권의 몰리우드(Mollywood), 펀자브어권의 폴리우드(Pollywood) 등이 주도하고 있다.

힌디어 영화는 순이익을 기준으로 인도 영화시장에서 40%의 점유율을 차지하며, 지역 영화 및 국제 영화는 각각 50%와 10%를 차지한다. 타밀어와 텔루구어 영화의 시장 점유율은 약 34%이며 힌디어 다음으로 높은 점유율을 나타낸다.

2018년을 기준으로 237편의 힌디어 영화, 197편의 타밀어 영화, 237편의 텔루구어 영화 등이 개봉했으며, 그중 힌디어 영화는 가장 높은 편당 순이익을 보이며 영화시장을 선도하고 있다. 미국산 할리우드 영화는 2018년 10%로 10년 전 시장점유율인 3~4%에 비하면 크게 올랐다.

유통구조를 살펴보면, 인도 영화는 제작이 이루어진 후 국내 상영관, 해외 상영관 및 케이블, 위성방송을 통해 유통된다.

유통 매체별로 영화 매출액 비중을 살펴보면, 인도의 국내 상영관 부문은 총 매출액의 72%를 차지해 높은 점유율을 보이고 있다. 국내 상영관을 제외한 나머지 28%는 케이블·위성방송, 해외 상영관 그리고 디지털, 음원 저작권으로부터 발생하는 매출액으로 구성된다.

인도 영화 유통 단계

스타가 만드는 광고의 효과

인도의 영화 산업에는 약 600만 명의 일자리가 있다. 볼리우드만 해도 뭄바이 인근(볼리우드의 소재지)에서 약 18만 명에게 일자리를 제공하고 있다.

볼리우드의 최고 영화 스타는 편당 400만 달러 이상 출연료를 받는다. 2020년 인도 최고의 영화배우 중 한 명인 악사이 쿠마르는 1년간 영화 출연료로만 4,000만 달러 이상을 벌어들였다. 그들은 인도 젊은이에게 스타일, 유행, 패션의 선도자다.

영화가 패션이나 사회적 조류에 미치는 강한 영향력으로 인해 영화 스타를 기용한 제품의 광고는 인도에서 판매 촉진을 위한 확실한 방법으로 간주된다. 가정용품부터 자동차, 통신기기, 전자기기, 청량음료, 쌀 등 그 어떤 제품을 불문하고 영화 스타는 모든 종류의 제품 광고에서 활약하고 있다.

TV 및 기타 매체에서 볼 수 있는 제품 광고에 나오는 인기스타는 각 광고당 3,000만~1억 루피를 받는다. 현대자동차가 인도에 선보인 모델 상트로(한국 판매명 아토즈)는 유명인을 기용한 광고를 활용해 효과적인 브랜딩에 성공한 인도 마케팅의 고전적 성공 사례다.

현대자동차는 영화배우인 샤룩 칸을 브랜드 앰배서더*로 기용했다. 신속히 브랜드 인지도를 높여 주요 타깃인 30~40세 인도 중산층과 현대자동차 사이에 좋은 관계와 정서적 일체감을 만들기 위해서였다. 이를 위해 현대자동차는 샤룩 칸을 활용한 티저 광고를 제작했다. 바로 김(Kim)이라는 이름의 한국인(현대자동차인디아 사장)이 등장해 샤룩 칸에게 자사 차의 광고 모

---

*브랜드 앰배서더(Brand Ambassador): 특정 브랜드를 홍보하는 홍보 대사 역할을 하는 사람. 주로 유명인, 전문가 등이 해당한다.

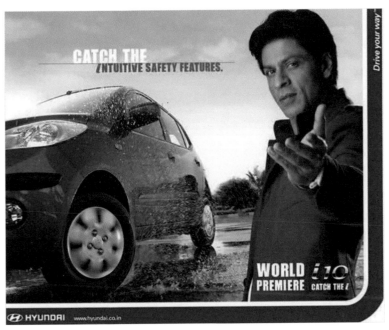

▲ 현대자동차의 브랜드 앰배서더로 활동하고 있는 샤룩 칸

델이 되어줄 것을 요청하는 내용이었다.

　김은 자사 제품의 품질과 상트로라는 브랜드를 중심으로 홍보하고 현대자동차가 인도에 진심을 담아 제품을 판매하려는 상황을 샤룩 칸에게 납득시키려 하지만, 샤룩 칸은 의심스러운 듯 그의 얼굴을 바라본다는 설정이었다. 그 후, 이 광고는 일련의 인쇄 광고로 계속 이어졌는데, 샤룩 칸이 이 차의 광고 모델이 되는 것을 맡을 것인가 아닌가를 여론에 묻는 내용이었다. 이 광고들은 상트로라는 브랜드의 정식 출시 전부터 브랜드 인지도를 높였다.

　티저 몇 주 후 처음으로 TV 광고가 나왔다. 광고에는 샤룩 칸과 김이 다시 등장해 브랜드와 기업명을 알리고, 거기에 김의 "우리는 최선의 결과를 얻는 것만을 생각하고 결정합니다."라는 교묘한 카피가 들어갔다. 마지막으로 샤룩 칸이 인도 소비자를 대표해서 "저는 납득했습니다."라고 김에게 대답하는 내용이었다. 샤룩 칸은 상트로 판촉 계획에 아주 적합한 모델이었고, 출시 후 4년 동안 상트로는 시장 점유율 1위 기업 일본계 마루티 스즈키의 대표 판매 모델 Zen을 제치고 최다 판매 기록을 갱신했다.

반면 인도에서 스타를 이용해 광고할 때 생길 수 있는 단점도 있다. 가장 큰 리스크는 스타의 이미지 변화가 심하다는 것이다. 또 하나의 리스크는 시장에서 확립되지 않은 새로운 브랜드의 경우, 유명인의 개성과 영향이 너무 강해서 브랜드가 본래 전달해야 할 이미지를 소비자에게 제대로 전달하지 못하기도 한다는 것이다.

그러나 스타가 나오는 광고 효과는 특히 새로운 시장에 진출할 때 빠르릴 수 없는 것이다. 인도에서는 '스타는 신'이라는 사실을 깨닫는 것이 중요하다.

인도에서 사업을 전개하려고 하는 기업은 타깃으로 하는 스타가 일부 사람들에게 신뢰를 낳는 원천이며, 이들이 그 스타와 함께 제품이나 상품도 열성적으로 지지해준다고 생각한다. 그래서 그 스타와 제휴를 맺어 같이 움직이는 것에 대해 크게 기대하게 된다.

하지만 실제 스타의 광고를 바탕으로 구매 여부를 결정하는 것은 인도 소비자의 3%에 불과하며 84%는 품질과 가격을 첫 번째 구매 요인으로 여긴다. 그러므로 스타들은 제품의 매력을 더하고 주목을 받기 위해 이용하는 수단이라는 것을 명심해야 한다. 인도인들의 대다수는 가족의 필요나 욕구를 중심으로 구매를 결정한다. 그러나 인도의 젊은 소비자는 자기표현을 중시하고, 자신의 생각과 개인적 취향에 따라 구매를 결정하는 보다 서구적인 자세를 취하고 있다.

브랜드 앰배서더 개념이 인도 광고계에 급속히 퍼지면서 많은 기업이 이른바 스타를 자사의 브랜드 이미지를 구축하는 데 활용하려고 하고 있다. 자사의 브랜드 인지도를 높이고 고객과 좋은 관계를 맺어 잠재 수요를 이끌어내려는 기업들의 니즈가 자리하는 한 인도 시장에서 스타를 활용한 마케팅은 지속될 것이다.

볼만한 것은 없고 채널만 많은 TV

인도의 TV 보급률은 전체 가구의 약 66%(2018년 기준) 정도이며 총 2억 9,700만 가구 중 약 1억 9,700만 가구에 케이블 TV 서비스인 DTH 서비스가 제공되고 있다.

인도 TV에는 다양한 언어로 방송되는 수천 개의 프로그램이 있다. 특히, 멜로 연속극은 매우 인기 있는 장르다. 인도에는 857개의 채널이 있으며 대부분은 무료로 시청할 수 있다. 이 중에서 유료 채널은 187개다. 힌디어 TV 채널이 가장 큰 시장점유율을 차지하며 인도 전역 어디에서나 볼 수 있다.

여기에 특정 지역에서 시청할 수 있는 다수의 지역 채널이 있고, 그 지역 언어로 방송하는 채널도 있다. 인도의 케이블과 텔레비전 산업의 규모는 105억 6,000만 달러에 달하며, 중국과 미국의 텔레비전 업계에 이어 세계 제3위다.

국영 TV 방송(Doordarshan)은 인도의 공공 서비스 방송이며, 스튜디오나 방송설비 등의 인프라 면에서 인도 최대 규모의 방송국이다. 현재 인도 국영 TV 방송 채널은 21개이고, 총 콘텐츠의 53%는 일반 엔터테인먼트, 24%는 영화, 7%는 뉴스로 채워져 있다. 이 밖에 크리켓, 카바디(인도식 족구), 정치, 연속 멜로드라마 등이 인도의 주요 TV 프로그램이다.

TV는 인도 광고에서 중요한 역할을 한다. TV 매출의 41%, 약 43억 달러의 매출이 광고에서 나오는데 매년 10% 이상 성장 중이다. PwC(글로벌 광고대행사)의 최신 리포트에 의하면, 인도에서 1만 개가 넘는 기업이 TV에 지출하는 광고비는 향후 지속적으로 높아질 것으로 예상된다.

크리켓의 나라, 인도

인도의 국민 스포츠 크리켓

인도와 일하면서 가장 생소한 것 중 하나는 크리켓이다. 크리켓은 우리 나라 사람들에게는 특히 낯선 스포츠로 겨우 이름을 들어본 정도일 것이다. 하지만 인도에 가서 살거나 인도인과 같이 일하려면 크리켓은 반드시 알아야만 하는 스포츠다. 크리켓을 이해하면 인도인들과 그만큼 쉽게 같이 일할 수 있다.

크리켓은 13세기 영국에서 양치기 소년이 던진 돌을 막대기로 치는 놀이에서 시작되었다고 알려져 있다. 이 놀이가 발전을 거듭해 18세기에는 영국 도심 곳곳에 크리켓 클럽이 생겨났고, 상류층이 즐기는 신사의 스포츠로 발전했다. 그 당시 영국은 많은 식민지를 가지고 있었기에 식민지에서도 크리켓이 유행했는데, 특히 인도에서는 수많은 사람들이 크리켓을 즐겼다.

크리켓은 야구의 원형으로 알려질 만큼 야구와 유사한 측면이 있다. 투수와 타자가 있고, 타자는 방망이로 투수가 던진 공을 타격하고, 수비는 타격한 공을 받고, 포수는 투수가 던진 공을 잡는다.

얼핏 야구와 비슷해 보이는 크리켓은 세계적으로는 야구보다 저변이 더

넓다. 크리켓은 원형 경기장 한가운데 위치한 직사각형의 '피치' 위에서 각각 11명으로 구성된 두 팀이 공수를 번갈아 하며 공을 배트로 쳐서 득점을 하는 스포츠다.

경기장 양 끝에는 세 개의 폴대가 있는데, 투수인 '볼러'는 그 폴대를 무너뜨리기 위해 공을 던지고, 타자인 '배트맨'은 기둥을 지키기 위해 배트로 공을 쳐낸다. 이때 타자가 공을 치고 반대쪽 폴대까지 달려가면 1득점이 되고, 상대 수비가 공을 잡아서 던질 때까지 왕복할 때마다 득점은 계속 올라간다. 타자가 친 공이 한 번 바운드돼 경기장을 넘어가면 4점, 야구의 홈런처럼 그대로 넘어가면 6점을 얻는다. 수비수들은 맨손으로 수비하는데 뜬공을 잡거나, 투수가 공으로 폴대를 넘어트리면 아웃이 된다. 총 10개의 아웃을 잡아야 공수가 교대된다.

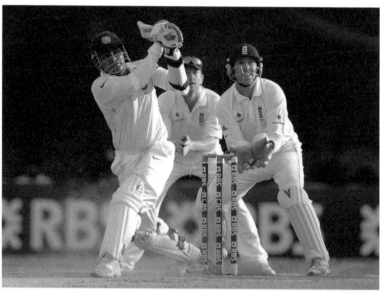

▲ 인도 크리켓 국가대표 경기 모습(출처=BCCI)

크리켓과 야구의 차이점

	야구	크리켓
아웃 수	3회	10회
이닝 수	9회	2회
이닝당 아웃 횟수	3회	10회
선수 인원	9명	11명
던지는 방법	투수가 제자리에 발을 내딛으며 던지고, 이때 바운드가 되지 않게 타자에게 던진다.	투수가 도움닫기로 뛰어 들어오며 던지고, 공이 타자에게 가기 전에 한 번 바운드되어야 한다.
투구 수 제한(1명당)	무제한	6개

크리켓은 세계적으로 인기 있는 스포츠이기도 하다. 전 세계적으로 경기 인구는 1억 5,000만 명으로 알려져 있으며, 이것은 야구 경기 인구인 3,000만 명의 5배에 달한다. 크리켓은 인도의 국기(國技)다. 백화점 푸드코트나 선술집에서는 TV에서 야구가 아니라 크리켓이 방송되며, 4년마다 크리켓 월드컵이 열릴 때는 전국이 떠들썩해진다.

크리켓은 영연방에서 대중적으로 즐기는 스포츠지만, 그렇다고 영연방에서만 하는 것도 아니다. 크리켓 세계 연맹 가입국도 100개국이 넘고, 크리켓 월드컵이 열리면 TV시청자가 20억 명이 넘는다. 인도와 파키스탄에선 크리켓을 국민 스포츠로 즐기며 두 나라의 경기는 축구 한일전 이상으로 열기가 뜨겁다.

인도에서 LG전자나 현대자동차 등은 시장 초기 진출할 당시 크리켓 인기선수들을 광고 모델로 써서 인지도를 높였다. LG전자와 현대차는 2015 크리켓 월드컵 공식 후원사였다. 인도 크리켓 프로리그인 인디안 프리미어 리그(IPL)는 세계에서 미국 프로농구와 메이저 리그 다음으로 선수 평균 연봉(388만 달러)이 높은 것으로 알려졌다.

처음 크리켓을 접하면 긴 경기 시간에 질리게 된다. 특히 빨리빨리에 익숙한 한국인들은 더더욱 그렇다. 전통적인 크리켓 경기는 한 경기당 최대 5일이 걸리기도 한다. 5시간이 아니다. 당연히 선수도 지치지만 관객도 지친다. 그래서 최근에는 하루 안에 끝내는 경기 방식을 채용하고 있는데, 그래도 한 경기에 7시간 정도 걸린다.

경기 시간이 너무 길어서 플레이 도중 휴식을 즐긴다. 일반적인 크리켓 경기에서는 오전과 오후, 저녁에 각각 2시간씩 플레이를 한다. 1명의 타자가 10번 아웃된 뒤에야 다음 선수로 교체하기 때문에 경기 시간이 길어질 수밖에 없다.

이러한 긴 경기에서 계속 집중력을 유지하는 것은 상상 이상으로 매우 힘들다. 그래서 오전 플레이가 끝나면 40분의 점심시간이 있고, 오후 플레이가 끝나면 20분의 티타임이 주어진 뒤 저녁 플레이에 들어간다. 이 휴식 시간에는 선수와 선수 가족도 함께 모여 점심과 차를 즐길 수 있다.

한편, 크리켓 스폰서십을 통해 현 인도의 산업 트렌드도 엿볼 수 있다.

크리켓 스폰서십

스폰서십 기간	메인 스폰서	금액(백만 달러)
2008~2012년	DLF(인도 최대 부동산 개발 기업)	560
2013~2015년	펩시(Pepsi, 글로벌 음료사)	1,110
2016~2017년	비보(Vivo, 중국 휴대폰 제조사)	1,400
2018~2019년	비보(Vivo, 중국 휴대폰 제조사)	6,170
2020~현재	Dream11(인도 게임 유니콘 기업)	3,110

여담인데 펩시는 2015년 인도크리켓협회(BCCI)의 회장과 사무총장 등이 동시에 부패로 구속되자 시즌 중 스폰서십 중지를 선언했고, 비보는 인도와 중국의 동인도 국경분쟁 여파로 스폰서십을 종료했다. 최근 인도에서 게임 산업이 무섭게 성장함에 따라 현재는 인도 게임회사가 메인 스폰서 역할을 맡고 있다.

033

음악은 신이 내린 소리, 신의 소리를 돈 주고 살 수는 없다。

음악을 사랑하는 나라 인도

1968년 영국 비틀스 멤버들은 인도 북부 히말라야 작은 도시 리시케시(Rishikesh)에 지친 몸과 마음을 의탁했다. 당시 비틀스는 매니저의 죽음과 영화 〈매지컬 미스터리 투어〉의 참패, 창작의 고통 등으로 정신적인 스트레스가 극심하던 때였다. 이때 비틀스 멤버 조지 해리슨(George Harrison)은 인도 악기 '시타르(Sitar)'의 거장이자 노래 〈Don't Know Why〉 등으로 유명한 가수 노라 존스(Norah Jones)의 아버지 라비 샹카르(Ravi Shankar)에게 가르침을 받기도 했다.

이처럼 세계 예술가들에게 영감을 주는 인도 음악이 월드뮤직에서 차지하는 비중은 해외 유명 레코드점에서 쉽게 확인할 수 있다. 그곳에서는 인도 음악이 선반 한 칸을 가득 채운다. 세계의 유명 대학교치고 인도 음악 프로그램이 없는 곳도 드물다.

인도에는 인도 음악뿐

세계에는 다양한 장르의 음악이 있지만 인도 안에서는 이야기가 달라진다. 인도에는 오직 하나의 음악만 존재하는데 바로 '인도 음악'이다. 한 예로 인도에서 클래식 오케스트라는 불과 12년 전에 탄생한 '뭄바이 심포니 오케스트라' 단 한 곳에 불과하다. 13억 인구를 가진 국가에서 서양 클래식 음악을 제대로 배울 학교가 단 한 곳도 없다.

영국은 인도를 약 200년간 지배했다. 중국 왕조의 평균 존속 기간이 70년인 것을 감안하면 상당히 긴 기간이다. 이 기간에 영국은 인도를 통해 막대한 부를 쌓고 세계를 지배했지만 인도인의 전통복식 하나 바꾸지 못했다. 불과 50년도 안 되는 일제 강점기와 미군정을 거치며 우리 한복이 양복으로 바뀐 것과 비교되는 측면이다. 인도인들은 국내외를 막론하고 공식 행사엔 반드시 쿠르타(남자)나 사리(여자)를 입는다.

인도 학교에는 서양음악 과목이 없다. 외국인 학교에서나 서양 음악과 악기를 일부 가르치는 정도다. 음악시간에는 고전음악인 '라가(Raga)'를 배우거나 '시타르(Sitar)', '타블라(Tabla)' 등 전통악기를 익힐 뿐이다.

또한, 우리처럼 국악이 서양음악 앞에 주눅 드는 일도 없다. 오히려 인도에서 음악 선생은 사회적 스승으로 존경받는다. 이들은 종교 지도자처럼 '구루(Guru)'로 불린다. 음악을 신에게 다가서기 위한 도구로 간주하는 그들의 의식이 음악가를 종교 지도자와 같은 반열에 올려놓기 때문이다. 인도 음악가들은 옛날부터 사제 역할을 하는 브라만 계급 출신이다.

"음악은 인간이 아닌 신을 즐겁게 하기 위해 만들어진 것이다."라는 의식에서 나온 게 '나다 브라마(Nada Brahma)'로, 이는 우주 전체가 소리로 만들어졌고 '음악은 신'이라는 뜻이다.

인도에서는 극소수의 현대적이고 상업적인 콘서트를 제외하고는 대부분 국가나 대기업의 지원 아래 공짜로 전통 음악회가 열린다. '음악은 곧 신'인데 신을 사고팔다니, 생각만 해도 불경스럽기 때문이다, 인도에는 종교적 지도자나 예술가들의 기일에서 유래한 기념일이 많다. 이날이 되면 국가나 기업에서 후원하는 공연이 곳곳에서 열린다.

신을 만나는 일, 즉 누구나 듣고 즐길 수 있는 음악(신) 앞에 빈부 차는 존재하지 않는다. 극빈층이라도 위대한 구루 '라비 샹카르'의 공연을 즐기고 만날 수 있다. 연주자는 정부나 기업에서 안정적인 수익을 받는 만큼, 부유층에 잘 보일 이유도 빈곤층을 멀리할 이유도 존재하지 않는다. 이런 종교철학적 인식으로 유독 음악은 다른 콘텐츠들에 비해 공짜라는 인식이 강하고 따라서 불법복제가 판을 친다. 물론 여기에는 인도 국민의 대다수를 차지하는 하위 계급의 주머니가 가벼운 경제적인 요인도 크게 작용한다.

프레디 머큐리가 된 인도인, 파로크 불사라

얼마 전 인기리에 개봉한 영화 〈보헤미안 랩소디〉는 영국의 두 번째 여왕으로 불리는 전설적인 록밴드 '퀸'의 이야기를 다룬 작품으로 개봉 전부터 전 세계인들의 이목을 집중시켰다.

대다수의 사람들은 프레디 머큐리를 영국 사람으로 알고 있지만 실제 그는 인도 출신이다. 프레디 머큐리의 본명은 파로크 불사라(Farrokh Bulsara)로, 1946년 9월 5일 영국령 잔지바르 스톤타운에서 태어났다.

프레디 머큐리의 아버지는 잔지바르 총독부 공무원이었다. 그의 부모님은 인도 모디 수상과 동일한 구자라트주 출신으로, 독실한 조로아스터교 신도였다. 그들의 먼 조상은 페르시아에서 인도로 건너온 파르시*다. 이들 파르시는 인도에 정착한 이후 상업에 주로 종사하며 상당한 부를 축적했는데, 현재 인도 최대의 재벌 그룹 타타그룹(TATA Group)을 소유한 '타타' 가문도 파르시 출신이다. 또, 세계적인 지휘자 주빈 메타(Zubin Mehta)도 인도 뭄바이 출신의 파르시다.

프레디 머큐리는 인도 뭄바이 기숙학교에서 어린 시절을 보냈다. 그의 본명 '파로크 불사라'는 친구들이 발음하기 어려웠기 때문에 프레디(Freddie)라는 별명으로 불렸다. 성인이 된 이후 스스로 머큐리(Mercury, 수성)라는 성을 선택한 이유도 재밌다. 그는 독실한 조로아스터교 가정에서 자라면서 신앙과는 무관하게 자연스럽게 종교에 큰 영향을 받았다. 조로아스터교 사상에서 태양은 진실을 상징했고, 수성은 태양과 가장 가까이에 있는 행성으로 태양의 진실을 전달하는 천사의 역할을 한다. 따라서 음악을 통해 진실을 전달하려고 했던 그는 이름에 '머큐리'라는 성을 자연스럽게 사용하게 되었다.

인종 측면에서 보자면 머큐리는 인도계 파르시, 즉 영국에서도 차별받기 쉬운 아시아 인종이었을 뿐만 아니라 어릴 적에 영국으로 간 이민자였다. 영국 식민지 잔지바르 출신에 아시아계 혈통은 그 시절 온갖 차별과 혐오를 받기에 충분했다. 머큐리의 절친 엘튼 존(Elton John)이 "만일 프레디 머큐리가 영국에서 태어난 유럽인이었다면 지금보다 훨씬 더 높은 평가를 받았을 것이다."라고 말한 것을 보면, 이방인으로서 겪었던 고단한 삶에 양성애 성향까지 더해져 머큐리의 고립감과 외로움은 극에 달했을 것으로 보인다. 역설적으로 이는 아름다운 음악이 탄생한 배경이 되기도 했다.

***파르시**(Farsi): 페르시아에서 건너온 사람.

그렇게 세상과 싸우며 위대한 이름을 남긴 프레디 머큐리는 1991년 11월 24일 에이즈로 인한 폐렴으로 세상과 이별하게 된다. 독실한 조로아스터교 신자였던 머큐리의 부모는 그를 조장(鳥葬)*하려 했으나 지인들의 강한 반대로 화장을 선택했다.

인도 출신 유명 가수로는 프레디 머큐리 이외에도 〈Don't Know Why〉라는 노래로 유명한 노라 존스(본명 노라 존스 샹카르) 등 여러 명이 있다.

인도 음악의 한계점

최근 디지털환경이 급격히 개선되면서 인도에서는 다양한 콘텐츠 제작을 시도하고 있다. 문제는 인도가 가지고 있는 고질적인 스토리텔링의 부재다. 흔히 인도는 유구한 역사와 깊은 종교를 바탕으로 엄청난 스토리가 존재하는 나라로 인식된다.

하지만 사실은 그 반대다. 오히려 유구한 역사와 종교에 매몰된 스토리 전개로 인해 현대의 삶과 조화를 이루는 이야기가 만들어지지 못한다. 뿐만 아니라, 카스트의 잔영으로 세대를 거쳐 대대로 같은 직업을 가지고 사는 인도인들은 자신의 일만 고집하는 경향이 있는데, 이는 경험과 경험을 연결해 새로운 스토리를 만들어 나가는 것과는 맞지 않는다. 따라서 이야기가 단조롭다.

---

*조장(鳥葬): 시체 처리를 새에게 맡기는 방법. 파르시는 묘로 만든 탑 위에 알몸의 사체를 눕혀 새가 먹게 한 뒤, 뼈는 탑 위에서 풍화시킨다.

인도 아티스트들의 성공공식은 '인도 출신 → 해외 교육 → 세계적 스타'로 이어지는 경우가 많다. 인도에서만 성장한 사람들은 왜 이렇게 되지 않을까? 문제가 무엇일까? 바로 교육 때문이다.

필자는 인도 유명 배우 샤룩 칸과 만나서 이야기를 나눌 기회가 수차례 있었다. 그가 지적한 문제도 바로 체계적인 교육이었다. 그는 인도인이 가진 흥과 세계시장에서 통할 수 있는 상품성 그리고 한국처럼 철저하고 체계적인 교육이 어우러진다면 글로벌 스타를 만들어 낼 수 있을 것이라고 이야기했다.

최근 인도에서도 방탄소년단(BTS)이 인기다. 인도인들이 BTS를 이해하는 방식은 독특하다. 그들은 BTS를 K-POP 스타가 아닌 미국 빌보드를 휩쓴 글로벌 스타로 인식하고 받아들인다. 인도인들의 가능성을 끌어낼 수 있는 교육 제도와 전 세계를 상대로 하는 마케팅 능력은 우리나라가 가진 큰 능력이다. 인도를 세계로 이끄는 힘이 곧 우리가 가진 숨은 잠재력임을 잊지 말아야 할 것이다.

PART
3

인도에서 사업을
꿈꾸는 당신에게,
인도와 일하는 법

인도의
시장과 소비자

034

인도의 물가와
소비자 이야기

한국 물가의 1/5 이하인 인도의 물가

인도는 지난 10년간 평균 5% 이상이라는 물가상승률을 기록하고 있지만 우리나라와 비교하면 아직 물가 수준이 낮은 편이다. 특히, 쌀과 채소 등은 우리나라의 1/5 이하 수준이다. 우리나라와 유사하게 농수산물 등에는 세금도 면제된다. 하지만 공산품에는 높은 세금이 부과되는데 그중에서도 특히 고급 제품 등에는 무려 28%의 세율이 부과된다.

한-인도 물가 비교

(단위: 원, 2020년 4월 기준)

품목	델리	서울	서울 대비 델리 물가
달걀(12개)	1,205	3,415	-64.7%
우유(1L)	832	2,545	-67.3%
쌀(1kg)	1,074	4,814	-77.8%
가솔린(1L)	1,206	1,570	-23.1%
지하철(1구간)	803	1,250	-61.3%
휘트니스클럽(1달)	30,308	65,000	-53.2%

유치원비(1달)	96,800	449,600	−78.4%
신사화(구두 1족)	52,540	158,800	−66.9%
담배(말보루 1갑)	4,834	4,500	7.4%
평균임금(월)	643,600	2,874,000	−77.6%

자료: 국제금융정보센터 세계물가수준 비교

통합간접세(GST) 세율

면세	우유, 곡물(포장하지 않은 제품), 채소 등
5%	식용유, 홍차, 커피, 설탕 등
12%	냉동육, 버터, 전기자동차 등
18%	비누, 치약, 헤어오일, 자본재, 중간재 등
28%	자동차, TV, 에어컨, 냉장고, 탄산음료 등

인도에서는 제조업자가 제품을 출하하는 시점에 제품의 패키지에 가격을 첨부 또는 인쇄하는 것이 의무화되어 있으며, 이 가격을 최대 소매 가격(MRP)이라고 부른다. 이는 국내 제조업체뿐만 아니라 수입업체에도 적용된다.

▲ 제품에 표기되어 있는 최대 소매 가격(MRP: Maximum Retail Price)

전통적 가치관과 새로운 가치관이 혼재하는 인도의 소비자

인도 소비자들을 조사해 보면 소비에 대한 의식 안에 전통적인 가치관과 새로운 가치관이 공존하는 것을 발견하게 된다. 전통적인 가치관을 중시하는 사람은 전통 의상을 선호하고 금으로 된 제품을 몸에 착용하는 것을 좋아하며, 집안 인테리어는 무늬가 많아 다소 복잡해 보이는 것을 선호한다. 이들이 주로 구매하려고 하는 자동차는 세단형이다.

반면에 새로운 소비 가치관을 가진 사람은 우리와 크게 다를 것 없는 옷을 선호하고, 금장식보다는 스마트워치를 착용하는 사람이 많다(인도는 전 세계적으로 스마트워치 소비 강국이다). 집안 인테리어는 심플한 것을 선호하며 자동차 구매 시에도 SUV를 선호한다.

인도 시장 진출이 어려운 이유는 이러한 두 가지 가치관의 차이에 도시, 소득 수준, 종교 등의 각종 요소들이 더해지는 탓에 우리나라처럼 소비 특성을 한 가지만으로 설명하기 어렵다는 것이다. 또한, 각 요소가 복잡하게 얽혀 있는데 이는 인도 소비자를 이해하는 데 중요한 요소라고 할 수 있다.

전통적 소비자 VS 현대적 소비자

	전통적	현대적
의복		

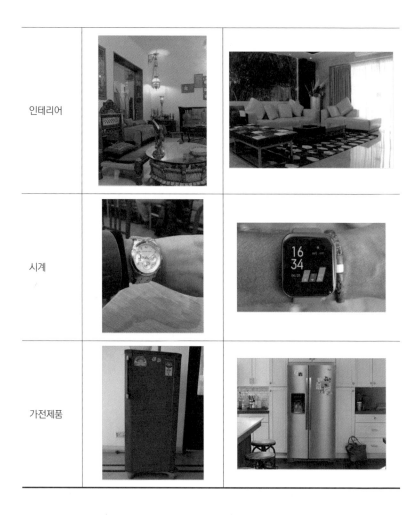

인테리어		
시계		
가전제품		

많은 인도 진출 기업들은 다른 국가 소비자들과 비교할 때 인도 소비자들의 특징을 마케팅 교과서 용어로 '가격대비 가치(Value for Money)'를 지향하는 소비자군으로 칭한다. 다시 말해 인도인들은 가격에 대해 상당히 민감한 편이다. 하지만 이것만으로 인도 소비자들을 설명하는 것은 한계가 있다.

인도 소비자들은 단순히 저렴한 가격을 지향하는 특성을 보이기보다는 가치 지향적 소비(Value conscious) 특성을 보인다고 표현해야 정확하다. 인도인들은 제품이나 서비스의 가치가 가격에 맞지 않으면 지갑을 열지 않는다.

쉬운 예로 한국에서는 식품이나 과일을 판매할 때 낱개로 포장하는 것이 상당히 일반적이다. 하지만 인도에서는 그런 포장을 거의 찾아보기 힘들다. 낱개로 포장된 제품은 제품을 사용할 때 편리성을 높여주지만, 인도 소비자들은 이런 편리성을 위해 추가로 비용을 지불하는 것에 익숙하지 않다. 제품 자체에 집중하지 제품의 사용 편리성에는 큰 관심이 없다.

반면, 다양한 기호를 지닌 부유층 소비자들은 소비에서도 다양성을 보인다. 따라서 다양한 기호를 충족시키는 고가 제품에 대한 구매 장벽이 거의 없다. 이를 방증하듯 전 세계 럭셔리 제품 판매 신장률 1위 국가가 바로 인도다. 인도의 럭셔리 시장은 2012년부터 2018년까지 매년 평균 18%의 성장률(글로벌 평균 5%)을 보였다.

시장에 진출하는 입장에서 본다면 인구의 대부분을 차지하는 중산층을 공략하는 것은 상당히 중요하다. 그러나 대다수의 인구를 차지하는 중산층을 대상으로 비즈니스를 하려면 그들이 원하는 부가가치가 무엇인지, 어떤 부가가치에 대해 돈을 지불할 의향이 있는지를 고려해야 한다.

인도에서는 물건이나 서비스를 선택할 때 가족 및 친구 등의 입소문을 중요한 기준으로 삼는 사람이 매우 많다. 젊은 층을 중심으로 인터넷상의 리뷰를 참고하는 사람도 많아지고 있지만, 여전히 가까운 사람으로부터 얻는 정보를 가장 신뢰하는 인도인들이 대부분이다. 특히, 입소문을 중요시여기는 것은 전통적인 가치관을 중시하는 사람들에게서 흔히 볼 수 있는 경향이다.

생필품 구매 시 인지 경로

인지 경로	비율
친구·동료	46%
가족	42%
신문	40%
잡지	35%
TV	22%
매장 내 프로모션	16%
옥외 광고	16%
인터넷	4%
SNS	1%

출처: 닐슨 인도 소비자 조사(2016년 기준)

입소문을 중요하게 여기는 인도인들

인도인의 특징을 표현한 유명한 말이 있다. '국제회의에서 유능한 의장은 인도인을 입 다물게 하고 일본인을 말하게 하는 사람'이라는 것이다. 인도에서 버스나 기차를 타고 갈 때는 옆자리에 모르는 사람이 앉더라도 금세 대화가 시작되는 게 일상적인 광경이다. 또한, 인도인의 휴대전화에는 쉴 새 없이 전화가 걸려온다. 서로 이렇게 끊임없이 대화하는 것이 입소문을 중시하는 구매 행동으로 연결되는지도 모른다.

필자의 경험으로도 글로벌 마케팅 회의에 참석해 보면, 2~3일에 걸친 짧은 일정이지만 그 수백 명이 모인 자리에서 회의를 주도하는 것은 단연 인도인 직원들이다. 참고로 글로벌 기업에서 중간 관리자를 뽑을 때 가장 인기 있는 사람도 인도인이다. 그만큼 영민하고 적응 능력도 뛰어나다.

인도에서 또 눈여겨봐야 할 것 중 중요한 것은 각 지역별로 소비자 행동이 크게 다르다는 사실이다. 대도시인 델리, 벵갈루루, 콜카타, 뭄바이 등 지역별 소비자 의식을 비교해 보면, 벵갈루루는 가장 개방적인 곳이며 콜카타는 가장 보수적인 곳이다. 따라서 팔리는 제품도 크게 다르다. 벵갈루루에서는 젊고 역동적인 이미지를 가진 소형 SUV가 많이 팔린다면 콜카타는 정통 세단이 가장 많이 팔리는 식이다.

델리는 벵갈루루와 콜카타의 중간 정도 되는 곳이다. 일반적으로 남부 벵갈루루를 제외한 남부 주요도시들(첸나이, 하이데라바드 등)은 전반적으로 보수적인 성향을 보인다.

인도의 도시별 소비자 특성

주요도시	소비자 특징
델리	브랜드 지향, 겉으로 드러나는 것이 중요
벵갈루루	합리적, 새로운 것에 대한 저항이 적음
콜카타	보수적이며 전통적인 가치관을 중시
뭄바이	새로움과 전통의 조화, 사치품 소비에 관대

035

인도의 도시 이야기

이름이 여러 개인 인도의 도시들

인도의 도시 이야기에 들어가기에 앞서 먼저 알아야 할 사항은 도시 이름이다. 가령 필자가 주로 거주하는 벵갈루루(Bengaluru)는 한동안 방갈로르(Bangalore)로 불렸으나 최근 벵갈루루로 바뀌었다. 이는 외국인들에게 상당한 혼란을 안겨주고 있다.

인도의 도시 이름은 대부분 영국의 식민지 시대에 붙은 영어 명칭이다. 원래 인도 고유의 도시명을 발음하기 어려워 영어 이름으로 바꾼 것이 시초인데, 1990년대 이후부터 원래 도시 이름으로 되돌리려는 움직임이 활발해지고 있다. 1990~2000년대 초까지 뭄바이(구 봄베이), 첸나이(구 마드라스)나 콜카타(구 캘커타)로 변경되었지만 인도인들과 대화하다 보면 아직도 옛날 이름으로 칭하는 사람이 간혹 있다.

2014년에 이름이 바뀐 벵갈루루(구 방갈로르)나, 2016년에 바뀐 델리 옆 신도시 그루가람(구 구르가온) 등도 현지의 인도인과 이야기하다 보면 아직 방갈로르나 구르가온으로 부르는 사람이 대부분이고, 심지어 인터넷에 그루가람(Gurugram)보다 구르가온(Gurgaon)으로 검색해야만 위치를 찾을 수 있는 경우도 많다. 현재 공식 문서나 뉴스 프로그램에서나 정식 명칭을 사용하는 형편이다.

인도에서 마지막으로 조사한 2011년 인구 조사에 따르면 인구가 100만 명 이상인 도시가 46개나 된다(한국은 11개). 인도는 도시 규모별 격차도 크고, 생활 모습이 크게 다르기 때문에 소비자를 올바르게 이해하기 위해서는 도시의 차이를 파악할 필요가 있다. 이를 위해 인구 규모나 경제 규모에 따라 도시를 1급지(Tier1)에서 4급지(Tier4)까지 네 개로 분류하면 쉽게 시장을 이해할 수 있다.

또, 최근에는 농촌의 변화도 주목할 만하다. 2015년 UN 조사 결과에 따르면 인도에서 농촌이 차지하는 인구 비율은 67.2%다. UN은 2050년 정도가 되어야 인도의 도시 인구가 농촌 인구를 추월할 것으로 전망하고 있다.

인도 도시 분류

구분	분류 기준	해당 도시	특징
1급지	인구 400만 이상	델리, 뭄바이, 벵갈루루, 첸나이, 콜카타, 하이데라바드, 아메다바드, 뿌네 등 8개	주변 지역을 합쳐서 정치, 경제의 중심지 예 델리 NCR(델리 중심의 수도권 지역)
2급지	인구 100만~400만	수랏, 자이푸르, 칸푸르 등 33개	근대적 유통 시스템을 갖춘 점포를 많이 볼 수 있다. 대부분 도시에 대학 등 고등교육기관이 입지하고 있다. 1급지 도시와는 간선도로(대부분의 경우 국도)로 연결되어 있다. 종합 병원이나 대규모 공장 등도 입지하고 있다.
3~4급지	인구 100만 미만	딘디굴, 상글리, 더라군 등	1급지와 2급지 두 도시를 연결하는 간선도로 상에 위치한다. 은행, 상점, 잡화점 등 생활에 최소한 필요한 서비스와 물품을 얻을 수 있는 편의시설이 존재한다.

향후 인도의 미래를 이야기하려면 농촌에서 생활하는 사람들의 생활을 이해하는 것도 중요하다. 점차 농촌 경제 사정이 나아지면서 인도 기업들의 농촌 지역 공략도 가속화되고 있다.

최근 인도는 낙후된 인프라 개선을 위해 도로 건설에 대규모 투자를 시행하고 있다. 인도는 2018년 기준 세계에서 미국 다음으로 긴 589만 km의 도로 네트워크를 가지고 있다. 지난 2019년만 해도 한국의 도로 공사에 해당되는 기관에서 길이 3,979km의 고속도로를 건설했고, 정부 운영 기관들에서 총 길이 3,380km의 고속화 도로를 건설했다. 인도의 교통부장관은 매일 60km의 도로를 건설하는 것이 목표라고 말하며, 향후 5년간 34,800km의 고속도로를 더 건설할 계획을 의회에서 발표했다.

현재 대도시와 중소도시를 잇는 간선도로에서는 대규모 확장 공사가 많이 진행되고 있다. 도시 중심에서 외곽으로 차를 달리다 보면 곳곳에서 차선을 확장하는 공사와 고가도로 설치 등이 동시에 진행되는 것을 확인할 수 있다. 델리 근교 도시의 거주자들은 지난 10년간 가장 큰 도시의 변화를 경험하게 되었는데, 그것은 바로 고가도로가 설치되어 델리 중심가로 오는 시간이 획기적으로 줄어든 것이다. 도로 인프라가 정비됨에 따라 도시지역에 대한 접속과 유통망이 개선되고 2급지 이하 도시의 발전이 가속화되어 생활에 급격한 변화를 맞고 있는 것이 인도의 현재 모습이다.

인도의 대표적인 대도시, 델리

국토가 넓은 인도에서 대도시(1급지)는 정치·경제 활동의 중심으로 인도 전체에 8개가 있다. 이 중에서 인도의 대표 도시이자 수도인 델리에 대해 자세히 알아보며 인도에 대한 이해를 높여보자. 델리는 한국 기업들이 적지 않게 진출해 있는 곳이기도 하다.

델리는 크게 올드델리(Old Delhi)와 뉴델리(New Delhi)로 나눌 수 있다. 과거에는 올드델리를 중심으로 도시가 형성되었으나 영국이 인도를 지배하면서부터 새로운 도시 뉴델리를 건설했다. 뉴델리에 있는 국립현대미술관에 가면 뉴델리가 어떤 식으로 설계되고 발전되었는지 찾아볼 수 있다. 뉴델리는 인도연방의 수도 기능을 한다.

델리는 국내에 있는 7개 연방직할령 중 하나이지만, 경제적 관점에서 살펴보면 주변 신흥도시인 그루가람(구르가온, 하리아나주), 파리다바드(하리아나주), 노이다(UP주) 등을 포함하여 델리 NCR(National Capital Region, 수도권)이라고 부른다. 델리 NCR의 인구 규모는 약 4,600만 명(2011년 인구센서스 기준)이었으나, 여러 인구 조사 기관의 예측에 따르면 2021년에는 약 6,600만 명에 이를 것으로 추산된다. 이는 대한민국 전체 인구 규모보다는 많고, 남북한 인구 합계 7,700만 명보다는 적은 숫자다.

델리 인구는 현재 약 3,000만 명을 넘어선 것으로 추산되는데 2010년도에 이미 2,200만 명을 넘어섰고 매년 3% 이상 증가하고 있다. 이렇게 인구 과밀화가 지속되면서 주택과 사무실 등 공급 부족으로 인해 델리 인근 위성도시가 급격히 발전하고 있으며, 비싼 임대료 등으로 인해 그루가람 등 위성도시에 사무실을 두는 기업도 많아지고 있다.

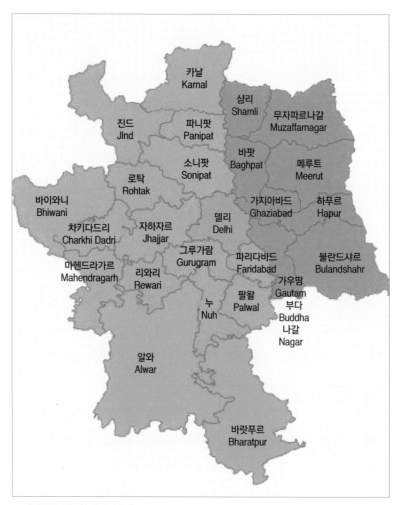

▲ 델리 NCR 지도(출처: 위키백과)

델리의 교통

델리를 찾은 외국인들은 한목소리로 델리의 교통체증과 험악한 차량 운전 습관을 문제점으로 지적한다. 차량으로 넘쳐나는 도로를 달리다 보면 앞차와 조금이라도 여유가 생기는 순간 다들 앞다퉈 끼어든다. 이것이 지속적으로 반복되는 동안 원래 2차로였던 도로가 3차로가 되기도 하고 때로는 4차로가 되는 것을 목격할 수 있는데 델리에서는 꽤 낯익은 광경이다.

그리고 대부분 차량이 경적을 울리고, 밤이면 신호를 어기고 운행하며, 상향등을 켜고 달리는 차량도 드물지 않다. 이것은 '자신의 존재를 주위에 알린다'는 의도에 따른 행위들이다.

델리의 대중교통은 다른 해외 대도시와 마찬가지로 버스와 지하철을 중심으로 이루어지며, 우버(Uber) 형태의 택시와 릭샤가 주요한 교통수단이다. 각각의 교통수단에 대해 좀더 살펴보자.

1. 지하철

델리의 지하철은 1998년에 건설이 시작되었고 현재 공항철도 노선을 포함해 총 10개 노선이 운행되고 있다. 2002년에는 최초의 구간인 레드 라인이 운행을 개시했고, 2004년에는 옐로우 라인, 2005년에는 블루 라인, 2009년에는 그린 라인과 바이올렛 라인 그리고 2011년에는 에어포트 익스프레스선인 오렌지 라인 등이 차례로 개통되었다.

현재 개통된 노선의 대부분은 델리 중심인 코넛 플레이스를 중심으로 방사형을 그리며 동서남북으로 뻗어 있다. 그러나 현재 신규로 건설 중인 노선은 순환선 모양으로 건설되어 환승을 위해 도심 중심으로 모이는 교통량을 줄이는 방향으로 진행되고 있다. 기본 승차 요금은 2km 기본 거리에 10루피(한화 약 170원) 정도다. 승차 시 매번 토큰을 구입하는 방법과 IC칩이 내장된 카드를 이용하는 방법이 있다.

2. 버스

버스는 DTC(Delhi Transportation Corporation)가 운영하는 빨간색 A/C(에어컨) 버스와 에어컨은 없지만 요금은 절반인 녹색 버스, 민간이 운영하는 오렌지색 버스로 나뉜다. 모두 전면, 측면, 후면 전광판에 노선 번호와 행선지가 표시되어 있고, 기본요금은 빨간색 에어컨 버스는 10루피, 에어컨이 없는 버스는 5루피다.

3. 택시

인도에서 우리가 아는 택시는 거의 찾아보기 힘들다. 택시 대신 우버와 인도 토종 서비스인 올라(OLA)가 경쟁하며 서비스를 제공하고 있다. 우버와 올라는 고객 확보에 사활을 걸고 치열한 마케팅 경쟁을 펼치고 있다. 가까운 곳이라면 100루피 내외로 이용 가능하다. 운전기사와 불필요한 가격 협상도 필요 없고, 말이 통하지 않아도 앱을 통해 목적지를 정할 수 있고 금액을 지불할 수 있어서 외국인에게도 매우 편리하다.

4. 릭샤

단거리 이동에 편리한 차량이다. 현지 주민이 전철역이나 버스 정류장에서 집까지 이동하는 데 자주 이용하기 때문에 주요 전철역의 출구 부근에서는 늘 많은 운전자(릭샤 또는 월러로 불린다)가 손님을 기다린다.

오토 릭샤는 오토 삼륜 택시로, 흔히 오토로 불리는 서민의 발이다. 델리의 오토는 다른 도시에 비해 악질적인 것으로 유명하며 미터기가 달려 있음에도 불구하고 사용하지 않아 가격협상이 필수적인 경우가 대부분이다. 가격은 2km/h, 25루피로 택시의 절반 정도다.

▲ 인도 유명 관광도시 고아(Goa)에서 운행 중인 오토 릭샤

종래의 오토 릭샤는 압축천연가스(CNG)를 동력원으로 하는데, 최근 전기 배터리로 구동하는 E릭샤도 등장했다. 다만, 현재는 교외의 전철역에서 특정한 루트를 달리는 셔틀 서비스로 사용하는 방법이 주류다.

036

인도의 전통과 현대적 유통망

편의점 대신 키라나

인도는 다른 나라와 비교해서 전통적인 소매점(한국의 동네 잡화점+쌀가게)이 현대적 소매점(편의점, 슈퍼마켓, 하이퍼마켓 등)의 비중을 크게 뛰어넘는다. 불과 100m 안에도 편의점이 여기저기 존재하는 우리나라와 달리 인도에서는 편의점을 찾기도 쉽지 않다.

우리에겐 일상화된 유통망이 인도에서는 왜 일상화되지 않았을까? 가장 큰 이유는 외국 자본으로부터 국내 유통업을 지키려는 규제가 작용하기 때문이다. 인도는 다국적기업의 유통업 진출을 적극적으로 막고 있으며, 국내 사업자 보호를 위해 외자기업 출자비율을 51% 이하로 정해 강력히 시행하고 있다. 멀티브랜드 제품들이 입점한 대형 마트 등도 이에 영향을 받아서 외국계기업은 대형마트 운영에 제동이 걸렸다. 하지만 나이키 등 전문 브랜드를 운영하는 단일 브랜드 진출에는 큰 영향이 없다.

키라나(Kirana)로 불리는 가족 경영 영세 상점은 전국적으로 1,200만 개 이상인데, 이들의 표를 의식한 정치인들로 인해서 유통업 개편은 험난한 편이다. 이 조그만 키라나에는 여러 가지 물건이 빽빽하게 진열되어 있다. 과

자에서부터 음료수, 비누, 치약 그리고 쌀과 콩 등 일상에서 필요한 모든 것이 다 있다. 문제는 바로 여기서 발생한다. 모든 것이 조금씩만 있는 매장을 이용해야 하다 보니 인도인들의 구매는 한계를 보일 수밖에 없다. 즉, 인도인들은 새로운 물건을 경험할 기회가 극히 제한적이다.

놀라운 사실은 우리에게는 상당히 익숙한 동네 문구점도 찾기 힘들다는 것이다. 교육열이 어마어마한 인도에서 학용품 구입도 힘들고 그나마 키라나에 구비된 물건도 열악하기 그지없다.

하지만 인도 중산층들은 여전히 키라나를 찾는다. 동네 행상부터 좌판 그리고 어엿한 매장을 가진 상점 등을 모두 키라나라고 한다. 이런 곳에서 쇼핑하는 것은 인도에서는 지극히 일상적인 일이다.

▲ 인도 키라나 상점의 모습, 다양한 종류의 키라나가 있다.

▲ 동네 행상이나 좌판도 키라나에 속한다.

아시아 각 국가별 식품 유통 채널 중 전통 유통과 현대 유통 채널 비중

국가명	전통 유통 채널	현대 유통 채널
인도	98.2%	1.8%
인도네시아	85.0%	15.0%
태국	58.0%	42.0%
중국	37.0%	63.0%
한국	21.7%	78.3%

출처: 칸타 월드패널 +미즈호은행 인도 가공식품 시장 조사(2019년 기준).

　최근에는 현대적 유통 채널도 기지개를 켜고 있다. 인도에서 우리가 만날 수 있는 현대적 유통 채널은 다음과 같다.

인도에서도 인기가 많은 복합 쇼핑몰

대도시에서는 어느 도시에나 여러 쇼핑몰이 존재한다. 특히 쇼핑과 식사 그리고 영화나 엔터테인먼트를 즐길 수 있는 쇼핑몰은 중산층에게는 주말을 보내는 장소로 자리 매김한 지 오래다. 더위를 피할 수 있고 이전에 경험하지 못한 다양한 경험을 할 수 있어서 인기가 많다.

특히, 이런 고급스러운 몰에 들어갈 때는 입구에서 짐 수색은 필수이다. 참고로 뭄바이 폭탄테러가 일어난 2008년 11월 이후 인도의 거의 모든 공공건물 등에서 이러한 짐 검색은 필수가 되었다.

일상적인 쇼핑 장소, 대형마트

슈퍼마켓이나 하이퍼마켓 등 대형마트도 최근 중산층에게 일상적인 쇼핑 장소가 되고 있다. 채소 등은 아직도 동네 시장에서 사는 소비자가 많지만, 자가용이 있는 소비자들에게 이제 일용 잡화는 대형마트에서 구입하는 것이 일상이 되었다. 이들은 월 1~2회 마트를 방문하며, 이런 마트는 대부분 대형 쇼핑몰 안에 들어가 있지만, 인도의 저가 마트로 유명한 D Mart는 단독으로 건물을 건립해 영업한다.

▲ D 마트의 외관과 내부

조금씩 보이기 시작하는 편의점

아직 수는 손에 꼽을 정도지만, 최근에는 인도에서 편의점을 조금씩 볼 수 있게 되었다. 최근 수도권에서는 인도 담배제조사인 고드프리 필립스*가 만든 '24SEVEN'이라는 브랜드의 편의점이 급격히 확장 중이다. 현재 인도 수도권과 찬디가르를 중심으로 약 100개 매장이 있다.

▲ 담배제조사인 고드프리 필립스가 만든 편의점

***고드프리 필립스**(Godfrey Phillips): 담배제조회사로 1844년 영국에서 설립되었으나 1967년에 인도로 본사를 옮겼다.

037

전자 상거래 시장의 활성화와 전자화폐

전 세계에서 두 번째로 많은 인터넷 사용자

인도의 인터넷 사용자는 2019년 7월 현재 약 4억 7,500만 명으로 인구의 40% 정도를 차지한다. 이 숫자는 2020년 말까지 6억 2,500만 명에 이를 것으로 보인다. 이는 중국(6억 5,000명, 전 인구의 48%)에 이어 세계에서 두 번째로 큰 규모다. 하지만 이토록 많은 인터넷 사용층에도 불구하고 전자 상거래 이용률은 미국(2억 6,600만 명, 전 인구의 84%)이나 프랑스(5,400만 명, 전 인구의 81%)에 비해 여전히 낮은 편이다.

인도의 온라인 쇼핑 이용객은 2018년 기준 약 1억 2,000만 명 정도지만 2025년경에는 약 2억 4,000만 명 정도로 두 배로 늘어날 것으로 보인다. 시장 규모도 2017년 385억 달러에서 2022년 1,500억 달러, 2027년이 되면 2,200억 달러로 성장할 것으로 예상된다. 이 기간에 인도 중산층도 2017년 3억 8,000만 명에서 2022년 5억 5,000만 명으로 늘어날 것으로 보인다.

디지털 거래가 급증하는 인도의 신생 기업

인도 전자 상거래 분야에서 가장 빠르게 성장하는 부문은 온라인 금융 서비스다. 송금 및 대출을 위한 디지털 거래를 위한 신생 기업이 급증했기 때문이다. 현재 온라인 금융거래는 인도인들의 약 26%만 이용하고 있는데 중국의 62%와 비교하면 아직도 갈 길이 멀다고 할 수 있다. 하지만 2013~2016년 온라인 소매 사이트의 성장률을 살펴보면 세계 평균이 16%인데 반해, 인도는 68%에 이른다. 늦은 만큼 급격한 성장률을 보이고 있다. 인도 소비자에게 전자 상거래 이용 사유를 조사하면 "복잡한 장소에 가지 않아도 된다.", "집 근처에서 살 수 없는 것을 살 수 있다." 그리고 "할인 등 프로모션 등 저렴하게 물건을 구매할 수 있다."라는 답을 주로 듣게 된다.

인터넷 구매 제품 종류

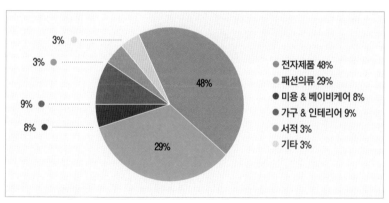

출처: IBEF(2019년 기준).

2018년 인도 최대 전자 상거래 회사는 플립카트(Flipkart), 아마존(Amazon), 민트라(Myntra) 및 스냅딜(Snapdeal) 등이었다. 그중에서 눈여겨봐야 할 곳은 시장 점유율을 급격히 늘리고 있는 아마존이다. 아마존의 경우 2015년 무렵에는 시장 하위권을 기록했으나 최근 꾸준히 성장하고 있다. 플립카트의 경우 2018년 미국 월마트에 160억 달러라는 천문학적 가격에 인수되었다. 비슷한 시기 한국의 지마켓과 매출 규모가 비슷한 기업을 월마트에서 인수한 것이다. 이는 그만큼 해외에서 인도 유통시장을 밝게 보고 있다는 뜻이기도 하다.

인터넷 쇼핑몰 순위

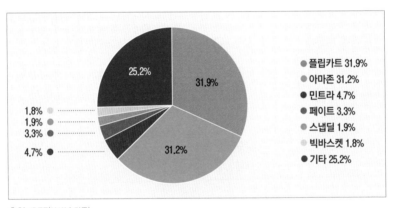

출처: IBEF(2019년 기준).

특이한 사항 중 하나는 최근 1~2년 사이에 중산층 이상의 소비자로부터 자주 이름이 오르내리고 있는 기업이 있는데, 바로 빅바스켓(Bigbaske)이다. 기존 전자 상거래 업체가 주로 전자 제품, 패션 의류가 매출의 반을 차지하고 있는 데 비해 이 기업은 신선식품과 일용품 중심으로 대도시보다는 중규모 도시에서 두각을 나타내고 있다. 주문한 지 90분 이내에 배달해 주는 서비스를 제공하는 등 차별화를 꾀하며 2019년 유니콘 기업에 등극했다. 빅바스켓 이용자들 대부분은 신선도나 품질 면에서 좋은 평가를 남기고 있으며, 심지어 시장에서 사는 것보다 신선도가 뛰어나다고 대답하는 사람도 적지 않다.

배송에서 최근 트렌드는 전자 상거래 기업(플립카트나 아마존 등)이 키라나 (Kirana)를 배송거점으로 삼아 배송의 신뢰성과 속도를 가속화하는 추세다. 특히, 플립카트의 유통 기업인 이카트(E-kart)는 3,000여 개의 키라나와 제휴를 맺고 배송 대행을 맡기고 있다. 업계 2위 아마존도 같은 방식으로 물류 문제를 해결해 나가고 있다.

그 밖에 여행 관련 업체인 메이크 마이 트립(Make My Trip), 영화나 이벤트의 티켓 구매 관련 업체인 북 마이 쇼(Book My Show), 온라인 가구 쇼핑 업체인 페페프라이(Pepperfry) 등 제품별로 특화된 사이트들도 향후 고성장을 지속할 것으로 전망된다.

카드 결제 비율이 낮은 인도

인도는 한국과 달리 카드 결제 비율이 낮다. 온라인 쇼핑 시 현금으로 결제하는 비중이 50% 이상이다. 조사기관에 따라 75%에 달한다고 보는 곳도 있다.

인도의 전자 상거래에서는 구매자가 제품을 배달하는 배송원에게 물품 대금을 직접 지불하는데 이것을 COD(Cash On Delivery, 현금결제)라고 한다. 구매자가 결제하지 않으면 제품은 판매자에게 반환된다. 이 시스템은 온라인 뱅킹 및 신용 카드와 같은 디지털 결제 시스템에 접근할 수 없는 인도 농촌 소비자를 위해 설계되었으며, 결과적으로 인도 전자 상거래 성장을 촉진했다. 하지만 COD는 판매자에게는 최악의 배송 방식이다. 구매자가 구매를 거부하면 왕복 배송비를 판매자가 부담해야 하는 데다, 재고 관리에도 치명적이기 때문이다.

최근에는 디지털 지불 플랫폼이 점차 개선되면서 이러한 문제점이 하나둘 해결되고 있다. 하지만 앞으로 안정되려면 10년 이상 기간이 걸릴 것으로 보는 전문가들이 대부분이다.

전자화폐의 활성화

선진국과 마찬가지로 인터넷과 모바일 애플리케이션을 기반으로 한 서비스 대부분이 인도에서도 시작되었다. 특히 차량 공유 서비스와 전자화폐 서비스는 대도시는 물론, 중소 도시까지 확대되고 있다. 그 밖에도 다양한

▲ 인도의 우버인 올라(OLA)

공유서비스와 맞벌이 가정을 타깃으로 한 인터넷 세탁 서비스 등 가정 친화 서비스도 점차 확대되는 추세다. 또한, IT기술을 이용한 인도 특유의 사회문제와 농촌 교육 및 의료서비스를 해결하려는 스타트업들도 등장하고 있다.

이 중 차량 공유 서비스는 서민들의 교통수단으로 확실히 자리 잡았다. 과거 인도로 여행을 가면 가장 어려운 일이 택시를 잡는 일이었다. 공공 교통 서비스가 열악한 인도에서 택시 부족은 치명적인 문제로 글로벌 비즈니스맨들이 인도 출장을 기피하는 원인 중 하나가 되기도 했다.

하지만 최근 인도 토종기업 올라(OLA)와 글로벌 기업 우버(Uber)가 치열한 고객 획득 경쟁을 벌이고 있으며, 올라에서는 인도 동네 곳곳을 누비는 오토 릭샤도 예약할 수 있다. 최근에는 차내에서 무료 와이파이 서비스를 제공하고 개인화된 서비스 화면을 제공하는 등 첨단 서비스로 진화하고 있다.

인도의 우버와 올라는 다른 나라와 달리 자가용을 이용한 서비스가 아니라 원칙적으로 상업용 차량을 이용한 서비스를 제공한다. 인도에서는 자가용 번호판은 흰색으로, 상용차 번호판은 노란색으로 되어 있는데, 올라나 우버도 상용차 번호판이 달린 차량을 이용할 수 있다.

화폐개혁 이후 급증한 전자지갑

2016년 11월에 실시된 화폐개혁(고액권 사용 폐지) 이후 인도에서는 전자지갑(화폐) 사용이 급격히 늘어나는 추세다. 글로벌 조사회사인 글로벌데이터(Global Data) 자료에 따르면, 전자화폐는 2018년 241억 달러에서 2019년 287억 달러로 가파르게 성장하고 있다.

또한, 글로벌데이터의 설문조사에 따르면 설문 대상자 중 중국(87%) 다음으로 인도 소비자들(83.6%)이 전자지갑을 적극적으로 사용하고 있었다. 현금 없는 사회를 선언한 모디 정부가 2016년 전격 단행한 화폐개혁으로 인해 현금을 찾기 어려운 현금 경색 현상이 발생했다. 이 기회를 파고든 것이 전자화폐 업체였다. 인도준비은행(RBI)에 따르면 현재 43개의 전자화폐 거래 업체가 존재한다. 자료에 따르면 전자화폐 시장은 2023년까지 매년 평균 22% 성장할 것으로 예상된다.

현재 가장 대표적인 서비스는 페이티엠으로 중국 알리바바가 대주주로 있다. 사용자들은 온라인 사이트를 비롯해, 오프라인 점포나 차량 공유서비스에서도 페이티엠을 이용하면 캐시백을 받을 수 있는 프로모션이 자주 실시되어 고객의 관심을 끌고 있다. 최근에는 대부분의 전자지갑 업체가 경쟁력을 유지하기 위해 할인 및 캐시백 형태로 고객에게 혜택을 제공하고 있다. 공공 요금 지불, 모바일 충전, 호텔 및 항공편 예약, 영화 등 공연 티켓 및 금 구매와 같은 부가 가치 서비스도 이용할 수 있다.

이러한 전자지갑 등의 새로운 서비스는 대도시뿐만 아니라 중소 도시에서도 많이 사용되지만 농촌 지역에서는 아직 이러한 서비스가 본격적으로 사용되고 있지 않다. 그러나 이용을 위해 갖춰야 할 최소한의 인프라인 스마트폰과 인터넷은 이미 보급되고 있으며, 걸림돌은 소득에 비해 높은 통신 비용 부담이다. 실제로 농촌의 인터넷·이용자의 상당수가 주로 와이파이를 이용할 수 있는 환경에서만 인터넷에 접속하고 있다.

038

세계 1위를 향해 가는
인도 인구

중국의 인구를 조만간 추월할 인도

2019년 6월 발표된 UN 인구 보고서에 따르면 2028년까지는 중국이 세계에서 가장 많은 인구를 가진 국가로 자리를 지키겠지만, 그 이후에는 인도가 세계 최대 인구를 가진 국가가 될 것으로 전망했다. 보고서에서 인도는 2059년 16억 5,000만 명으로 정점을 찍고 나서 인구가 조금씩 감소하는 것으로 나타났다.

향후 경제발전이나 소비시장 관점에서 볼 때 인구가 많고 젊은 층의 인구비율이 높은 것은 인도의 커다란 매력이다. 인도는 2045년경까지 전체 인구 중 15~64세까지 생산연령 비율이 계속 높아지는 인구 보너스 혜택을 받을 것으로 보인다. 현재 인도의 평균 나이는 28.4세, 중국은 38.4세 그리고 한국은 43.7세다.

하지만 이러한 인구 현황에도 불구하고 문제점도 있다. 바로 성비 문제다. 인도에서 남녀 인구 차는 1억 명이나 된다. 즉, 인도는 극심한 남초 사회다. 2011년에 실시된 인구센서스 조사에서는 남녀의 출생 비율이 약 110:100 정도였지만 지역에 따라서는 130:100에 이르기도 했다. 인도가 전통적인 부계 사회로 여성의 사회적 지위가 낮다는 점, 결혼 시 여성 측의 지참금 제도(다우리) 등이 이러한 성비 불균형에 영향을 미치는 것으로 알려져 있다.

인도에서는 의사가 태아의 성별을 알리는 것이 법률로 금지되어 있지만, 출생 비율에는 여전히 큰 차이가 있는 것이 현실이다.

인구가 곧 국력이 될 인도의 미래

미국 통계국이 발표한 자료에 따르면 전 세계 인구는 75억 8,000만 명에 달하며, 2020년에는 인구 증가율이 1% 아래로 떨어질 것이라고 한다. 하지만 우리나라의 경우 인구 감소가 예상보다 빠르게 진행되면서 국가 존립마저 위협하고 있다.

최근 통계청에선 최악의 경우 2039년 세종시를 제외한 전 시도 인구가 줄어들 거라는 분석도 나왔다. 2019년부터 2047년까지 15~64세 생산연령인구 감소 폭도 36.3%로 크게 확대될 것으로 보인다.

이를 방증하듯 2018년 대한민국의 출생아 수는 역대 최저인 32만 6,900명을 기록했다. 10년 전인 2008년에 46만 5,892명이었던 것에 비하면 약 30%나 급감한 숫자다. 한국은 현재 세계 유일의 전시(戰時) 상황 등 특수한 상황을 제외하더라도 역사적으로 유례가 드문 인구감소 현상을 경험하고 있다.

총 인구수가 한국의 약 26배, 출산율도 2.0을 크게 웃도는 세계 2위 인구 대국 인도에서 해마다 태어나는 신생아 숫자는 약 2,500만 명으로, 이는 호주의 총 인구수와 비슷하다. 이런 배경 아래 소비와 생산의 주체인 '젊은이'가 많은 것이 인도 시장의 특징이다. 이러한 인도 시장의 '젊음'은 21세기 산업의 중심이 되는 'IT'를 받아들이기 쉬운 토양으로 만들고 있다. 다시 말해 인도 시장은 '양'뿐만 아니라 '질' 측면에서도 매우 전망이 밝다고 말할 수 있다.

양날의 칼인 인도의 인구

저출산 고령화 문제를 안고 있는 우리 입장에서 보면 부러울 따름인 인도의 인구. 하지만 인도의 '급증하는 젊은이'가 경제를 위협하는 양날의 칼로 작용하고 있는 것도 눈여겨봐야 할 대목이다. 즉, 인도는 늘어나는 인구를 "어떻게 먹여 살릴 것이냐?" 하는 문제를 안고 있다.

재집권에 성공한 모디 정부의 최우선 과제는 '고용'이다. 사실 선거 전 벌어진 파키스탄과의 분쟁이 없었다면 모디 수상의 재집권은 불투명했다. 그러나 파키스탄과의 분쟁이 '고용'이라는 사회적 이슈를 잠시 덮게 만들었고, 모디 수상은 이 기회를 놓치지 않고 재집권에 성공했다. 하지만 성공의 기쁨도 잠시, 총선 승리와 동시에 고용 문제 해결에 다시 사활을 걸 수밖에 없는 상황에 놓이게 되었다.

현재 인도 사회 전반에는 사회적으로 고용 문제를 해결해야 한다는 절박감이 팽배해 있다. 매년 대략 1,500만 명의 젊은이들이 일자리를 찾아 노동 시장에 신규 진입하고 있다. 노동시장에 새롭게 쏟아져 나오는 젊은이 1,500만 명에게 안정적인 일자리를 제공하는 것은 소비의 중심으로 떠오르는 중산층을 두텁게 만들고, 그들이 활발한 소비활동을 이어가게 함으로써 인도라는 국가를 새로운 성장 단계로 끌어올리기 위한 핵심이다.

반대로 매년 1,500만 명이라는 엄청난 숫자의 젊은 인력들이 시장에 유입될 때 노동 시장에서 흡수하지 못하고 불안정한 고용 상황이 길어진다면 어떻게 될까? 당연히 소득은 늘어나지 않고 결과적으로 왕성한 소비와 경제의 활력을 만들어내는 중산층도 성장시키기 어렵다.

또한, 고용 불안정은 사회 불안을 낳고, 총선에서 승리한 모디 정권의 기반을 깨는 원인이 될 수도 있으며, 개발 도상국 중에서 비교적 안정적으로 평가 받는 인도 치안에도 영향을 미칠 것이다.

현재 발표하는 기관이나 통계 기준에 따라 다르지만, 인도의 실업률은 2019년 인도 정부의 공식적 발표로는 6.1%였다. 세계적 기준으로 보면 이 실업률 수치는 좋지도 않지만 나쁘지도 않은 수준이라고 할 수 있다. 하지만 이 6.1%라는 숫자는 현지에서 기업을 하는 사람들의 체감과는 큰 괴리가 있다. 인도에서 기업을 하는 현지인들의 이야기를 들어보면 새로운 직원을 고용하기 위해 웹사이트에 모집 공고를 내면 단 몇 명 모집에도 1주일에 100명 이상 지원자가 쇄도한다. 그리고 평일 낮 주택가 근처 길거리엔 분명히 일하는 것 같지 않은 젊은이들이 골목을 어슬렁거린다. 이렇듯 정부 발표와 실제 현장에서 느끼는 인도의 실제 실업률은 차이가 꽤 크다는 것이 현장의 소리다.

왜 이런 차이가 생기는 것일까? 실업률은 일반적으로 일하기를 원하는 사람의 수를 기준으로 일이 없는 사람이 얼마나 되는지를 계산하는 것이다. 통계 작성을 위한 설문 조사를 실시하는 경우 질문에 답하는 사람이 "일자리를 찾고 있지 않다."라고 답변하면 실업률 계산에서 빠지게 된다. 인도에서는 사실상 직업을 갖고 있지 않지만, 예를 들어 우버 드라이버 등 아르바이트로 생활비를 벌고 있는 사람도 "일을 하고 있다."라고 대답하면 실업률 통계에서 제외된다. 특히, 자존심 강한 인도인 대부분은 '실직 중'이라고 답하지 않기 때문에 결과적으로 정부에서 집계하는 실업률은 실제보다 낮아진다.

당연한 이야기지만, 인도 정부도 고용 문제에 대해 수수방관하는 것은 아니다. 예를 들어 인도 정부가 국가 사업으로 실시하고 있는 북서부 공업 도시 아마다바드와 뭄바이를 잇는 고속철도망 건설(일본이 제공한 18조 원의 차관으로 2023년 개통 예정)도 원래 목적은 교통 혼잡 완화 및 인프라 공사로 인한 경제 활성화로 알려져 있다. 그러나 또 다른 큰 목적은 '완성 후 매년 운영 관리에 필요한 막대한 고용'이다. 이 철도는 현재 뭄바이와 아마다바드를 시작으로 인도 전역으로 확대될 예정이기 때문에 장기적 관점에서 높은 고용 효과가 기대된다.

모디 정부의 대표적인 정책 슬로건 '메이크 인 인디아(Make in India)'는 지지 기반인 '젊은 층 고용 대책'을 위한 것이다. 현재 매년 쏟아져 나오는 1,500만 명의 인력 중에서 노동 참여 인구는 대략 절반가량인데, 문제는 나머지 750만 명에 달하는 신규 노동자에게 일자리를 만들어 주는 것이 쉽지 않다는 것이다. 다행히 인도의 농업 분야에서 노동 인구의 절반가량을 흡수하고 있지만, 작물 가격 하락과 물 부족 등으로 농업 분야의 부진이 지속되며 유휴 노동력 흡수가 쉽지만은 않은 상황이다.

한편, 안정적이면서 급여 수준도 높은 좋은 일자리는 극히 적어서 지난해 국유 철도 인력 9만 명을 뽑는데 2,500만 명이 몰리는 세계적으로 찾아보기 힘든 현상을 보였다. 안정적인 일자리를 제공할 수 있는 제조업 비중은 16%로 중국 등 다른 개발도상국가들의 제조업 비중(25% 내외)에 비하면 한참 아래다. 따라서 제조업을 육성하지 못한다면 그 많은 노동력을 소화할 곳이 없다고 해도 과언이 아니다.

모디 정부는 2020년까지 1억 개의 일자리를 만들겠다고 약속했지만, 신규로 설립되는 공장에서도 공장자동화 비중이 높아지며 이 목표 달성도 무리라는 견해가 지배적이다. 미중 무역 분쟁의 영향으로 중국 본토에서 쫓겨난 글로벌 기업의 공장을 유치한다는 계산도 해보았으나, 베트남 등에 그 기회를 빼앗겨 어려운 상황이다. 거기에다 생산 인력 양성을 위한 직업 훈련 제도가 기업의 눈높이에 맞추기에 불충분하기 때문에 숙련 근로자 확보도 힘들다.

최근 인도 경제인들과 정치인들이 한국에 높은 기대를 보이는 이유는 교육을 통해 산업화를 달성한 국가 롤모델이 한국이기 때문이다. 제조업 육성을 국가의 최대 핵심 과제로 삼고 있는 인도는 한국 제조 기업들에게 끊

▲ 2019년 개봉되어 히트를 친 인도 발리우드 영화 〈메이드인 인디아(Made in India)〉, 농촌 출신 부부가 재봉틀 하나로 창업해 성공한다는 내용이다.

임없이 러브콜을 보내고 있다. 중국을 떠나 동남아를 생산 기지로 옮기려고 생각하는 기업들에게 인도는 대안이 될 수 있는 기회의 땅이다.

인도의 4차 산업혁명, 세계의 미래가 되다

039

디지털 인도의 미래, 지오(지O)를 보라

인도의 통신은 지오 이전과 이후로 나뉜다

페이스북은 2020년 4월 인도 최대 재벌 릴라이언스 인더스트리(Reliance Industries)의 계열 통신사 지오 플랫폼(Jio Platforms)에 출자한다고 발표했다. 출자 금액은 약 61억 달러로, 글로벌 IT 기업 페이스북(Facebook)은 지오 플랫폼 출자 비율 약 10%로 지오의 가장 큰 소액 주주가 되었다.

이 전략적 출자와 제휴는 인터넷 기업과 통신 사업자의 관계뿐만 아니라 양사의 비즈니스 모델을 통해 미래를 변화시킬 가능성을 내포한다는 점에서 주목을 끌었다. 이를 뒷받침하듯 미국 투자사 KKR도 5월에 16억 달러에 지오 플랫폼 지분 2.32%를 인수했다. 뒤이어 아랍에미리트 국부 펀드가 6월에 12억 달러를 투자해 지분 1.85%를 보유했고 퀄컴 등 다른 글로벌 회사의 투자도 이어지고 있다.

릴라이언스 그룹은 인도 GDP 10%에 해당하는 규모의 인도 3대 재벌 중 하나다. 지오 플랫폼은 릴라이언스 그룹이 보유한 통신사 지오(Reliance Jio Infocomm Ltd)와 릴라이언스가 출자해 2019년 11월에 설립한 디지털 서비스를 총괄하는 회사로 시가 총액은 인도에서 4위 규모다.

▲ 무케시 암바니 릴라이언스 그룹 회장이 지오의 비전을 발표하고 있다.(출처: 릴라이언스 그룹)

　이 회사가 주목받는 이유는 지오 플랫폼 산하 각 디지털 서비스의 규모가 이미 매우 큰 데다 성장 잠재력도 아직 크게 남아 투자 매력이 있기 때문이다. 네트워크 공급자 지오의 2019년 말 기준 가입자는 3억 8,800만 명으로, 인도의 인터넷 보급률과 스마트폰 보급률을 감안하면 아직 성장 여지는 남아 있다. 참고로 지오는 2020년 7월 기준으로 시장에 진입한 지 불과 4년 만에 업계 1위로 급성장했다.

　지오는 2016년 시장에 진입했는데 인도의 통신은 지오 이전과 이후로 나뉜다고 해도 과언이 아니다. 지오는 시장 진입 이후 모기업의 막대한 자금력을 무기로 4G 데이터와 통신 서비스에 4인 가족 기준 무려 1만 5,000원도 안 되는 가격을 책정하고, 데이터를 무제한 제공했다. 그 결과 지오 론칭 시점에 연간 1인당 데이터 사용량은 월 500MB 정도였으나 2019년 기준 월 10.6GB로 어마어마하게 늘어났다.

　지오의 등장으로 10여 개 통신사가 난립하던 시장은 일시에 파산과 인

수 합병의 격랑 속에 빠져들었다. 인터넷 서비스의 발전으로 콘텐츠 시장도 대변화를 맞이했다. 1억 명의 구독자를 보유한 유튜브 1위 채널이었던 북유럽의 퓨다이파이(PewDiePie)를 제치고 인도 최대 음반&영화 제작사인 T시리즈(T-Series)가 만든 티시리즈 채널이 1억 4,500만 명의 구독자를 확보하며 1위에 올라선 것이다.

뿐만 아니라 온라인 쇼핑몰 플립카트가 갑자기 늘어난 데이터의 홍수 속에서 급성장을 보이면서 미국 월마트에 160억 달러에 인수되었고, 이 밖에도 많은 기업들이 성장하며 글로벌 기업들의 투자가 이어지고 있다.

페이스북은 2016년 지오가 등장한 이후 관심 있게 지켜보다가 이번에 대규모로 투자하게 되었는데, 페이스북 최고 재무 책임자 데이브 웨너(Dave Wehner)가 2016년 3분기 실적 발표에서 인도의 저렴한 데이터가 미치는 영향에 대해 처음 언급한 이래 지속적으로 투자 시점을 엿봐온 결과다.

지오 플랫폼은 전자 상거래인 지오마트(JioMart), 동영상 스트리밍 서비스인 지오티비(JioTV), 음악 스트리밍 서비스인 지오사븐(JioSaavn), 결제 서비스인 지오페이(JioPay) 등 다방면에 걸쳐 있다.

지오의 가입자는 현재 약 4억 명 가까이 된다. 인도의 인터넷 보급률과 스마트폰 보급률을 감안하면 아직 성장 여지가 남아 있다. 인도 인터넷모바일협회(IAMAI)의 조사에 따르면, 인도의 인터넷 보급률은 2019년 기준 33%, 인터넷 사용자는 약 4억 5,100만 명이었다. 시스코(Cisco)가 예측한 인도의 인터넷 이용자는 2023년 9억 명으로 현재보다 2배로 증가할 전망이다.

이런 시장은 전 세계 어디에서도 찾아볼 수 없다. 따라서 그들의 서비스가 어디로 진화할지 들여다보는 것만으로도 세계 IT 산업의 미래를 전망해 볼 수 있다.

040

스타트업 전성시대를 맞은 인도

스타트업 육성 정책이 빛을 발한 인도

인도 정부는 2016년 '스타트업 인도(Startup India, Standup India)'라는 액션플랜을 내세우면서 국가 차원에서 스타트업 기업을 지원하는 방향을 제시했다. 이는 이제 인도 사회 속에서 스타트업이 얼마나 중요한 위치를 차지하는지를 알 수 있는 대목이다. 물론 인도 이외에도 각국 정부가 스타트업 육성을 위해 많은 노력을 하고 있지만, 그 노력에 유의미하고 실질적인 결과를 보이고 있는 것은 인도를 비롯해 몇 개 국가에 불과하다.

인도가 이렇게 유의미한 결과를 도출해 낸 요인은 인도 자체가 높은 경제성장을 지속하고 있다는 점, 야심차고 유능한 젊은 기업가가 많다는 점, 풍부한 엔지니어 인력이 보유한 최첨단 기술이 있다는 점 등이었다. 이로 인해 스타트업 기업들이 많이 생기고 있는데, 무엇보다 인도에서는 인프라나 각종 시스템이 아직 정비되어 있지 않아 사회적 과제 해결 도구로서 스타트업의 필요성이 상당히 크다.

근래 들어 전자 상거래(EC)가 늘면서 음식, 물류, 의료, 결제 서비스뿐만 아니라 국방, 교육 및 농업을 비롯해 다양한 사회 문제 해결을 위해 뛰어드는 스타트업들이 점점 많아지고 있다.

이 분야 전문 미국의 조사 기업 CB 인사이트에 따르면 2019년 인도의 유니콘 기업 수는 21개사로 미국, 중국, 영국에 이은 세계 4위였다. 2013~2014년 인도에서 스타트업 붐이 일었지만, 그 이전에는 세계 유니콘 기업의 대부분을 미국, 유럽 등이 차지한 것과 비교하면 불과 5~6년 만에 세계 스타트업의 분포가 크게 달라졌다고 할 수 있다.

인도에 거주하다 보면 인도 기업과 중국 기업은 뜻이 잘 맞지 않다는 이야기를 주변에서 많이 듣게 된다. 하지만 스타트업 분야에서는 인도의 유니콘 기업 절반 이상이 중국 거대 자본에서 출자를 받고 있다. 중국 텐센트는 남아공의 나스퍼(Naspers)와 협력해 하이크(Hike, 메신저 앱) 등에 거액을 투자했다. 중국의 알리바바도 일본 소프트뱅크(SoftBank) 그룹과 협력해 스냅딜(온라인쇼핑몰), One97(인도 최대 전자 결제 시스템인 페이티엠 운영), 조마토(Zomato, 레스토랑 평가 앱) 등에 투자하고 있다. 지금까지는 미국의 아마존, 페이스북 등이 거액의 투자를 주도해왔지만, 최근 몇 년간 중국의 거대 IT기업도 인도의 유망한 스타트업 기업에 출자 형태로 투자를 진행하고 있는 것이 눈길을 끈다.

하지만 최근 인도와 중국의 국경분쟁 등으로 인해 중국이 직접 운영하는 앱과 중국의 대규모 투자를 받은 기업들은 정부의 깐깐한 규제 등으로 인해 사업 여건이 상당히 어려워진 상황이다.

인도에는 도로나 위생환경 등 사회 인프라가 충분히 정비되어 있지 않다. 따라서 그 과제 해결을 위해 스타트업 기업을 활용하는 경우가 있다. 예를 들어 택시 등 대중교통망이 정비되지 않은 인도에서 차량 공유 서비스 우버와 비슷한 올라의 서비스가 빠르게 보급된다거나, 병원이 없는 농촌에서 온라인으로 의사의 진료를 받을 수 있는 시스템을 개발하여 활용하는 등 오히려 인프라가 제대로 갖춰지지 않았기 때문에 스타트업 기업이 제공하는 서비스를 자연스럽게 받아들이고 있다.

이와 함께 인도 정부는 커다란 사회적 틀을 종종 예상치 못하게 바꾸기도 하는데, 이것도 스타트업 기업에는 훌륭한 비즈니스 기회가 되고 있다. 2016년 11월 인도 정부가 돌연 고액권 폐지를 발표하면서 시장에서 일시적으로 고액권이 사라져 현금 결제가 어려워지는 사태가 발생했다. 이때 신용카드 보급률이 낮은 인도에서 서민을 구한 것이 스마트폰 등을 활용한 전자결제 서비스를 제공하는 페이티엠이었다. 고액권 폐지를 계기로 이 서비스의 시장 점유율은 크게 상승했다.

인도 스타트업의 빛과 그림자

이처럼 인도의 사회적 과제 해결과 인도 정부에 의한 정책 변경 등에 대한 해결 도구로서 사세를 크게 키우는 스타트업이 존재하는 반면, 자금 조달 후 1년 안에 도산하거나 폐업하는 곳도 많은 것이 현실이다. 아무리 사회적 과제해결에 기여하는 스타트업이라도 사회에 필요한 기능과 역할을 제공하는 것만으로는 불충분하며, 수익을 올리는 비즈니스 모델 구축이 반드시 필요하다. 이 점이 미흡하거나 자금 부족으로 인해 단기간에 도산하거나 폐업하는 곳이 많은 것도 인도 스타트업의 현실이다.

또, 스타트업 기업은 장래에 주식을 매각하는 엑시트를 생각하는 경우도 많지만, 인도의 경우 시장이 아직 정비되지 않은 상태라서 IPO(신규 주식 공개)로 가기에는 벽이 너무 높다. 그러다 보니 M&A에 의한 엑시트가 실시되는 경우가 많은 것이 특징이다.

예를 들어 카셰어링 스타트업인 올라는 택시포슈어(Taxi for Sure)를 인수해 시장 점유율을 늘렸고, 오요 브랜드의 숙박시설을 운영하는 오요 룸스(Oyo Rooms)는 조 룸스(Zo Rooms)를 인수해 관리하는 호텔 수를 늘렸다. 2018년 5월 미국 월마트는 160억 달러를 투자해 인도 최대 온라인 쇼핑 기업인 플립카트의 주식 77%를 취득했고, 이 거래를 통해 일본 소프트뱅크는 보유한 월마트 주식을 6개월 만에 월마트에 되팔아 막대한 시세 차익을 챙겼다. 이는 M&A가 활성화되지 않은 한국에서는 많이 낯선 장면이다.

041

최첨단 인도식 주민등록제
아드하르

인도의 디지털 신분증 아드하르

'아드하르(Aadhaar)'는 힌두어로 '기반'이란 뜻이다. 아드하르 카드는 12자리 숫자와 RFID* 기능이 있어 주민들의 이름, 생일, 주소, 사진 및 지문과 홍채정보를 저장하는 인도의 디지털 신분증 시스템이다. 전 세계에서 가장 많은 데이터를 가지고 있다.

지난 2009년부터 인도 정부는 아드하르 체제 구축을 시작했다. 원칙적으로 아드하르 발급은 개인의 자발적인 동의에 따르지만, 정부가 식품 보조금 지급, 휴대폰 유심, 은행 계좌 등 여러 행정 절차 및 민간 서비스 분야에서 아드하르 번호를 요구하므로 대부분의 국민들이 의무로 발급받고 있다. 아드하르는 출생과 동시에 발급받을 수 있지만 보통 중, 고등학교 때 발급받는다.

인도 고유식별청(UIDAI)에 따르면 2019년 12월 기준 인도 인구의 95%에

---

*RFID: Radio Frequency Identification의 약자. 무선인식이라고도 하며, 반도체 칩이 내장된 태그(Tag), 라벨(Label), 카드(Card) 등에 저장된 데이터를 무선주파수를 이용하여 비접촉으로 읽어내는 인식시스템.

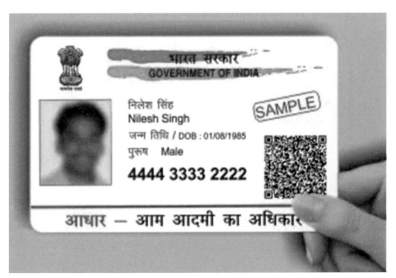

▲ 아드하르카드 예시

해당하는 12억 5,000만 명이 아드하르를 발급받았으며, 지금까지 아드하르를 통해 33억 건 이상 인증이 이뤄졌다. 아드하르 연계 은행은 1만 4,000곳에 달하며 연계 우체국은 1만 3,000곳가량이다. 운용 인원은 81만 명이 넘고 등록센터도 약 2만 4,000곳이나 된다.

그간 호적제도가 없어 제대로 된 복지 지원을 받지 못하던 빈곤층 인도 국민들은 아드하르를 통해 경제적·사회적 지원을 받았다. 아드하르는 특히 거짓 주민 정보로 사회복지 기금을 착복하는 공무원들의 부패를 방지하는 데 크게 기여했다. 이에 아시아와 아프리카의 많은 국가들이 아드하르 시스템을 벤치마킹하고 있다. 하지만 인도에서는 노숙인을 포함한 사회 취약 계층 약 1억 명 이상이 여전히 아드하르가 없어서 사회복지 혜택을 받지 못하고 있다.

한편으로 개인정보 유출과 사생활 침해와 같은 문제점도 끊임없이 제기되고 있다. 2018년 인도 대법원은 아드하르가 합법이라고 판결했지만, 동시에 민간 주체의 무분별한 아드하르 정보 사용을 제한하기도 했다.

아드하르 프로젝트는 2009년 시범 도입을 거쳐 2010년 공식 도입되었고, 모디 정부 집권(2014년) 이후 본격적으로 추진되고 있다. 아드하르 프로젝트 실시 배경에는 인도 신생아 출생신고 비율이 50%가 되지 않는다는 현실이 반영됐다. 아드하르 카드 등록을 통해 자신이 누구인지, 나이가 몇 살인지를 정부가 공식적으로 증명하는 운전면허증 발급 및 투표할 때 필요한 증명서(VOTER ID)를 인도 인구의 절반 이상이 취득하게 하는 데 목적이 있다. 실제로 인도에 거주하는 일반 시민의 경우 출생신고가 제대로 돼 있지 않으면 공식적인 신분증이 없기 때문에 회사에 취업하는 것은 사실상 불가능하며, 취업이 된다고 하더라도 힘들고 어려운 육체노동에 한정될 수밖에 없다.

가난한 사람들이 아드하르 카드가 없어 정부에서 주도하는 복지정책의 수혜를 받지 못하는 문제를 넘어, 가장 큰 문제점은 마을 이장 등이 보조금을 대리 수령해 편취한다는 것이다. 뿐만 아니라 출생신고율이 34% 정도에 불과한 인도 농촌 지역의 경우, 정부에서 농촌 가구에 보조금을 지급하려고 해도 대부분 은행계좌가 없어서 지급하지 못한다. 이 과정에서 고리대금업자 등이 불법으로 중간이득을 취하기도 한다.

인도에서 지하경제를 양성화하기 위해서는 현재 3~10% 수준에 불과한 소득신고율을 높이는 것이 가장 중요한 문제다. 이에 인도 정부는 소득신고 시 아드하르 카드와 팬카드(Pan Card)의 연결(Linking)조치 의무화 제도를 시행 중이다.

수입이 있는 사람이라면 팬카드 발급은 의무

팬카드(Pan card)는 Permanent Account Number의 약자로 인도 국세청이 부여하는 '소득세 관리번호'다. 과세가 되는 소득의 세금 회피를 막고 금융 거래를 올바르게 파악하기 위한 목적으로 발행되었다. 인도에서 과세되는 수입이 있는 사람이면 누구든지 발급대상이 되며, 구체적으로는 직전 회계 연도 기준 총 소득이 50만 루피(약 800만 원)를 초과하는 사람이다.

팬카드의 용도는 기본적으로 소득신고를 유도해 과세 정의를 실현하는데 있지만, 실제 운용 측면에서는 탈세 방지를 목적으로 한다. 개인이 차명으로 여러 개의 팬카드를 사용하는 경우가 많기 때문에 인도 정부는 아드하르 카드와 팬카드를 연결해 팬카드 중복 사용으로 인한 탈세를 막고 지하경제를 양성화하려 하고 있다.

팬카드는 급여를 받거나 주택과 자산의 매매를 비롯한 다양한 금융거래를 위해서 꼭 필요한 카드로, 인도에서 투자하거나 비즈니스를 하고자 하는 외국인에게도 반드시 필요하다. 이에 반해, 아드하르 카드는 외국인의 경우 인도에 연간 182일 이상 거주한 경우 발급이 가능하지만 의무사항이 아니다. 또한, 카드를 발급받아도 신원증명의 수단일 뿐 영주권과 시민권을 받을 수 있는 것은 아니다.

결론적으로 인도 정부의 아드하르 프로젝트 관련해서는 다음 두 가지 측면에서 인도 진출을 희망하는 사람들의 관심이 요구된다.

우선 외국인의 경우 아드하르 카드와 팬카드 연결이 의무사항은 아니지만 세금 납부의 투명성 증빙을 위해서 두 카드를 연결 조치하는 것이 좋을 것으로 보인다. 사실상 아드하르 카드 발급과 관련한 그 어떤 예외조항도 정부에서 발표된 것은 아직 없다. 182일 이상 거주한 외국인이 소득세 신고

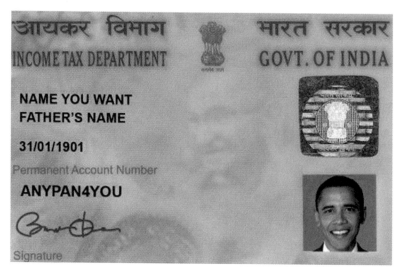

▲ 팬카드 예시

를 해야 하는 경우라면 예외 없이 아드하르 카드 가입 후 팬카드와 연결해
야 하는 수고가 꼭 필요할 것이다. 인도 소득세 관련 담당자에 따르면 2019
년 말 기준 1,080만 명 정도만 아드하르 카드와 팬카드를 연결한 상태다. 팬
카드를 보유한 사람들은 최소 2억 명이 넘는다.

   또한, 아드하르 카드로 활용도가 높아진 홍채 인식과 관련해 새로운 수
요에 대응할 필요가 있다. 홍채 인식(iris recognition) 기술은 홍채를 카메라로
인식한 후 홍채 패턴을 코드화해 보안용으로 활용하는 것이다. UIDAI 관계
자에 따르면 인도의 육체 노동자들 중 손가락을 많이 사용하는 경우 지문이
훼손되거나, 보안인식을 위해 사용하기 어려울 정도로 닳은 경우가 많아서
홍채 인식이 가장 좋은 대안으로 고려됐다고 한다.

   아드하르 카드 등록은 인도 인구의 95% 수준을 달성했으나, 보안을 위
한 홍채 인식 정보는 이제 시작단계다. 따라서 홍채 정보를 습득하고 활용

하는 것에 대한 관련 수요가 앞으로 급속하게 많아질 것으로 전망된다.

삼성은 2016년 인도 정부기관, 기업용으로 한정 공급하는 홍채 인식 기능이 탑재된 '갤럭시 탭 아이리스'를 출시했다. 애플, 샤오미 등도 머지않아 홍채 인식 모델을 출시할 예정이다. 갤럭시 탭 아이리스에는 홍채 스캐너, 14개 인도 지방 언어 팩 등이 탑재돼 향후 아드하르 프로젝트의 일환으로 추진될 세무, 의료, 교육, 금융업무 등 다양한 서비스에 활용될 가능성이 높다.

인도의 독특한
주가드 생각법

042

주가드(Jugaad), 인도식 창의 기법

인도인을 이해하려면 주가드 이해는 필수

비즈니스를 하다 보면 흔히 인도인들은 정말 이해하기 힘들다는 이야기를 많이 듣는다. 여러 국가와 다른 독특한 비즈니스 관점을 지닌 인도인들과 상대할 때면 '종교 때문인가? 아니면 가난한 나라라는 국가적 특징 때문인가? 아니면 여러 민족이 섞여서 우리가 이해하지 못하는 비즈니스 행동이 나오는 걸까?' 하는 생각이 들 때가 한두 번이 아니다. 그렇다면 인도의 이런 비즈니스 관습은 어디서 나왔을까?

먼저, 인도인의 기질과 비즈니스 사고를 가늠하는 데 필요한 '주가드(Jugaad)'를 이해할 필요가 있다. '주가드'는 힌디어로 '예상치 못한 위기상황을 극복하기 위한 즉흥적이고 독창적인 아이디어나 능력'을 뜻한다. 최근에는 주가드를 경영전략으로 발전시켜 열악한 환경에서 생존하기 위해 독창적 방식으로 해법을 찾아내는 경영으로 해석하고, 인도 기업인의 경영 철학을 상징적으로 나타내는 용어로도 사용한다.

한국인의 입장에서 보면, 주가드는 '적당히'로 해석될지 모른다. 그러나 이것은 인도가 생존하기 위한 '방법'이며, 인도가 생존하기 위한 '이유'이기도 하므로, 인도에서 생활하는 데 필요한 사고이자, 반드시 이해해야 하는 사고방식이다.

인도 기업 타타자동차는 2009년 200만 원대 자동차 '나노'를 개발했다. 타타자동차는 인도 저소득층의 구매력을 감안해 일부 부품은 빼고, 화학본드로 차를 조립해 생산단가를 확 낮췄다. '현실성 없는 지나친 즉흥 경영'이라는 비난도 있었지만 나노는 출시 전부터 100만 대가 예약됐다. 이처럼 열악한 환경에서 신속하게 창의력을 발휘하는 능력이 바로 주가드다.

"노 프라블럼(No Problem)."을 연신 입에 달고 사는 인도인들은 힌디어 "찰타하이(Chalta hai)."라는 말도 항상 입에 달고 산다. 문자 그대로 해석하면 '충분하다, 그렇게 지나간다'는 의미지만, 실제로는 당면한 상황만 모면하고 보자는 인도인들의 무책임한 태도를 의미하기도 한다.

'주가드'라는 이름은 1980년대 펀자브주 마을 사람들이 만든 자체 제작자동차에서 유래했다. 자신들이 안고 있는 열악한 대중교통 문제를 해결하기 위해 마을 사람들은 철제 골격에 낡은 지프 강판과 바퀴를 달고, 나무판자를 어어 붙여 차대를 만들고, 엔진은 양수기 모터로 대신한 짜깁기 차량을 만들었다. 요금은 보통 5루피 정도로 100원도 안 되는 금액이었다. 이 자동차는 어찌 보면 트럭, 어찌 보면 버스같이 생겼다. 안락하거나 고급스럽지는 않지만 가난한 사람들에겐 실용적인 교통수단이었다.

그들은 이 차를 '주가드(jugaad, gaadi는 힌디어로 차를 뜻한다)'라고 불렀다. 과학자도 엔지니어도 아닌 보통 사람들 여러 명이 모여 만든 자동차다 보니 이렇다 할 디자인도, 안전성에 대한 배려도, 자동차 규제에 대한 준비도 없었다.

그들이 만든 것은 단지 사람들을 운송하는 가성비 높은 이동장치, 그 이상도 그 이하도 아니었다. 오늘날 인도 곳곳에서 그런 차들을 볼 수 있다. 하지만 사고가 많이 발생했기 때문에 2011년 인도 대법원은 이 차들의 제조를 금지하도록 판결했다. 이후로 주가드는 이렇듯 어떠한 제약 속에서 당면한 문제를 극복하기 위한, 인도인들 생활 주변의 참신한 연구를 의미하게 되었다.

곳곳에서 발견할 수 있는 주가드식 사고방식

현재 주가드는 인도식 사고방식이나 경영스타일의 상징이 되고 있다. 인도 각지를 돌아보면 구석구석에서 주가드를 응용한 사례를 흔히 볼 수 있다.

압력솥으로 만든 에스프레소 머신을 사용하는 길거리 커피숍, 우유병 알루미늄 뚜껑을 수거해 가정용 클렌저로 만드는 주부, 보온박스를 보육기로 사용하는 사람, 구두 수리에 폐타이어 조각을 사용하는 구두 장인, 태양열을 이용한 인력거, 버려진 재료로 만든 장난감을 가지고 노는 가난한 아이 등 제품을 본래 목적과 다르게 사용하는 사례는 일일이 열거할 수 없을 정도다.

▲ 자전거를 오토바이로 개소한 형태
▶ 압력솥을 활용하여 만든 에스프레소 머신

몇 년 전, 어느 대기업 세탁기 제조사가 펀자브주 루디아나라는 도시에서 자사 제품의 수요가 급격히 증가하자 대대적인 조사를 실시했다. "인구 140만 명으로 인도 내에선 그다지 크지는 않은 중급 규모 도시에서 대도시 판매 수량 정도의 세탁기 판매가 이루어진 이유는 무엇일까?"라는 의문을 가진 제조사는 열심히 시장조사를 했다. 그 결과 놀랍게도 현지의 많은 레스토랑에서 대량의 라씨(인도식 요구르트 음료)를 빠르고 간단하게 만들기 위해서 세탁기를 구입했다는 것을 알게 되었다.

세탁기로 라씨를 만드는 것과 같이, 사람의 모발 염색약을 물소의 털 광택내기에 사용하거나, 재활용한 플라스틱 병을 배수구에 사용하는 식으로 인도인이 제품을 본래와는 다른 목적으로 사용하는 사례는 너무나 많아 열거하기 힘들 정도다.

규칙을 어겨도 일단 해결하면 그만!

주가드는 규칙을 어기며 해결하는 사람들을 칭하는 용어로도 사용된다. 예를 들어, 새로운 도시로 이사해서 자녀를 인근에서 가장 좋은 학교에 입학시키고 싶지만, 입학시험 시기가 이미 끝난 상황이라면 그 학부모가 해야 할 일은 아이가 잘 입학할 수 있는 방법을 찾을 수 있는 사람과 연락을 취하는 것이다. 이런 학부모도 주가드로 불린다.

급하게 출장을 떠나야 하는데 표를 구하지 못할 경우, 또 파업 중에 긴급히 물건을 트럭으로 운송해야 할 때, 전문가가 올 때까지 기술적인 문제에 대처할 필요가 있을 경우, 우리가 인도에서 해야 할 일은 주가드에게 도움을 요청하는 것이다. 특히, 비즈니스를 시작할 때 어떤 기업이든 몇 명의 주가드가 나서서 경영을 도와주기도 한다.

주가드 중에서도 더 우수한 사람을 주가드 마스터라고 부른다. 주가드 마스터는 대개 고도의 네트워크를 갖춰 인맥이 풍부한 사람이며, 어떤 제도 아래에서도 해결 방법을 발견해 내고, 올바른 길이 막힐 때 방법을 찾아낸다.

우리나라에서도 일할 때 지연과 학연 등을 이용한다. 즉, 연줄을 사용해 비즈니스를 하는 경우가 많다. 주가드의 독특한 점은 이와 달리 미리 연고가 없는 영역에조차 줄을 댄다는 점이다.

043

주가드를 무기 삼아
글로벌로 진출

세계를 지배하는 인도의 CEO들

구글, 마이크로소프트, 노키아, 샌디스크(SanDisk), 어도비, IBM 등 세계적으로 유명한 IT 기업인들의 공통점은 인도인이 수장이라는 점이다. 이 밖에 마스터카드(Master Card), 도이치뱅크(Deutsche Bank) 등 금융권과 하만카돈(Harman Kardon), 레킷벤키저(Reckitt Benckiser) 등도 인도인이 최고경영자로 자리 잡고 있다. 〈포춘(Fortune)〉지 선정 500대 기업 중 미국인을 제외한 외국인 CEO 10명 중 3명꼴로 인도 출신이다.

이렇듯 '인디아 마피아'라는 말이 생겨날 정도로 인도 출신이 경영자로 주목받는 이유는 무엇일까? 기본적인 언어 능력과 다문화를 포용할 수 있는 공존의 정신, 극단적인 상황에서도 답을 찾을 수 있는 문제해결능력 등이 인도인 CEO의 시대를 열었다고 볼 수 있다. 지난 2011년 미국의 시사주간지 〈타임〉은 인도 출신 CEO들을 집중 조명하며 '인도의 최대 수출품은 최고경영자들'이라고 평가했다. 비슷한 인구를 가진 중국은 자국이 만든 기업을 제외하고 〈포춘〉지 선정 최고경영자로 오른 사람을 찾아보기 힘든데, 왜 인도인들은 유독 CEO 역할을 하는 사람이 많을까?

인도인의 성공을 이끈 가장 큰 요소는 영어다. 영어로 서방 국가 사람들과 자유롭게 의사소통을 할 수 있다는 점은 큰 경쟁력이 되고 있다. 영어를 능숙하게 구사하고 영어로 사고하는 인도인들은 서구 문화에 대한 친밀도가 높아 경쟁력이 뛰어나다.

또, 이들은 어려서부터 치열한 경쟁 환경에 노출돼 생존법을 몸으로 터득했다. 구글의 피차이 회장, MS의 나델라 회장 등 대다수의 인도인 CEO들은 인도공과대학(IIT), 인도 마니팔 공과대학, 인도경영대학(IIB) 등 인도에서 명문으로 손꼽히는 대학을 나왔다. 이들은 대학 졸업 후 미국에서 석사나 MBA 학위를 받았으며, 글로벌 기업에 들어가기 전 인도 현지 회사에서 글로벌 기업들과 경쟁한 경험도 갖추고 있다. 수만 명과의 경쟁이 일상인 인도 엘리트들에게 글로벌 기업 내에서의 경쟁은 자유로운 경험 중 하나다. 자기 능력과 노력으로 경쟁을 통해 성장하는 것을 당연하게 여기는 가치관이 그들에게 자라고 있는 것이다.

살아남기 위해 발전한 인도인들

인도의 열악한 경제 환경도 무시하지 못한다. 인도에는 기본적인 인프라가 갖춰진 곳이 많지 않다. 따라서 예상치 못한 돌발 변수에 대처하는 높은 임기응변 능력이 필요하다. 예기치 못한 위기 상황에 신속하게 대응하기 위해 항상 플랜B와 플랜C를 갖고 있어야 한다.

아자이 방가(Ajay Banga) 마스터카드 회장이 네슬레 인도법인 근무 시절 초콜릿을 팔기 위해 고군분투했던 이야기는 주가드의 대표 사례다. 그는 섭씨 40도를 육박하는 여름철 냉장 설비와 전력 공급망이 제대로 갖춰지지 않

▲ 인도 출신 대표적인 글로벌 기업 CEO, 왼쪽부터 IBM 아르빈드 크리슈나, 구글 순다르 피차이, 마이크로소프트 사티아 나델라, 어도비 산타누 나라옌

은 상황에서 냉장 카트와 수송 차량, 창고 등을 특별 제작해 초콜릿이 녹지 않도록 했다. 그의 형인 빈디 방가는 유니레버 제품을 보급하기 위해 직업이 없는 여성들을 판매원으로 고용했다. 광고에 공을 들이는 대신 이들을 통한 구전 마케팅 기법을 사용한 것이다. 여성들에게는 돈을 벌 수 있는 기회를, 회사는 유통망을 확보하는 발판이 됐다.

　인도는 힌두교, 이슬람교, 기독교, 시크교, 불교 등 여러 종교가 공존하고 힌디어와 영어 외에도 십수 개의 공용어를 사용하는 나라다. 인도 출신 경영자들은 다문화·다종교·다언어 사회에서 자라 다양한 이해관계자와 소통하는 데 익숙하고 타인과 타 문화에 대한 포용력이 높은 편이다.

　미국 뉴햄프셔대학의 조사 결과 리더십 특성 부분에서 인도 출신 경영자가 가장 높은 순위를 기록했고, 인도 경영자는 미래지향적이고 겸손하면서 전문가적 의사를 전달하는 데 능숙한 것으로 나타났다.

인도 출신 CEO들은 또한 외부 영입이 아닌 내부 발탁이라는 공통점을 가지고 있다. 기본적인 실력 외에 인성이 부족했다면 불가능했을 일이다. 사티아 나델라(Satya Nadella)는 1992년 입사해 MS의 세 번째 리더가 되기까지 22년이 걸렸고, 순다르 피차이(Sundar Pichai)는 2004년 구글에 입사해 웹브라우저 '크롬' 개발에 참여하고 구글 툴바, 구글 팩, 구글 기어 등 검색과 소비자 제품을 총괄하는 역할을 두루 수행했다. 구글의 창업자인 래리 페이지(Larry Page)는 피차이를 CEO로 선임한 후 "피차이는 능력도 출중하지만 인격은 더 훌륭하다."라며 "그와 일할 수 있게 된 것은 큰 행운"이라고 블로그에 썼다.

주가드 정신을 기본으로 기업을 운영하는 인도 CEO

대부분의 인도 기업이 주가드 개념을 채용하고 있다. 그뿐만 아니라 인도와 관련이 있는 많은 글로벌 기업들도 새로운 제품을 만들거나, 서비스를 제공하고, 다양한 비즈니스·모델을 시험해 보면서 주가드 정신을 그들 업무에 적용하고 있다.

카를로스 곤(Carlos Ghosn) 전 르노닛산 회장은 재직 당시 3개의 다른 연구개발팀(일본, 프랑스, 인도)에 동일한 기술적 문제에 대한 해결방법을 제안하도록 요구했다. 3개 팀은 동등한 수준의 해결책을 제안했지만, 인도 엔지니어의 해결법은 프랑스와 일본 엔지니어가 제안한 방법의 5분의 1밖에 비용이 들지 않았다.

르노닛산의 가장 싼 경트럭조차 인도 시장에서 받아들일 수 있는 가격의 5배가 되는 것을 안 닛산(Nissan) 자동차는 인도의 상용 자동차 제조사 아쇼크레이랜드(Ashok Leyland)와 연구 개발 및 제조 조인트벤처를 설립했다.

카를로스 곤은 아쇼크레이랜드 부회장이 닛산 테크니컬 센터에 방문했을 때 일을 소개하며 그가 닛산 경트럭을 가리키며 이렇게 말했다고 한다.

"이 차의 설계사양서를 우리에게 주세요. 그러면 우리 회사의 인도 엔지니어가, 그것을 바탕으로 훌륭하고 그러나 싸고 견고한, 인도의 울퉁불퉁한 길을 잘 달리는 경트럭을 개발해 보이겠습니다."

결국 그들은 이 약속을 지켰다. 6,600달러로 구입할 수 있는 'DOST'라는 이름의 최저 가격대 경트럭이 탄생한 것이다. 아쇼크레이랜드와 닛산 조인트벤처들은 동남아시아 및 중동의 다른 신흥국에 DOST를 판매하고 있다. 이 일이 있은 이후 닛산에서는 외국인 간부들을 전략적으로 인도에 보내고 있다.

▲ 닛산의 DOST

다른 예로 GE의 휴대용 심전도계 MAC400이 있다. 이 기기는 버튼 4개와 내장 마이크로 프린터로 구성된다. 소형 배낭에 들어갈 만큼 크기가 작아 환자가 있는 곳이라면 어디든 옮길 수 있고, 건전지로도 움직일 수 있어 전력 사정이 좋지 않은 인도를 비롯한 저개발국가에 딱 맞는 제품이다.

기존 심전도계가 보통 2,000달러인데 이 기계는 800달러라는 가격을 실현했다. 그 덕분에 심전도 검사에 드는 비용이 환자 1인당 1달러까지 내려가게 되었다. 이 기계는 GE가 의료기 시장을 저개발 국가로 넓히는 데 크게 공헌했다.

이 밖에 3M, 구글, 페이스북 등 많은 기업이 이미 "주가드에 의해 혁신하라."라는 기본방침을 따라 지극히 어려운 여건 상황 속에서도 지속적인 성장 기회를 만들고 있다. 또한, 베스트 바이(Bestbuy), 시스코시스템즈(Cisco Systems), 오라클(Oracle)도 주가드를 채택해 판매사와 고객에게도 보다 경제적인 제품 및 서비스를 만들어 내고 있다.

주가드의 장단점

지금까지 살펴본 주가드의 긍정적인 면으로는 검약정신, 유연성, 휴먼스킬 및 인간관계 중시, 자신감, 결코 포기하지 않는 자세 등이 있었다. 다원화된 무한 경쟁 속에서 주가드 정신은 많은 기업들에게 자극이 되었다. 하지만 주가드로 무장한 인도인들에 대한 비판도 높아지고 있다.

인도에는 힌디어로 '돌아다닌다'는 의미의 '찰타하이(Chalta Hai)' 혹은 '찰레가(Chalega)'라는 말이 있다. 이 단어들은 일상적으로 '괜찮다'나 '문제없다'를 의미한다.

도로를 포장한 지 얼마 되지 않아 나타나는 큰 포트홀과 이어지는 조잡한 때우기 공사, 가전이나 전화기, 케이블 TV 등 복잡하게 얽힌 배선, 전압 변동이 큰 불꽃 튀는 변압기 등은 인도의 찰타하이 태도를 그대로 보여준다. 차선을 수시로 넘나드는 운전자, 잘못된 차로를 달리는 차, 신호도 없이 왼쪽에서 추월하는 차, 횡단보도에 정차하지 않는 차 등 교통규칙을 어기는 것도 그런 사례 중 하나다.

2012년 7월 30일과 31일에 일어난 세계 최대 규모이자 인도 국토 절반을 정전 사태로 몰아넣은 대참사도 무관심한 찰타하이 태도와 일부 주가 송전선으로부터 과도하게 전력을 끌어오는 무신경한 일 처리 방식에서 기인했다. 사전에 문제가 발생할 경우를 대비하지 않은 것은 물론, 전력 생산량은 생각하지 않고 자기가 쓸 전기만 생각해서 발생한 블랙아웃이다.

기업의 수장으로서 인도인(파트너, 관련 업체, 직원 등)을 대하다 보면 그들 중 많은 수가 시작 단계에서 예상되는 문제를 해결하고 시작하기보다는, 문제가 생겼을 때(품질이나 납기일 등) 응급조치적인 해결책을 선택하는 것을 반드시 목격하게 된다. 이런 땜질식 행동은 주가드의 가장 좋지 않은 측면이다. 계획성 있게 행동하지 않는 것, 과학적 방법을 취하지 않는 것, 조직이 체계적으로 기능하거나 대응하지 않는 것이 바로 주가드의 폐해다. 이 모든 것은 진실이며, 많은 인도 기업들은 주가드의 가능성과 한계를 인식하고 체계적 혁신 쪽으로 빠르게 나아가고 있다.

인도 정부도 인도의 주가드에 의한 즉흥적 대처보다 체계적인 혁신으로 이행을 도모하기 위해 다양하게 준비하고 있다. 인도 국립 이노베이션 재단(NIF)은 인도 과학기술국 산하 독립조직으로 풀뿌리 이노베이션의 발굴, 촉진, 유지, 확대를 조직적으로 지원하고 있다. 또한, 행동 계획을 지속적으로 추진하기 위해 국가 이노베이션 평의회(NIC)를 설치하고, 수상 보좌관(공동 정보 기반 정비 및 정보 혁신 담당)이 의장을 맡아 업무를 이끌고 있다.

주가드의 장단점을 이해하는 것은 인도의 비즈니스 환경에 관한 우리의 지식이 넓어지는 것에 그치지 않고, 그들의 의사결정 배경을 이해함으로써 인도에서 성공할 수 있는 확실한 기반을 만들어 준다.

인도인과
일하는 법

044

사업계획을 굳이 세우지 않는 인도인

어차피 계획대로 안 된다는 것을 너무나 잘 아는 인도인

필자가 인도에서 확인한 주가드의 다른 면모는 바로 사업 계획을 세우는 방법이다.

우리나라에서 스타트업 등 새로운 사업을 시작할 때 사업계획은 자신의 비즈니스 활동을 시작할 때 제일 첫 단계다. 물론 중견기업 이상이 되면 사업계획 수립은 일상에 가깝다. 이런 환경에서 인도에 가서 일하는 한국인들의 눈에는 인도인들의 계획 수립을 보고 적지 않게 당황할 수도 있다.

우리나라 관점에서 계획이란 시간을 들이고 직접 실행에 옮길 수 있을 정도로 상세하게 만들어나가는 것이다. 하지만 인도인의 계획이란, 아무리 잘 만든 것이어도 대부분의 경우 버킷리스트 작성과 유사하다. 여러 가지 내외부적인 이유로 인도에서는 일반적으로 계획이 잘 실행되지 않기 때문이다.

사업가든 아니든, 경험이 많든 적든, 대다수의 인도인이 계획은 중요하지만 반드시 변경될 거라는 확신을 갖고 있다. 그들 앞에는 늘 계획과 다른 현실이 놓여 있기 때문이다. 그래서 많은 인도 비즈니스맨들은 앞으로 나타날 장애물을 하나하나 예상해 자세히 계획을 세우는 것은 중요하지 않다고 여긴다. 즉, 인도에서 계획은 나중에 변경될 것의 첫 번째 가이드라인에 불과하다.

닥쳤을 때 해결하면 된다는 주가드 생각법

인도에서는 어차피 변경될 텐데 계획이 무슨 소용이냐는 자세로 일하는 직원들을 많이 보게 된다. 물론 외국 기업에서 일하는 직원들에게서는 해외 본사의 영향으로 이러한 경향을 찾아보기 힘들지만, 인도 로컬 회사라면 계획을 불필요한 것으로 여기는 직원들이 많다는 사실에 놀라게 된다. 주가드는 여기에도 존재한다. 막상 닥치면 해결하려고 하는 습성을 체득하여, 결과적으로 어떤 지시를 하더라도 그 상황을 모면하는 데 급급한 인도인들을 만나게 된다.

2006년 미국에서 방영된 미니시리즈 〈아웃소스드(Out Sourced)〉 1편에 이러한 인도인들의 특징을 잘 알 수 있는 장면이 나온다. 인도에 있는 미국 기업 콜센터 사무실 건물에서 전력과 인터넷 접속을 원활히 하기 위해서 뒤엉킨 배선 연결을 고쳐야 하는데, 만일 그러지 못하면 문을 닫아야 하는 상황이 등장한다. 콜센터의 미국인 현지 매니저가 맨발로 전봇대에 기어올라 아무런 도구 없이 어떻게든 배선을 고치려는 현지인 직원을 불러 이야기하는데, 마침 콜센터를 시찰 중이던 본사에서 온 미국인 고위 간부가 이 모습을 보고 안전장비 없이 전봇대에 올라가는 것은 미국에서 있을 수 없는 일이라고 불같이 화를 낸다. 이에 대해 미국인 현지 매니저는 인도의 주가드를 잘 이해하고 있어서인지 몰라도 다음과 같이 이야기한다.

"미국에서는 분명 불가능할 겁니다. 하지만 인도에서는 아무런 문제가 없어요."

이 예에서 보듯 인도에서는 일상과 업무의 모든 상황에서 눈앞에 문제가 있음에도 불구하고 인도인이 "문제없다(No Problem)."라고 말하는 것을 흔히 듣게 된다. 대다수 인도인들에게 놀랄 만큼 깊게 침투해 있는 이 '문제없다' 자세를 접하면 많은 외국인들 대부분은 혼란에 빠진다.

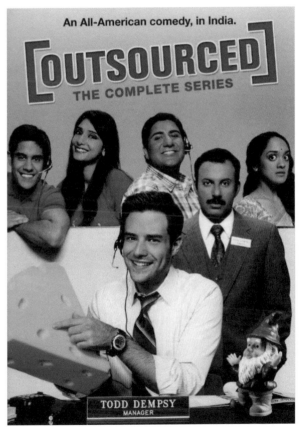

▲ 2010~2011년 NBC에서 방영된 시트콤 아웃소스드

인도인이 "문제없다."라고 하는 경우, 문제의 존재를 부정하는 것은 아니다. 문제가 있는 건 알지만 주가드로 어떻게든 할 테니 걱정 말라는 뜻이다. 이 "문제없다."라는 말은 사람들을 진정시키는 효과도 있는데, 이는 인도인들이 어떻게든 문제를 해결할 수 있다는 주가드를 그만큼 신뢰하기 때문이다.

2010년 뉴델리에서 개최된 영연방 대회는 주가드의 진정한 모습을 보여준 사례로 회자된다. 개최 전부터 예산 초과, 부패, 하천 범람, 행사 경기장 붕괴 등 상상하는 모든 최악의 상황을 경험했음에도 불구하고, 주최자들은 주가드의 원리에 따라 행사 당일에 모든 일이 잘 풀릴 것으로 믿었고, 결과적으로 그들의 생각이 옳다는 것이 증명되었다. 대회는 처음부터 끝까지 훌륭하게 거행되었고, 인도는 '주가드'의 힘을 전 세계에 보여주었다.

045

시간과 비즈니스,
시간은 신이고 늦는 건 생활이다

약속시간에 맞출 것이라는 기대는 버려야 한다

인도인들과 일할 때, 인도인의 애매한 시간 개념 때문에 인도 표준시(Indian Standard Time)의 약자인 IST를 가리켜 종종 농담으로 인도의 지연 가능한 시간(Indian Stretchable Time)이라고 한다. 참고로 인도 표준시는 한국보다 3시간 30분 늦다.

인도에서는 정상적인 생활과 비즈니스에서 특정 날짜를 예정하고 어떤 일을 할 때 사정에 따라 몇 시간, 며칠, 경우에 따라서는 몇 주 연기될 수도 있다. 대부분 기한이란 것은 마치 움직이는 표적 같고, 우리가 상대해야 하는 사람들은 시간 연장을 위해 온갖 종류의 변명을 늘어놓는다.

인도에서는 지연 가능한 시간을 거의 대부분 당연한 것으로 받아들인다. 예를 들어, 인도에서는 오후 7시 반쯤 저녁 식사에 초대되는 일이 많다. 하지만 실제로 그 시간에 도착할 거라고 아무도 기대하지 않는다. 초대한 측도 아직 음식을 준비하고 있거나 경우에 따라서는 집에 없을 수도 있다. 관례적으로는 첫 손님은 대략 오후 8시 반쯤에 도착할 것이고, 늦은 손님은 오후 10시경에나 도착할 것이다.

업무에서도 대부분의 경우 직장에서 회의는 30분에서 1시간은 늦게 시작되고, 보통 초반 30분도 다른 참석자가 오기를 기다리느라 지나간다.

인도의 납품 업체에서 "수요일에 납품하겠습니다."라고 말하는 경우, 납품은 수요일 자정(24시)이 될 가능성이 높다. 하지만 대부분의 경우 수요일이 되면 모종의 이유로 인해 납품은 내일이 될 가능성이 높고, 그 내일조차 불확실한 경우가 많다.

시간 지연은 인도 어디에나 존재한다. 학생들은 수업에 늦고, 교사는 강의에 늦고, 전철이나 버스는 운행이 늦어지며, 비행기의 출발 지연도 일반적이다. 시간 지연에 대한 문화적 관용에 편승해 인도에서 시간 지연은 거의 경지에 올라간 상황이다. 심한 경우에는 기다린 상대방에게 사과조차 하지 않는다.

정치 지도자나 고위 공직자, 유명인사, 일부 학자들도 자신을 기다리는 사람들의 시간을 배려하지 않고, 그것을 부끄러워하지 않는다. 오히려 자신의 중요성을 두드러지게 하려고 일부러 그렇게 행동하는 것처럼 보인다. 따라서 중국과 다른 인도의 속도에 적응하여 인내심을 가지고 일하는 법을 배울 필요가 있다.

인도인들의 놀라운 시간 관념

인도인을 상대로 "내일 몇 시에 만날까?"라는 단순한 질문을 던지면 상대방은 "오전 9시나 10시가 어떨까?"라고 대답할 것이다. 이때 그 사람은 9시와 10시 중에서 선택하라는 의미로 그렇게 이야기한 것이 아니라, 9시에서 10시 사이의 어디인가라는 의미로 말한다.

이 독특한 시간 설정을 인도인은 영어에서 '-ish'라는 접미사로 표현한다. 예를 들어, 9시는 '9-ish'가 되고, 이는 9시에서 10시 사이를 뜻하며 어쩌면 11시 사이가 될지도 모른다.

뭄바이에 있는 필터라는 회사가 현지 디자인 회사 하이펜에 자사를 위한 제품을 디자인해 달라고 요청했다. 하이펜의 디자이너는 인도는 모든 것이 제 시간에 행해지는 일이 드문 나라라는 콘셉트에서 출발해 시계와 관련한 새로운 아이디어를 생각해 냈다.

▲ 정확한 숫자가 없는 인도의 시계

손목시계의 글자판 숫자는 전통적인 직각 위치에서 약간 벗어나 있어 몇 시인지 정확하게 읽기가 어렵다. 접미사의 '-ish'가 숫자 옆에 붙어 있어 정말 애매모호하게 보인다. 예를 들어, 9시는 9-ish가 된다. 이 시계 디자인은 시간 지연의 피해자 혹은 가해자였던 사람들의 마음을 사로잡았고 현재

불티나게 팔리고 있다.

물론 시간 약속을 매우 중시해 시간 엄수를 칼같이 하는 인도인도 많다. 모디 정부가 등장한 이후에는 공무원들도 9시 출근시간을 칼같이 지키고 있다. 그러나 교통체증이나 사고, 동물(소, 양 등)에 의한 교통 정체, 시위, 종교적 행렬, 도로의 함몰 그리고 다른 사람의 시간 지연으로 인해 시간을 지킬 수 없게 되는 문제에 직면해 시간을 못 지키는 경우도 많다.

인도인과 미팅 시 여러 번 시간 확인은 필수, 그러나…

한국의 기업은 인도 방문 몇 주 전 인도 거래처들과 미팅 예약을 잡기 위해 수차례 연락하고, 약속을 확인하고 또 확인한다. 해외 기업들과 하는 미팅이라면 이런 일들은 극히 자연스러운 일이다.

하지만 인도에서는 24시간 이전에 정해진 약속은 불확실한 것이 현실이다. 인도인들에게 시간 관리란 오늘과 내일의 시간 관리가 전부라고 해도 과언이 아니다. 내일 이후에 사전 예약을 잡으려면 상대방이 잊지 않게 만드는 것을 염두에 둬야 한다. 상대방은 사전 약속 제의에 대해 간단히 "좋아요."라고 대답하지만, 그것은 너무 먼 훗날이기 때문에 딱히 약속이라는 의식을 갖지 않고 말하는 것임을 명심해야 한다.

반면, 인도인의 비즈니스 개념에는 굉장히 급한 측면도 있기 때문에 약속을 갑작스럽게 제의하는 경우도 많다. 한국에서는 중요한 일로 저명한 누군가를 만나려면 충분한 시간을 두고 약속을 잡는다. 하지만 인도에서는 그만한 중요성이 있다면 그날 안에 저명한 누군가를 만날 수 있다.

인도에서는 이렇듯 시간과 시기(때)에 대한 생각이 우리와 근본적으로 다르다. 힌디어로는 내일도 어제도 같은 말이다. 힌디어로 내일과 어제를 모두 '깔(kal)'이라고 하는데 말의 맥락을 통해 내일인지 어제인지 알 수 있다. 인도인에게 시간은 평상복과 같이 느슨한 개념이다.

인도 사람이 어제 뭔가를 했다고 듣는다면 그건 지난주 언제쯤 그걸 했다는 뜻이다. 마찬가지로 반드시 내일까지 뭔가를 하겠다고 말하면 그것은 신의 뜻이 있으면 2~3일 안에 착수하겠다는 뜻이다. 힌두 철학에서는 시간 개념에 윤회사상을 적용해 네 개의 큰 시간으로 구분한다. 즉, '끝내고, 시작하고, 시작하고, 끝내고'라는 개념을 갖는다.

힌두교도에게 시간은 돈이 아니라 신이다. 힌두교 창조설에서 시간(산스크리트어로 Kaal)은 신을 표현하는 말이다. 힌두교에서는 신이 세상을 유지하기 위해 '칼라 차크라(Kaala-chakra)'로 불리는 시간의 순환을 창조했다고 생각한다. 따라서 시간은 흐름이기 때문에 특정한 시간을 지정하지 않은 채로 사용할 수 있고, 지각하거나 약속에 늦을 수도 있다고 생각한다.

1990년대 경제 자유화 후에 외국 기업이 인도에 밀려들어온 이후로 인도인의 시간 엄수에 관한 생각에도 많은 변화가 있었다. 하지만 아직도 갈 길이 요원하다.

046

인도인 사업가들의 기질과 문화

인도의 비즈니스 문화 특성

인도 비즈니스 문화의 주요 특징을 한 마디로 정의하기는 상당히 힘들다. 다양한 문화와 언어, 민족, 종교 등으로 인해 단일 민족과 언어를 사용하는 한국과는 근본적으로 다르기 때문이다.

인도의 비즈니스 문화를 이해하기 위해서는 미국의 헤이르트 호프스테더(Geert Hofstede) 박사가 쓴 일하는 문화의 이해에 관한 책을 살펴보는 것이 좋다. 그는 저서 《문화의 격차(Culture's consequences)》에서 권력 격차(PDI), 개인주의 대 집단주의(IDV), 남성성 대 여성성(MAS), 불확실성의 회피(UAI), 장기 지향(LTO)이라는 지표로 문화 간의 업무 차이와 시너지 효과 다섯 가지를 이해하기 쉽게 설명했다.

호프스테더 박사의 이론을 활용해 인도 비즈니스 문화를 이해하면 대략 다음과 같이 요약할 수 있다.

① 총수가 회사를 이끈다.
② 집단주의적 특징을 지닌다.
③ 성공이나 힘을 과시한다.
④ 예상 밖으로 일어나는 것에 대해 관용도가 높다.
⑤ 미래지향적이고 실천적인 시각으로 본다.

이 대략적인 요약과 인도 사업가들의 중요한 몇 가지 특징을 살펴보면 다음과 같다. 물론, 항상 몇 가지 예외가 있는 것은 말할 필요가 없을 것이다.

인도인 사업가들의 특성

전형적인 인도인 사업가들은 다음과 같은 특성을 지닌다.

① 고등교육을 받고, 여러 언어를 사용하며 영어로 의사소통이 가능하다.
② 지역 및 문화 다양성에 익숙하다.
③ 대부분 깊은 신앙심을 가지고 있고 신을 경외한다.
④ 대부분이 인도의 시간 지연에 따라 행동한다.
⑤ 카르마(윤회)를 믿는다.
⑥ 점성술과 '라후카람(불길하다고 여기는 시간대)'을 믿는다.
⑦ 헌법적 권리를 의식하고 있다.
⑧ 정치에 관해 명확한 견해를 갖고 있다.
⑨ 정부 관계자나 비즈니스 커뮤니티와 강한 유대를 갖고 있다.
⑩ 관료주의와 부패에 대한 대처 솜씨가 뛰어나다.
⑪ 카스트 제도와 같은 사회 문제를 잘 이해하고 있다.
⑫ 자기 회사의 멤버를 어디서 어떻게 고용하고, 어떻게 유지할지를 알고 있다.
⑬ 사람을 카우틸리야의 '실리론'에 입각해 다룬다.
⑭ 크리켓과 볼리우드의 영향력을 알고 있다.
⑮ 찰타하이(No Problem, 문제없다) 태도로 주가드의 힘을 굳게 믿는다.

이와 함께 그들이 가진 두드러진 특징을 소개하자면 다음과 같다.

상인 기질이 두드러진다

인도에는 다음과 같은 격언이 있다.

"살 때는 이익을 얻지만 팔 때는 그 비용을 회수할 뿐이다."

싸게 사고 시세차익을 최대한 더 얹어 파는 것을 이야기하는 것으로 이익은 인도인들이 이해하는 단어의 전부라고 해도 과언이 아니다. 대부분의 인도인, 제조업 등 '거래'와는 무관한 분야 사람들조차도 '상인 기질'을 가지고 있다.

이들은 상업적 재주를 타고나서 고객을 이해하고 사업을 확대하기 위해 항상 새로운 방법을 모색한다. 조금만 이익이 증가하면 기존 거래에서 주저 없이 방향을 전환하는 경향이 많다. 따라서 인도인 거래처가 지금까지 쭉 이어오던 당신과의 거래를 끊고 다른 거래처로 갑자기 돌아섰다고 해서 결코 놀라서는 안 된다.

계급의 가치를 중시한다

전반적으로 인도 사회에서 지위가 높다는 것은 평균적인 인도 시민들보다 많은 것들이 허용된다는 것을 의미한다. 일반 기업에서는 톱다운(Top-down) 비즈니스 문화가 강해서 구조가 매우 수직적인 기업이 많다.

한국도 상당히 수직적인 직장 문화를 가지고 있지만, 인도에 비하면 아무것도 아니다. 인도의 직장은 권위주의의 완결판을 보는 듯하다. 의사결정은 일반적으로 톱다운 방식으로 이뤄진다. 따라서 기업의 중역, 오너, 고위 간부가 회의에 참석하지 않으면 어떤 결정도 내릴 수 없다. 인도에서 책임자는 모든 것을 책임지기 때문에 명령이나 명확한 지시를 부하에게 내리는 역할에 충실히 하면 되고, 부하 직원은 무조건 그 지시를 수행하는 역할에 충실하면 된다.

카스트는 직장 내에 존재하지 않는다고 생각하면 일하기 쉽다. 물론 농촌 등 지역으로 내려가면 카스트가 높은 직원 중심으로 일이 움직이기도 하지만, 분명한 것은 직장 내에서 카스트를 고려하면 일하기 상당히 어려워진다는 것이다. 모든 역할은 분명하다. 험한 일은 특정 직업 카스트들이 맡는다.

외국인 사업가로서 인도인들과 일할 때 반드시 명심할 것은 조직에서 가능한 한 높은 지위의 파트너와 좋은 관계를 유지해야 한다는 것이다. 누가 의사결정자인지 빨리 알고 그 사람과 이야기해야 좋은 결과를 얻을 수 있다. 중간 관리자는 아무리 만나 봐야 시간낭비일 뿐이다.

인간관계를 매우 소중히 여긴다

어느 사회나 마찬가지지만, 인도 사회 및 비즈니스에서 인간관계는 무엇보다 중요하다. 신용은 법적 계약이나 회사의 평판보다 개인적인 인간관계나 연고에 의해 구축되는 게 일반적이다. 그렇기 때문에 개인적 인간관계를 먼저 맺지 않고서는 강력한 비즈니스 관계를 만들기 매우 어렵다.

인도인들과 인간관계를 구축하기 위해서는 우선 비즈니스 파트너의 가족에 관한 정보를 교환하는 것이 좋다. 개인적 취미나 관심에 대해 서로 이야기하고, 회사 생활 외적으로 사적인 시간을 함께 보내는 것도 인간관계의 기본을 만드는 데 필요하다. 비즈니스상 필요할 때나 협상이 과열되어 얼굴을 붉힐 때, 이렇게 맺어 둔 관계가 결과를 좋은 방향으로 이끌어준다.

인도인은 통계나 데이터와 마찬가지로 신용이나 직감에 근거해 의사결정을 한다. 따라서 업무상 매끄러운 인간관계 형성의 중요성을 항상 염두에 두는 것이 좋다. 인도 파트너와 교제하는 데 시간을 투자하고 개인적인 수준까지 상대를 잘 알아야 하는 것도 물론이다.

인도에서 사업을 시작하는 데 도움을 줄 회계사나 고문 변호사는 사업상 네트워크를 잘 만들어주기에 아주 적합한 인재다. 따라서 비용이 허락한다면 이러한 전문가의 소개를 이용하는 것도 좋은 방법이다. 대가족 중심의 사회라서 사촌도 상당히 많으므로 친인척 네트워크 활용은 덤이다.

기업가 정신이 풍부하다

급격히 변화하는 인도의 비즈니스 환경은 기업가 문화를 빠르게 변화시키고 있다. 2018년 인도 기업가 인식 조사에 따르면 인도는 매우 낙관적인 국가여서 성공적인 창업처라는 것에 대해 응답자의 84%가 동의했다.

기업가의 74%는 정부의 부실과 부패가 자신의 비즈니스에 큰 영향을 미치지 않을 것이라고 답변했다. 조사에서 나타난 흥미로운 사실은 기업가가 되기로 한 동기에 대한 질문인데 49%가 "나 자신의 상사가 되기 위해 창업했다."라고 답했고, '돈 버는 것'이 동기라고 답한 사람은 17%에 불과했다. 인도인 기업가들에게는 막강한 시장 수요가 기업을 일으키는 원동력이다. 일부 선진국들의 창업가와 달리 인도 창업가는 수요를 창출하지 않는다. 그들은 수요에 부응할 뿐이다.

부모 세대와 달리 오늘날 젊은 인도 창업가들은 더 이상 인도의 빈곤에 발목 잡혀 있지 않다. 글로벌 석상에서 인도인들이 중심이 되는 장면을 자주 보게 되는데, 도전적인 그들이 있기에 인도의 미래는 밝다.

연장자를 존경하고 가족을 세상의 중심으로 여긴다

인도인들은 가족의 가치, 친구관계, 연장자에 대한 존경을 매우 중시한다. 대부분의 인도인들은 자신보다 나이 든 사람에게 경의를 표하도록 배우며 자라왔다. 이것은 경력, 사회 계층, 카스트 등에 관계없이 모든 인도인들에게 스며든 미덕이다. 인도인은 그런 문화를 지녀서 순응하기 쉽고 유연하다고 인식된다.

이 강력한 순응 문화는 전 세계 직장에서 성공하고 있는 많은 인도 비즈니스맨들의 성공 비결이기도 하다. 대부분의 인도 비즈니스맨들은 일류 기업의 CEO라 하더라도 집에서는 연장자에게 경의를 표하고 그 뜻을 따르는 것이 일반적이다. 인도인은 대부분 대가족을 이루고, 기업들은 가족 경영을 기본으로 삼는다. 전 세계에서 인도의 가족기업 비중이 가장 높은 것은 가족을 중시하고 연장자의 의견이 절대적인 환경에서 자랐기 때문이다.

인도인들은 자신의 부모를 양로원에 들여보내거나 자녀가 대학생이 됐다고 독립시키지는 않는다. 인도에서 베이비시터를 고용하는 사람은 거의 없다. 아이를 돌봐 주는 사람(친족이나 친구)이 주위에 항상 존재하기 때문이다. 인도인의 집을 방문할 기회가 있다면 그의 부모, 조부모, 조카, 삼촌, 고모 등이 한 집에 있는 것을 흔히 보게 될 것이다.

많은 기업가들과 비즈니스맨들은 연장자 앞에서 담배를 피우거나 술을 마시지 않는다. 따라서 누군가의 집을 방문하면 커피, 홍차, 과일 주스, 라씨 등이 간단한 다과와 함께 접대용으로 나온다. 주요 결정사항의 대부분은 일 반적으로 가족과 협의한 이후 결정한다. 이렇듯 인도에서는 한국과 다른 가 족의 역할과 위치에 대해 충분한 이해가 필요하다.

말하기를 좋아한다

1998년 노벨 경제학상을 수상한 인도의 경제학자 아마르티아 센은 그의 저서, 《논의를 좋아하는 인도인(The Argumentative Indian)》이라는 책 첫머리에서 다음과 같이 말했다.

"우리 인도인은 상당히 길게 말할 수 있다. UN에서 행해진 가장 긴 연 설 기록은 반세기 전 크리슈나 메논(Krishna Menon)이 세운 것인데 이 기록은 세계 어느 곳에서도, 어느 누구에 의해서도 아직 깨지지 않았다. 이는 인도 연방의회 의원인 크리슈나 메논이 1957년 UN안전보장이사회에서 8시간에 걸친 전대미문의 장시간 연설을 통해 기록을 세운 것만으로도 알 수 있다."

그의 말처럼 일반적으로 인도인은 이야기하는 것을 좋아하며, 비즈니스 맨들도 예외는 아니다. 혹시 인도인과 일해 봤다면 그들이 자신의 생각이나 쟁점에 대해 열심히 이야기하는 것을 경험했을 것이다.

하지만 인도에 있는 서구권 출신 한 교수는 'TTT(talk-talk-talk)'를 인도인 경영자의 가장 큰 문제 중 하나로 지적한 바 있다. 동양적 사고에서 침묵은 미덕이라고 배웠던 우리 입장에서 보면 인도인들의 끊임없는 수다는 상당 히 적응하기 어렵다. 앞에서도 언급했지만 UN에는 이런 말이 있다고 한다.

"UN 회의석상에서 제일 어려운 것이 일본인을 말하게 하는 것과 인도인의 말을 멈추게 하는 것이다."

필자도 인도인들과 일하면서 이 말에 절대적으로 공감하는 바다.

047

말 많은 인도인과 협상하는 방법

인도인과 비즈니스를 하려고 한다면 그들의 말하기 특성을 파악하자. 인도인과 효과적으로 커뮤니케이션하기 위해서는, 회의자료 준비를 제외하고도 몇 가지 사전 준비가 필요하다. 먼저 인도인들이 말하는 특성을 아는 것이 중요하다.

① 간접적 커뮤니케이션 스타일의 인도인

인도식 의사소통의 특징은 우리와 달리 간접적인 방법으로 자신의 생각을 전하는 것을 선호한다는 것이다. 윗사람이나 고객에게 자신의 의견을 전달하는 경우에는 더더욱 간접적으로 커뮤니케이션한다.

이러한 특성 때문에 인도인은 "No."라고 하지 못하는 경우가 많다. 따라서 인도인들이 "Yes."라고 말하는 경우에도 곧이곧대로 "Yes."라고 생각해서는 안 된다. "No."라고 말하고 싶을 때도 인도인들은 "Yes."라고 말하는 경향이 있음을 명심하자.

이런 인도인들의 커뮤니케이션 특징으로 인해 괜한 기대를 하다가 실망하는 경우도 많이 본다. 가령 약속된 일의 완료 시점에 대해 이야기할 때, 그

때까지 가능한지를 물으면 대부분 인도 사람들은 "Yes."나 "No." 대신 "노력해 보겠다."라는 외교적 수사를 쓴다. 하지만 이것은 사실상 "할 수 없지만 그렇게 말하고 싶지는 않다."라는 뜻으로 해석하면 된다.

결론적으로 우리 입장에서는 인도인에게서 대범하게 "No."라는 대답을 들어도 상관없고, 그들의 의견을 충분히 수용한다는 뜻을 슬그머니 전달해 그들이 확실히 커뮤니케이션할 수 있도록 돕는 것도 중요하다.

② 문맥으로 이해해야 하는 인도인의 말

인도인은 꽤 미묘한 뉘앙스를 가지는 문장을 사용하는 간접적 커뮤니케이션을 선호한다. 흥미롭게도 그들은 말을 많이 하지만 핵심을 찌르는 말들은 드물다. 또한, 한참 듣고 나서야 진짜 의도를 파악할 수 있는 경우도 많다.

③ 인도식 영어 극복하기

인도식 영어는 상당히 적응하기 힘들다. 특히 발음뿐만 아니라 어휘나 표현도 달라서 인도식 영어를 이해하는 것은 상당히 어려운 것이 사실이다. 잘 알아듣지 못하면 다시 한번 말해 줄 것을 부탁하는 것이 낫고, 주요한 미팅이라면 미팅을 마치고 미팅 마이뉴트(Minute, 회의록)를 정리해 교환하는 것도 실수를 막는 지름길이다.

인도인들과 실전 미팅할 때 꿀팁

인도인들과 실전에서 미팅할 때 유용한 몇 가지 팁을 소개하면 다음과 같다. 인도인은 통상 남성과 악수를 하지만, 일반적으로 여성에 대해서는 그 존엄과 프라이버시를 존중하기 때문에 악수를 청하지 않는다. 하지만 선진 교육을 받은 여성이나 선진국과 교류가 많아 서구권 관습에 익숙한 여성은 스스럼없이 손을 내밀어 악수를 청한다. 인도 여성과 미팅할 때는 상대가 어떻게 하는지 기다려서 행동하는 것이 낫다. 악수를 청하지 않으면 미소 지으며 가볍게 인사하면 된다. 인도 여성이 "나마스테."라고 인사하면, 손을 모아 "나마스테."로 받아주면 된다.

인도인들은 이름을 직접 부르기보다는 'Doctor', 'Professor', 'Mr.', 'Mrs.', 'Miss' 등의 직업 및 의례상 칭호를 사용하는 것을 선호한다. 또, 이름의 마지막에 '씨(氏)'라고 붙이는 것은 우리에게도 인도인에게도 매우 흔한 일이다. 힌디어 이름 뒤에 'ji'를 붙이는 것은 우리의 '씨'를 붙이는 것과 같다. 북인도인은 통상 성으로 이름을 부른다. 하지만 남인도나 IT기업에서 일하는 사람들은 대부분 이름을 사용한다.

본격적인 회의에 들어가기 전에는 업무와 직접적인 관계가 없는 이야기를 나누게 된다. 이야기 주제로 무난한 것은 인도에 대한 호기심이나 스포츠, 특히 크리켓 등이다. 크리켓에 관해 아무것도 몰라도 상관없다. 이번 달에 크리켓 경기가 열리는지 등을 묻기만 해도 오케이다. 그 외에 영화, 해외여행, 교육 등은 대화를 부드럽게 하는 데 상당히 도움이 되는 주제다. 기후나 종교, 빈곤, 카스트 제도, 정치 등의 이슈는 되도록 올리지 않는 것이 좋다.

본격적으로 협상에 들어가서 자신의 회사를 설명할 때, 인도인들은 간결한 설명보다 꼼꼼한 소개를 선호한다. 거듭 강조하지만, 인도인들은 우리와 화법이 다르기 때문에 직접적인 질문은 피해야 한다. 예를 들면 "언제 프로젝트를 시작할 건가요?(When will you start the project?)"라고 묻는 대신에 "우리가 언제 프로젝트가 시작되기를 기대할 수 있을까요?(When it is likely that we can expect the project start?)"라고 묻는 것이 낫다.

인도 문화에서 의사결정 과정은 대부분의 천천히 신중하게 진행된다. 기한을 정해 놓고 재촉하면 상대가 상당한 압박감을 느낀다는 사실을 잊으면 안 된다. 이는 상대에게 공격적이고 무례한 행동으로 비친다. 인도에서 중요한 의사결정은 가장 마지막에 제시되므로 끝까지 긴장을 늦추면 안 된다.

다음 약속을 잡을 때 "다음에 다시 한번 논의합시다."처럼 막연하게 약속하면 일을 추진하기 힘들다. 이런 경우에는 잠정적으로 날짜를 못박을 수 있도록 구체적으로 제안하는 것이 낫다. 또, 회의록을 작성해 회의 중 오고 간 내용에 대해 정리해 이메일로 보내면서 다음 약속과 협의할 사항을 함께 언급하면 높은 성과를 만들어 낼 수 있다. 이때 구체적일수록 좋다.

상상 이상으로 말 많은 인도인들과 협상하는 법

인도인들과 협상해 본 많은 사람들은 인도인들의 예상치 못한 협상 기술에 큰 혼란을 겪는다. 그들의 의사소통 방식은 정말 독특하기 때문이다. 하지만 인도 비즈니스에서 성공하기 위해서는 장기적으로 인도인들의 업무 및 의사소통 방식에 적응해야만 한다.

영어는 이메일이나 대화에서 사용하는 주요 커뮤니케이션 언어다. 인도인의 영어 말투나 말하는 속도에 익숙하지 않은 경우에는 전화로 커뮤니케이션하는 것은 삼가는 것이 좋다. 이메일 등을 활용하는 것이 효율적이다.

하지만 궁극적으로 가장 좋은 것은 서로 얼굴을 맞대고 이야기하는 것이고 이를 위해서는 많은 준비가 필요하다.

그럼 지금부터 인도인들과 대면 협상을 앞두고 미리 준비해야 할 것을 알아보자.

① 인도 기업과 미팅하기 위해 인도로 출장을 가는 경우 실무진만 보내는 우를 범하지 말아야 한다.

반드시 명심해야 할 일은 결코 직급이 낮은 책임자만 미팅에 투입해서는 안 된다는 것이다. 인도 기업은 톱다운 방식의 경영으로, 대부분의 경우, 특히 외국에서 미팅하러 올 경우에는 의사결정자 급의 경영진이 회의에 참석한다. 따라서 동등한 수준의 미팅 참석자가 오기를 기대하며 직급이 낮은 사람이 온다는 것은 상상도 하지 않는다. 인도와의 미팅에 참석하는 기업의 대표자는 일정 수준의 의사결정을 할 만큼 충분히 권한 있는 사람이 참석하는 것이 좋다. 인도 기업과 미팅이 처음이라면 2~3명이 팀을 이뤄 출장 가는 것이 바람직하다.

② 유연한 스케줄 관리는 필수다.

사업상 미팅 약속은 가급적 오전 11시에서 오후 4시 사이에 잡는 것이 좋다. 약속 시간을 유연하게 정해 두고, 막판 약속 시간 변경에 대비해야 한다. 일정이 수시로 변경될 수 있으니 이에 대해서도 미리 대비해야 한다. 회의 예정 시간과 관계없이 인도에서는 미팅의 개시 및 종료 시간은 항상 유동적이며 인도의 교통 상황 또한 큰 변수가 되기도 한다. 따라서 결코 다른 회사와 복수로 미팅 일정을 잡는 우를 범해서는 안 된다.

③ 인도의 환경에 적응한다.

특히 처음 인도를 방문하는 경우 미팅 전 하루나 이틀 전에는 도착할 것을 추천한다. 인도의 환경, 즉 시간, 기후, 소리(자동차 경적 등), 인파 그리고 주위 모든 강렬한 자극에 익숙해질 시간이 필요하기 때문이다. 고객이나 파트너와 첫 만남에 미리 선물 같은 것을 준비할 필요는 없다. 또, 상대방이 공항에 마중 나와 호텔까지 배웅하고 체크인한 후 식사하자고 하는 경우도 있는데, 인도에서는 이러한 행위를 진정한 접대라고 생각한다.

④ 영어로 된 명함을 준비한다.

인도인은 직함이나 칭호를 중시한다. 명함에 있는 직위가 '운영책임자(Head of Operations)', '이사(Director)', '부사장(Vice President)' 혹은 그 이상이면 협상에서 입지가 강해진다. 상식이지만, 영어로 된 명함을 준비해야 한다. 회사 내 역할, 직함, 지위는 인도에서 상당히 중요하다. 계층, 신분, 지위의 높고 낮음에 따라 상대의 태도가 달라지기도 한다. 따라서 누가 누군지 확실히 알 필요가 있다. 보통 인도에서 기업 수장의 직함은 '대표이사(Managing Director)', '최고경영책임자(CEO)', '운영책임자(Head of Operations)' 등이다.

⑤ 인도 미팅 상대자의 이름을 제대로 발음한다.

인도인들과 미팅에서 만날 인도 참석자들의 이름을 입수해 제대로 발음할 수 있도록 연습하는 것이 좋다. 인도인들은 외국인들과 만나기를 좋아한다. 한국의 80년대 외국인들이 한국에 와서 더듬더듬 한국어로 이야기하면 좋아하던 것과 똑같다고 생각하면 된다. 올바른 발음을 알기 위해 인도인에게 도움을 요청하면 적극적으로 도와준다. 이름을 올바르게 알면, 협상 상대자인 인도인으로부터 좋은 평가를 받을 뿐만 아니라, 그들과의 관계도 단단히 구축할 수 있다.

⑥ 지식과 정보로 압도한다.

인도인들과 협상하다 보면 부정확한 숫자와 근거를 상당히 논리적으로 이야기하는 경우를 자주 본다. 이때 충분한 정보나 지식 없이 협상에 들어가면 계속 밀릴 수 있다. 따라서 사전에 정확한 정보와 조사를 바탕으로 사안과 시장에 대해 충분히 이해하는 것은 필수다. 특히, 저명한 조사기관이나 IMF, 세계은행, 인도정부의 발표자료 등을 근거로 주장하면 협상에서 주도권을 쥘 수 있다. 필자는 고도로 높은 시장 이해와 데이터에 근거해서 협상에 임할 때마다 상대방의 태도가 변하는 것을 수차례 경험했다.

또, 인도의 유명 정치가와 기업가 혹은 연예인 등과 친분이 있다는 사실을 밝히면 협상에서 완벽히 주도권을 행사할 수 있다. 이 경우 상대방이 나를 부르는 호칭도 'Mr'에서 'Sir'로 바뀌는데, 이것은 상대방이 나를 좀 더 진지하게 대하고 신경 쓴다는 것을 뜻한다. 이는 어디까지나 하나의 팁이며 이로 인해 협상이 무조건 잘된다는 뜻은 아니니 참고로만 알아두자.

048

협상의 달인, 인도인을 대하는 방법

무조건 깎고 보는 인도인들

이런 우스갯소리가 하나 있다. 인도인과 중국인은 절대로 함께 상거래를 하며 살 수 없다고 한다. 인도인들은 값을 깎아야 직성이 풀리고, 중국인들은 값을 절대 깎아주지 않기 때문이다. 거래할 때 중국인들은 상대방의 돈을 어떻게 하면 다 뜯어낼까를 고민하고, 인도인들은 어떻게 하면 자기 돈을 한 푼도 내지 않고 거래할까를 고민한다고 한다.

인도인들은 어릴 때부터 값을 깎는 협상 속에서 성장한다. 상품, 택시 요금, 식품(채소), 부동산, 결혼 지참금 그리고 뇌물까지 인도에서는 모든 거래가 협상의 대상이다. 따라서 인도인들은 모든 것을 놓고 협상한다고 이해하면 된다.

처음 인도인들과 협상할 때 느끼는 그들의 협상 스타일은 둘 중에 누가 이기거나 져야만 끝나는 것 같다. 하지만 장기적인 관계에서 본다면 그들도 결국에는 협상에 임하기 때문에 서로 조금씩 양보해 이득을 보는 해결책을 제시한다.

타고난 상업적 기질로 인해 모든 것들을 협상을 통해 진행할 수 있다고 생각한다. 따라서 어떤 사업 기회가 있을 때 거부하는 경우가 없다. 즉,조금만 돈이 된다면 그 어떤 일도 마다하지 않는다. 그리고 이들은 그 사업 기회를 잃지 않으면서 결코 손해를 보지 않으려 한다.

인도인과 협상할 때 명심해야 할 점!

① 직감에 의존하는 인도인, 협상이 중구난방으로 될 수도

인도인들과 협상할 때, 해당 기업의 오너나 주요 의사결정자가 협상 테이블에 없을 경우는 협상 초기 단계로 봐야 한다.

인도인은 통계나 실증적 데이터, 멋진 프레젠테이션 자료에 근거해 의사결정을 하는 타입의 사람들이 아니다. 직감이나 감성, 신념을 협상의 도구로 삼기 때문에 인도인들과 협상할 때는 냉정하고 침착한 자세를 가져야 한다.

협상 초기단계에는 정보 수집과 더불어 다양한 주제에 대해 논의를 벌이는 것이 일반적이다. 그다음부터 비로소 협상과 흥정이 시작된다. 그들은 신용을 쌓기 위해 여러 정보를 공개적으로 공유할 수 있을지 모르지만, 우리가 알고 싶은 모든 것을 제공하지는 않는다.

인도인은 일반적으로 여러 가지 행동과 목표를 병행해서 추구하는 데 익숙하다. 한마디로 정신없이 이 주제와 저 주제를 왔다 갔다 하는 특성을 보인다. 우리에게는 상당히 혼란스럽고 짜증이 나는 방식이다. 이런 방식을 통해 인도인들은 자신이 원하는 것을 충분히 얻어낸다. 협상 도중에 같은 이야기를 중언부언하기도 한다. 이럴 때 우리에게 필요한 것은 인내심과 끈

기다. 인도인들과의 협상에는 대부분 수없이 많은 반복이 존재한다. 그들은 같은 사항을 여러 번 말하고는 또다시 말한다.

② 느리다는 것을 인지하고 시작하자, 독촉은 금지

인도 정부 관리와 어떤 업무를 논의할 경우에는 교섭의 진전이 늦고, 길고 긴 여정이 기다리고 있다고 생각하는 것이 편하다. 대부분의 경우 지연은 기본이다. 도를 닦는 마음을 가질 것을 권한다. 일반적으로 거래 시 재촉하지 않는 것이 좋다. 단순한 협상조차도 인도인 임원급 인사나 간부들이 완전하게 분석하고 검토한 연후에야 비로소 최종 결정이 내려진다.

인도의 전통적인 가족 경영 기업이 협상의 최종 성과를 관계를 형성하는 데 둔다면, 서구 비즈니스 스타일로 일하는 기업은 계약서에 사인하는 것을 최종 성과로 인식하는 것이 일반적이다.

③ 양보의 여지를 많이 남겨둬라

다양한 단계에서 양보할 여지를 많이 남겨 둬야 한다. 내가 하나 양보하면 상대방에게도 반드시 양보를 구해야 한다. 인도인들은 내 제안을 수락할 만큼 상당한 유연성을 지니고 있다.

협상 상대인 인도인들은 '빛 좋은 개살구'처럼 그럴싸하지만 실속 없는 메시지를 던지거나, 거래 내용에 대한 양보는 있을 수 없다고 하면서 협상이 종료될 수 있음을 넌지시 알리며 관심이 없는 척하거나, 거짓 요구나 양보를 하는 등 속임수 전술을 흔히 사용한다.

이런 상황에서는 우리 측에 시간이 없고, 빨리 결정해야만 하는 절대절명의 상황이라는 사실을 들어 협상을 종용해서는 절대 안 된다. 그러면 인도인들이 원하는 방향으로 이끌려가게 된다. 이것은 상대방에게 우리가 장기적 관계보다는 단기적 관계를 구축하려고 한다는 시그널로 받아들여질 수도 있다.

다시 한번 강조하자면 인도에서 협상을 성사시키기 위한 핵심 단어는 '인내, 불굴의 정신, 확고한 태도'다.

── 049 ──

느린 법치주의 국가,
인도

인도인과 계약 전 변호사 검토는 필수

다른 나라와 마찬가지로 인도의 비즈니스에서도 계약은 중요하다. 전반적으로 계약을 잘 지키는 인도 기업이 대부분이다.

하지만 인도인은 불확실성이 두드러진 문화에 익숙해서 그에 대한 관용도가 높다 보니, 계약에 대해서 엄밀한 태도를 취하지 않는다. 인도인들은 열악한 인프라와 변덕스러운 정책, 국민적 기질, 느슨한 재판제도와 관료제 속에서 사업을 한다. 따라서 이런 변덕스러운 상황에 대응하기 위해 유연하게 대처하므로 계약을 다시 하는 경향도 종종 있고, 이 과정에서 계약 조항을 무시할 수도 있다.

이런 상황을 만나면 즉시 법적 수단을 취할 것이 아니라, 우선 대화부터 시작해야 한다. 이런 상황에 대비해 서면계약 외에 인도 측과 돈독한 유대관계를 유지하는 것도 중요하다.

인도에서는 계약서 초안을 주의 깊게 작성한 후에 신뢰할 수 있는 인도인 변호사에게 보여야 한다. 한국의 모 공공기업에서 인도 국방부에 납품하기 위해 인도 대기업과 계약을 맺는 일에 참여했는데, 계약서 작성 시 공공 기업에서 고용한 서구권 출신 국제변호사들의 자문을 받아 완벽하게 마쳤으나, 혹시나 하는 생각에 인도인 변호사에게 검토를 요청했다. 그랬더니 그야말로 계약서는 최악이었다. 계약 이행에 문제가 생기면 작성된 계약 내용으로는 인도 법정에서 무조건 질 수밖에 없는 계약서였다.

서구권에서는 계약서 내용상 맞는 표현이지만, 인도 법정에서 잘잘못을 가릴 땐 그런 단어가 패소로 이어지게 만든다. 인도와 계약을 진행할 때는 반드시 인도 현지 변호사의 조력을 받을 것을 추천한다. 다시 말해 언제라도 인도 법정에 함께 들어갈 수 있는 사람(변호사)과 함께 일하기를 권한다.

시간은 걸리지만 신뢰도는 높은 인도의 법제도

인도의 법제도는 투명성이 높고, 많은 시간이 걸리지만 정의는 실현된다. 다시 말해 중국과는 달리 영미법 영향으로 삼권 분리가 제대로 된 법치주의에 따른다. 법원의 권한은 굉장히 막강하므로 법원 결정은 반드시 따라야 한다.

일부 인도인들은 인도의 법제도가 잘 이행되지만, 굉장히 긴 시간이 걸린다는 것을 알고 있다. 따라서 이를 이용해 계약을 어기는 경우도 있으니 주의해야 한다.

인도 법원을 통한 법적 절차가 우리나라보다 늦어지는 것을 고려해, 인도에서 법적 계약을 할 때는 내용에 반드시 중재조항을 넣어야 하며 이것은 매우 중요하다. 계약 위반에 대해서는 평화적인 협상을 통해 우호적으로 해결하는 것이 중요하지만, 중재가 필요한 상황이라면 인도의 애드혹 중재(임시 중재) 혹은 국제 상사 중재 중 하나를 선택할 수 있다. 인도 내에서 중재를 선택한다면 런던국제중재재판소(LCIA)가 일반적인 중재기관이다. 국제상사 중재를 택한다면 싱가포르 국제중재센터(SIAC)가 많은 외국 기업들이 선호하는 기관이다.

인도에는 평판이 좋은 법률사무소가 많다. 한국 변호사와 밀접하게 협력하되 계약서 전체의 작성 및 기타 관련된 법률 문제는 인도 법률사무소와 의논한다면 안전하게 계약을 마칠 수 있다.

인도인들의 바디랭귀지

인도인들과 이야기할 때 알아두면 좋을 그들만의 바디랭귀지는 다음과
같다.

① 고개를 위아래로 흔드는 것은 Yes의 의미다.
② 고개를 좌우로 흔드는 것은 No의 의미다.
③ 고개를 좌우로 흔들면서 어깨 쪽으로 머리를 기울이는 것(외국인들이 No라는 표현으로 오해
하는 것)은 가장 헷갈리는 몸짓이다. 그러나 이것은 '당신의 이야기를 듣고 있다'라든가,
'OK'를 의미할 수 있고, 긍정 혹은 동의의 의미로 사용된다.
④ 간혹 친근하게 상대방의 등이나 어깨를 툭툭 두드리기도 한다. 이것은 단순한 친애의 표
시일 뿐 성적인 의미는 없다.

다음은 기억하면 좋을 인도인의 동작이다.

① 인도인은 개인 공간을 소중히 여긴다. 일반적으로 타인과의 사이에 팔 길이 정도 거리를
두는 것이 좋다. 너무 가까이 접근하는 것은 좋지 않다.
② 누구를 건드릴 때, 돈을 건넬 때, 물건을 받을 때는 오른손만 사용해야 한다. 왼손을 부
정하다고 인식하기 때문이다.
③ 사람의 머리에 손 등이 닿지 않도록 해야 한다. 머리는 섬세한 부분으로 여겨지기 때문
이다.

④ 다리는 부정하기 때문에 다리나 신발로 사람을 가리키는 것은 큰 모욕으로 간주된다. 따라서 다리나 신발로 누군가를 건드렸다면 그 즉시 사과하는 것이 좋다.

⑤ 인도인은 버릇없이 손짓하는 것에 대해 매우 민감하다. 손짓을 할 때는 팔을 뻗어 손바닥이 아래로 향하게 하고 손가락을 모아서 하는 것이 좋다. 한 손가락 혹은 두 손가락으로 사람을 가리키지 않는다. 손 전체로 가리키는 것이 좋다.

인도인은 일반적으로 바디랭귀지를 많이 사용한다. 그들의 바디 랭귀지는 우리와 달라서 서로 오해하기 쉽다. 하지만 인도인의 바디랭귀지에 대한 이해가 깊어지면 인도인과 커뮤니케이션이나 교섭을 잘할 수 있게 된다.

유튜브를 활용해 미리 영상을 보고, 인도인들의 바디랭귀지를 이해하는 것도 한 방법이다.

더 큰 세계로 나갈 당신을 위한
길벗의 추천 도서

중국 비즈니스에 꼭 필요한 중국의 역사,
문화, 정치, 경제를 한 권으로 끝낸다!

중국 상식사전

▶ 중국의 경제를 알아야 비즈니스에서 살아남는다
▶ 중국 관련 파워블로거 '루나아빠'가 알려주는 현실의 중국
▶ 중국에서 생활하거나 비즈니스를 할 때 꼭 필요한 상식만 담
  았다!

이승진 지음 | 484쪽 | 19,000원

세계경제 트렌드와 상식으로 키우는 경제를 읽는 힘

글로벌 경제 상식사전

▶ 세계 경제 왕초보를 위한 세계경제 트렌드&상식 이야기
▶ 금융사관학교 강사인 저자가 알려주는 세계경제!
▶ 어려운 경제 이론은 과감히 OUT! 쉬운 설명과 흐름으로 이해
  한다!

신동원 지음 | 332쪽 | 17,000원

나홀로 무역창업을 꿈꾸는 당신에게!

무역&오퍼상 무작정 따라하기

▶ 무역 왕초보, 이 책 한권으로 무역실무 고수가 되다!
▶ 수출입 준비, 시장개척, 계약, 선적 등 무역실무 단계별 정리!
▶ 현지 무역 선배들의 생생한 조언도 수록

홍재화 지음 | 374쪽 | 16,800원

주식투자 무작정 따라하기

100만 왕초보가 감동했다! 완벽한 투자입문서!

▶ 주식 시장을 즐거운 전투장으로 만들어준 최고의 주식투자서
▶ HTS 활용은 기본! 봉차트, 추세선, 이동평균선까지 완벽 학습
▶ 독자 스스로 해답을 구할 수 있는 실용코너가 한가득!

윤재수 지음 | 420쪽 | 18,000원

아는 만큼 당첨되는 청약의 기술

**2030 싱글도, 무자녀 신혼부부도, 유주택자도 당첨되는
청약 5단계 전략**

▶ 청약 기초부터 실전 전략, 시장의 흐름을 보는 눈까지!
▶ 1,700명 당첨자를 배출한 청약 대표 강사 열정로즈의 실전 노하우 대공개!
▶ 당첨까지 5단계로 끝낸다!

열정로즈 지음 | 440쪽 | 18,000원

GTX 시대,
돈이 지나가는 길에 투자하라

사두면 오르는 아파트, 서울을 거치는 신설 역세권에 있다!

▶ 2020 부동산 블루오션 완벽 분석
▶ 도시철도 연장선과 GTX 노선의 투자가치 전격분석
▶ 현장조사 노하우부터 2020 세법을 완벽 반영한 실전 매매전략까지!

박희용 지음 | 260쪽 | 17,000원

나는 돈이 없어도 경매를 한다

서른 아홉 살, 경매를 만나고 3년 만에 집주인이 되었다!

▶ 돈 되는 집 고르기부터 맘고생 없는 명도까지 OK!
▶ 생동감 넘치는 경매 에피소드와 저자의 투자상세내역 대공개!
▶ 경매 상황별 궁금증을 속시원하게 풀어주는 Q&A와 깨알팁

특별부록 공실률 제로! 초간단 셀프 인테리어

이현정 지음 | 360쪽 | 16,000원